中国国际问题研究基金会丛书

国际问题研究报告

STUDIES ON INTERNATIONAL ISSUES

2018—2019

主　　编：兰立俊

执行主编：沈国放

副 主 编：郭崇立

世界知识出版社

图书在版编目（CIP）数据

国际问题研究报告. 2018—2019 / 兰立俊，沈国放主编. —北京：世界知识出版社，2019.4
ISBN 978-7-5012-5996-0

Ⅰ. ①国… Ⅱ. ①兰…②沈… Ⅲ. ①国际问题—研究报告—2018-2019 Ⅳ. ①D815

中国版本图书馆 CIP 数据核字（2019）第 068476 号

书　　名	**国际问题研究报告 2018—2019** Guoji Wenti Yanjiu Baogao 2018—2019
主　　编	兰立俊
执行主编	沈国放
副 主 编	郭崇立
责任编辑	陈　捷
特邀编辑	张怿丹
责任出版	王勇刚
责任校对	陈可望
出版发行	世界知识出版社
地址邮编	北京市东城区干面胡同 51 号（100010）
电　　话	010-65265923（发行）　010-85119023（邮购）
网　　址	www.ishizhi.com
经　　销	新华书店
印　　刷	北京虎彩文化传播有限公司
开本印张	720×1020 毫米　1/16　29 印张
字　　数	350 千字
版次印次	2019 年 4 月第一版　2019 年 4 月第一次印刷
标准书号	ISBN 978-7-5012-5996-0
定　　价	68.00 元

编委会名单

序 言

旧岁落幕，新春降临。国际形势正经历新一轮大发展、大变革、大调整。大国战略博弈全面加剧，国际体系和国际秩序深度调整，世界大变局正从量变逐步转化为质变。全球发展中国家群体性崛起的大趋势不可逆转，加强全球治理、推动全球治理体系变革仍然是国际社会面临的重大迫切课题。对世界各国而言，这既是巨大的机遇，也是严峻的挑战。

特朗普政府奉行保护主义经贸政策和单边主义安全政策，继续以“美国优先”为原则“做交易”和“搞对抗”，以“退群”为手段，意图重构对美国有利的国际秩序。伴随特朗普外交的颠覆性效应加速释放，美国作为现行国际秩序领导者的角色被其自身所撼动。美国同俄罗斯关系持续深度紧张，美国威胁退出《中导条约》，美俄关系将进一步恶化，并可能引发一系列消极后果。英国受困“退欧”陷阱，法国社会不稳，德国欧盟核心地位动摇，欧洲内忧外困的乱局进一步发展。特朗普政府将中国定性为战略对手和“修正主义国家”，引发大规模对华贸易摩擦，中美关系在建交四十年后出现重大转折。当前中美贸易谈判取得阶段性成果，今后中美关系经过努力虽未必落入“修昔底德”陷阱，但恐难以回到原有轨道，地缘政治竞争和战略博弈将可能成为相互关系的新常态。

周边形势稳中向好。朝核问题解决进程重回对话轨道，朝美、朝韩关系取得重要进展，中朝关系重回友好活跃，尽管朝鲜半岛未来形势仍面临挑战，但前景趋好仍可期待。中日关系互动频频，习近平主席三次会见安倍晋三首相，两国总理实现互访，双边关系在重归正常发展轨道基础上有望出现新气象。中国与东南亚国家良性互动，南海形势总体平稳。南海有关各方达成共识，争取在三年内完成“南海行为准则”（Code of Conduct，COC）的磋商，这将为南海形势的稳定发展提供机制性保障。印度政府调整对华政策取向，中印“重启”双边友好合作关系。

中东局势局部动荡，地区热点继续发酵。美国迁馆耶路撒冷，巴以冲突升温；美俄争夺激烈，叙利亚危机仍难完全化解；也门、利比亚乱而无序；卡塔尔断交风波呈现长期化趋势，“卡舒吉案”给沙特带来较大负面效应。地区大国力量此消彼长，互争雄长。“伊斯兰国”衰而难除，不时闹事生乱。

非洲形势稳中有忧。非洲国家积极探索适合本国国情的发展道路，抗冲击韧性有所加强，但各国内外矛盾仍趋复杂，维护稳定、应对危机面临不少挑战。经济受外部环境影响，呈现多速发展。地区总体安全态势有所改善，但传统和非传统安全风险仍较突出。非洲国家联合自强取得重要进展，但一体化进程依然任重道远。

拉美政局稳中有变，“左退右进”的趋势仍继续发展。拉美经济状况略有好转，但增长缓慢。对外关系比较活跃，国际影响力有所上升，但左、右翼国家之间矛盾上升，地区一体化形势不容乐观。美国加大对拉美的介入，在拉美推行“新门罗主义”，陷入内忧外患的委内瑞拉成为首选目标。

2018年是贯彻落实党的十九大精神开局之年,也是中国改革开放40周年。在习近平外交思想指引下,中国特色大国外交开拓创新,求真务实,砥砺前行，出现了许多新亮点、新气象、新作为,成果丰硕。

成功运筹主场外交。2018年以来，中国成功举办博鳌亚洲论坛年会、上海合作组织青岛峰会、中非合作论坛北京峰会、中阿合作论坛部长级会议、首届中国国际进口博览会等一系列重大主场活动，取得良好效果。从展示新时代深化改革、扩大开放的新前景，到弘扬“上海精神”、开启上合组织发展壮大的新征程；从以共建“一带一路”为抓手共筑中非命运共同体，到主动向世界开放市场，欢迎各国参与和分享中国发展的新机遇，这些主场外交形成环环相扣、联动呼应的外交高潮，体现了兼收并蓄、重信守诺的大国担当。

显著提升大国关系。美国特朗普政府对华发起贸易摩擦，为中美关系罩上阴影。习近平主席与特朗普总统阿根廷会晤达成重要共识，有望引领双边经贸关系回到正常轨道，并推进以协调、合作、稳定为基调的中美关系。在中俄元首外交的引领下，两国在政治、经济、外交和军事合作领域均取得突出成就，也为两国各自发展和世界和平稳定带来更多利好。中欧建立战略伙伴关系15周年,法国、英国、德国、荷兰、奥地利等多位欧洲国家领导人访华。习近平主席访问西班牙和葡萄牙,激发了中欧关系新活力。与此同时,中国与中东欧国家合作

（“16+1”合作）取得实质性进展，开创了多边合作新模式。

不断改善周边关系。中国—东盟建立战略伙伴关系15周年，发表了《中国—东盟战略伙伴关系2030年愿景》。《南海各方行为宣言》全面落实，“南海行为准则”磋商取得重要进展，保持了南海局势稳定。中国连续九年成为东盟最大贸易伙伴。中日和平友好条约缔结40周年，李克强总理访日，习近平主席会见来访的日本首相安倍晋三，推动中日关系重回正常轨道。中韩两国关系稳步改善和发展，两国元首达成的各项共识正得到有效落实。中日韩合作重新启动，为东亚合作打开新局面。习近平主席四次接待朝鲜金正恩委员长访华，中朝关系开启新篇章。中国同巴基斯坦“全天候战略合作伙伴关系”不断发展。习近平主席同印度总理莫迪武汉会晤，开创两国关系全面向好的积极态势。

不断加深同发展中国家的关系。习近平主席连续出访亚非拉多国，谱写了中国加强同发展中国家团结合作的“三部曲”。中拉、中阿、中非合作论坛相继举办会议，实现了中国对发展中国家集体对话机制重大活动的全覆盖。中拉论坛部长级会议制定了到2021年的优先领域合作举措。中非合作论坛北京峰会提出的“八大行动”，充分体现出中国对发展中国家所秉持的正确义利观和亲实真诚的外交理念，以及矢志不渝推进南南合作的坚定意志。

大力开展多边外交。习近平主席在一系列多边重要外交场合多次倡导“构建人类命运共同体”，提出共建“一带一路”是践行构建人类命运共同体的重要平台。联合国六次把构建人类命运共同体写入有关决议。越来越多的国家参与“一带一路”

共商共建。习主席在博鳌亚洲论坛年会上庄重宣布中国扩大开放的“四大举措”，再次展示了中国开放的大门“只会越开越大”的坚定决心。举办首届国际进口博览会是为促进全球贸易与世界经济增长贡献的“中国方案”。在二十国集团领导人峰会上，习主席提出了“四个坚持”，为推动本次峰会就重大国际问题达成共识并通过领导人宣言发挥了重要作用。中国始终坚持通过对话谈判解决朝鲜半岛问题，为推动半岛无核化进程、维护半岛和平稳定发挥着不可替代的建设性作用。

衷心希望与作者和广大读者共同努力，不忘《报告》“资政、育人、促学”的宗旨，继续办好这本中国国际问题研究基金会的品牌著作。此期《报告》已是第九年出版发行，内容中有不少新观点、新想法、新建议，字里行间贯穿着30多位资深高级外交官和著名学者的宝贵经验、思想和智慧。希望广大读者从此书中有所收益。

中国国际问题研究基金会理事长

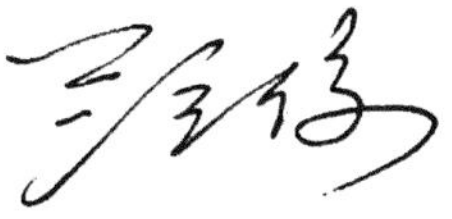

2019年2月

目　　录

第一章　国际形势风云巨变　世界经济增长放缓

第二章　美国政局极化加剧　经济形势前景不明

第三章　欧亚形势总体稳定　俄受制裁困境未解

第四章　欧洲乱局有所发展　经济乏力困境凸现

第五章　半岛变化前所未有　东盟合作前景广阔

第六章　中东局势总体趋缓　大国争夺热点持续

第七章 非洲经济多速发展 拉美转型挑战上升

第八章 中国外交砥砺前行 开拓创新成就斐然

第九章 “一带一路”时代精神 能源合作意义深远

第一章

国际形势风云巨变
世界经济增长放缓

在国际大变局中推进新时代中国外交

刘晓明

【内容提要】在新时代背景下，维护世界和平需从历史长河中汲取智慧。和平是“易碎品”，值得呵护，必须争取，需要共建；发展需要共享，要坚持理性负责、开放包容、普惠共赢；治理需要共商，要坚守多边主义、公平正义、循序渐进。世界格局进入加快演变和调整的重要关口，虽面对“霸凌”，世界多极化大势更加强劲，“一超多强”相对均衡，大国合作面大于对抗面，多边协调优于单边“霸凌”。经济全球化遭遇“逆风”，仍不可逆转。开放融通、科技创新和交往合作的潮流不可阻挡。虽遭遇“民粹”，文明多样性态势日益明显。发展道路、治理理念、互鉴形式更加多样。在习近平外交思想指引下，中国外交明确高瞻远瞩的大国方略，彰显海纳百川的大国外交风范，拓展扎实均衡的大国外交布局，构筑特色鲜明的大国外交支撑，树立亲和自信的大国外交形象。中国在与各国携手构建人类命运共同体进程中，其角色越发关键。

【关键词】外交理论创新　和平共建　发展共享　治理共商　国际大变局　文明多样化　大国外交方略

【作者简介】中国驻英国大使。

当今世界正处于百年未有之大变局。这一变局程度之深、范围之广、影响之远都是前所未有。在这个变局中，中国扮演越来越重要的角色、发挥越来越关键的作用。党的十九大报告指出，实践没有止境，理论创新也没有止境。世界每时每刻都在发生变化，中国也每时每刻都在发生变化，我们必须在理论上跟上时代。对外交工作而言，跟上时代是一个永恒课题，需要不断提高认识和开拓创新。

在新时代背景下，2018年国际形势风云变幻、错综复杂，许多人发出“乱花渐欲迷人眼”之感慨。习近平总书记指出：“把握国际形势要树立正确的历史观、大局观、角色观。”这为我们深入思考和准确把握国际形势提供了重要指引，也为我们在新形势下推进中国特色大国外交理论创新和实践指明了方向。我想据此从三个视角进行梳理和归纳：

一、在历史发展征程中，把握规律，抓住机遇

历史往往经过岁月的洗礼和时间的沉淀后才能看得更清晰。在人类即将进入21世纪第二个十年尾声之际，我们需从历史发展的长河中汲取实践的智慧、萃取理论的营养。

（一）和平需要共建

2018年是第一次世界大战结束100周年。那场战争席卷15亿多人口、吞噬数千万个生命，不仅是人类历史上一场空前浩劫，给包括中国在内的世界各国带来巨大创伤，也深深改变了

人类对战争与和平的认知。抚今追昔，我们不禁要问，和平对于人类究竟意味着什么、人类如何共建一个持久和平的国际环境？

第一，和平值得精心呵护。和平犹如空气和阳光，受益而不觉，失之则难存。当今世界并不太平，人类迄今并未完全摆脱战火与动荡的阴霾。在中东地区，仍有不少民众饱受战乱之苦，仅叙利亚战争就已造成数百万人流离失所，导致巨额经济损失。在国际地区格局中，和平是一种“易碎品”，容不得半点折腾。2018年以来，亚太地区总体保持良好稳定的发展态势，特别是在中国和东盟国家共同努力下，南海地区形势保持总体稳定，有关国家回到通过对话协商妥善处理分歧的正确轨道。但少数域外国家对此心有不甘，总想挑动是非，打着所谓“航行与飞越自由”的幌子，把全副武装的舰船飞机派到南海炫耀武力。这种在风平浪静中大搞“军事秀”，完全是无事生非的挑衅之举，不仅违背国际关系基本准则，更危害地区的和平稳定，最终只会搬起石头砸自己的脚。

第二，和平必须努力争取。历史证明，和平不是“天上掉下的馅饼”，需要主动争取。只有人人都珍惜和平、维护和平，和平才有希望；只有人人都记取战争的惨痛教训，远离战争，拥抱和平，和平才有可能。2018年，地区动荡、恐怖主义、环境恶化、难民潮等层出不穷，国际热点问题此起彼伏，其中朝核、伊朗核问题走向备受关注。2018年朝鲜半岛局势“峰回路转”，向着实现无核化迈出正确而重要的步伐，为地区国家带来和平曙光。各方要抓住当前和平机遇，相向而行，不断积累共识、增进互信，坚持通过对话协商改善关系，推动半岛无核化和政治解决进程持续取得进展。伊核问题全面协议是经过联合国安理会核可的多边协议，是多边主义和国际防扩散领域的重要成果，符合国际社会共同利益。但令人遗憾的是，美国执意退出协议并重启对伊制裁。对此，有关各方多次重申继续维护并执行伊核问题全面协议，致力于妥善解决同伊朗维持正常经贸合作面临的困难。当前形势下，维护和执行好伊核问题全面协议，就是维护多边主义和国际法基本准则，就是维护国际核不扩散体系及中东和平稳定。

第三，和平一定能够实现。和平是滚滚向前的历史大潮，始终是人类社会的普遍期待与殷切向往。全世界人民渴望和平、反对战争。世界日益成为“你中有我、我中有你”的地球村，各国可谓安危与共，没有哪个国家能够置身事外而独善其身，也没有哪个国家可以包打天下实现所谓的绝对安全。从历史大势看，偏见和歧视、仇恨和战争，只会带来灾难和痛苦；相互尊重、平等相处、和平发展、共同繁荣，才是人间正道。2018年以来，尽管各种传统和非传统安全威胁不断涌现，但对话与协商日益成为各国首选的应对之策，诉诸武力和威胁越来越不得人心。随着国际力量对比更趋均衡，越来越多的国家坚持走和平发展道路，世界和平的基础必将更加坚实稳固，捍卫和平的力量必将更加发展壮大。今天的人们完全有理由坚定和平必胜的信念，秉持共同、综合、合作、可持续的安全观，携手实现世界持久和平。

（二）发展需要共享

2018年是国际金融危机爆发10周年。对那场危机的原因、过程和影响进行深刻反思，有助于我们把握今天世界经济金融形势的脉搏，找准突破世界经济发展瓶颈的路径，抓住促进世界经济稳定增长的机遇。

首先，坚持理性负责，实现共同发展。金融资本过度逐利、金融监管严重缺失是国际金融危机爆发的重要原因。10年来，世界各国采取一系列财政货币措施，一定程度上起到稳定市场和扭转经济颓势的作用，主要经济体开始恢复增长。但总的看，那场危机深层次影响还在发酵，增长动能不足、发展失衡等根本性问题远未解决，系统性金融风险挥之不去。世界经济仍处在深度调整期，真正摆脱低迷困境仍任重道远。历史殷鉴不远，任何寅吃卯粮、追求短期效应的发展理念都是行不通的。各国要始终秉持理性负责的担当精神，加强宏观经济政策协调，减少负面外溢效应，合力促进世界经济增长。同时，要勇于创新、敢于变革，把握好新一轮产业革命、数字经济等重要机遇，共同推动科技创新、培育新的增长点，共同打造新技术、新产业、新业态、新模式。

其次，坚持互利合作，实现可持续发展。在经济全球化深入发展的今天，各国利益高度融合，彼此相互依存，命运紧密相连。每个国家都有发展权利，也都应该在更广阔层面考虑自身利益，不能追求“本国优先”，以损害其他国家利益为代价发展自己。2018年以来，美国不顾中美多轮艰苦谈判达成的原则共识，执意挑起“贸易战”，给世界经济贸易造成巨大冲击。这反映出美国奉行的是单边主义、保护主义的自私逻辑，秉持的是“零和博弈”“以邻为壑”的陈旧思维。这种逻辑和思维，违反全球价值链、产业链发展的常识和规律，不利于各国经济的长期健康稳定发展；违背历史发展潮流，损害国际社会共同利益，也终将损及自身。实践证明，国际贸易和投资等经贸往来，植根于各国优势互补、互通有无的需要。中美合则两利、斗则双输，合作是双方唯一正确选择。

最后，坚持开放包容，实现普惠发展。封闭必然落后，开放才能进步；独占难以持久，共赢才是坦途。2018年是中国改革开放40周年，改革开放的“中国经验”表明，各国必须走开放融通、合作共赢之路。只有不断提升双边和多边开放水平，推动各国经济联动融通，才能共同建设开放型世界经济。同时，发展不平衡、不充分问题是各国面临的共同挑战。据统计，全球最富有的1%人口拥有的财富量超过其余99%人口财富的总和，全球仍有7亿多人生活在极端贫困之中。各国要超越差异和分歧，推动包容发展，落实2030年可持续发展议程，推动经济全球化朝着更加开放、包容、普惠、平衡、共赢的方向发展，让发展机会更加均等，让发展成果更好惠及各国人民。

（三）治理需要共商

2018年是二十国集团峰会机制启动10周年。二十国集团的成立和发展，是多边主义的新体现，也是全球治理体系改革不断推进的一个“缩影”。当前，国际社会对全球治理体系变革的方向和方式存在不同声音。减少“治理赤字”、推动全球治理体系变革是大势所趋。

首先，现行国际体系总体上行之有效，多边主义必须坚守。推进全球治理体系变革不等于逆时代潮流、开历史倒车。现行国际秩序只要以规则为基础，以公平为导向，以共赢为目标，就不能随意被舍弃，更容不得推倒重来。任何“退群”“毁约”都是自我封闭、逃避责任的做法。联合国是当今多边机制的核心，联合国宪章的宗旨和原则是当代国际关系的基石。世界贸易组织代表着以规则为基础的多边贸易体系，其核心价值和基本原则必须予以坚守。气候变化是人类共同挑战，《巴黎协定》应得到积极落实。二十国集团体现了全球治理的进步，应进一步发挥引领作用。

其次，全球治理正深刻重塑，坚持公平正义是明智选择。

未来10年将是全球治理体系深刻重塑的10年。全球治理体系的走向，既事关各国特别是新兴市场国家和发展中国家发展空间，更事关全世界繁荣稳定；既事关应对各种全球性挑战，更事关给国际秩序和国际体系定规则、定方向。实现公平正义，意味着世界命运应由各国共同掌握，国际规则应由各国共同书写。各国要平等协商解决问题，坦诚对话化解争端，反对将己方意志强加于他方；要坚持以公道为念、以正义为基，反对各种扭曲、滥用国际规则的做法；要提高新兴市场国家和发展中国家代表性和发言权，反对搞单边主义和经济霸权主义，共同推动全球治理体系朝着更加公平、更加合理、更加有效的方向发展。

最后，现行国际体系并不完美，改革完善需循序渐进。全球治理体系改革需保持耐心、循序渐进，均衡反映大多数国家的意愿和利益，形成一致行动，既不能搞“一言堂”，也不应“草率行事”。安理会改革应遵循联合国会员国主导原则，通过充分协商，形成广泛共识，达成“一揽子”解决方案。当前，世贸组织权威性和有效性受到前所未有的挑战。我们支持对世贸组织进行必要的改革，但改革应通过渐进的方式开展，优先解决危及世贸组织生存的问题；改革应维护大多数成员特别是发展中成员权益，最终成果也需世贸组织成员形成共识。

二、在国际形势乱象中，看清主流，明确方向

2018年，世界格局进入加快演变调整的重要关口。冷战思维、强权政治、单边主义、保护主义阴霾不散，贸易争端、金融风险、发展鸿沟问题日益突出，国际形势中不稳定、不确

定、不可测因素增多。同时，人类社会的共同体意识显著增强，和平、发展、合作、共赢依然是不可阻挡的时代潮流，世界多极化、经济全球化、文明多样化的总体态势更加明朗。

（一）尽管面对“霸凌”，但世界多极化大势更加强劲

不谋万世者,不足谋一时；不谋全局者,不足谋一域。在观察乱象纷呈、风云诡谲的国际形势时，必须把握潮流和大势。当前，世界多极化加速发展，已成为不可逆转的大趋势。

从力量对比看，一超多强趋向相对均衡。美国等西方传统力量在国际事务中依然占据主导地位，但美欧在发展、安全、价值观等方面越来越不合拍，西方国家在重大国际议程上的掌控力和公信力持续下滑。与此同时，一大批新兴市场国家和发展中国家快速发展，对世界经济增长的贡献率已达到80%，按汇率法计算的经济总量占世界的比重接近40%。以金砖合作为代表的各类合作机制蓬勃发展，反映出新兴力量团结协作、联合自强的意愿日益高涨，在国际格局中的发言权与影响力与日俱增。这些都有力推动国际格局向更加全面均衡的方向发展。

从大国互动看，合作面始终大于对抗面。2018年以来，主要大国关系加快互动，竞争与摩擦一面凸显，强权政治、零和博弈等冷战思维死灰复燃。中美“贸易战”阴云密布，俄与西方关系持续走低，人们担心世界正在滑入“新冷战”。同时也要看到，主要大国在维护全球战略稳定与发展繁荣方面仍有广泛共同利益，在竞争对抗中均留有余地，仍致力于通过对话、谈判等手段管控分歧、减少摩擦、增进共识。要和平不要战争、要合作不要对抗、要对话不要隔阂仍是大国关系的主流。

从人心向背看，多边协调优于单边霸凌。坚持多边主义，完善全球治理，打造利益和命运共同体，符合时代潮流和各国

共同利益。尽管国际规则受到冲击，但联合国等多边机制在国际事务中仍发挥着重要的作用；尽管面临形形色色的“退群”躁动，区域一体化仍蓬勃发展，成为地区稳定发展的重要保障。随着更多国家和民众旗帜鲜明地反对自私自利的经济霸权主义行径、弱肉强食的丛林法则，独行快、众行远的道理正日益深入人心。

（二）尽管遭遇“逆风”，但经济全球化趋势不可逆转

近年来，随着世界经济面临下行压力，增长与分配、资本与劳动、效率与公平等矛盾更加突出，“反全球化”“逆全球化”的噪声不绝于耳。但总的看，经济全球化仍是社会生产力发展的客观要求，也是科技进步的必然结果，它的发展不以人的意志为转移。

一是开放融通潮流不可阻挡。只有开放才能使不同国家相互受益、共同繁荣、持久发展；只有融合才能整合资源禀赋、人口红利、产能优势等要素，激发和释放新的发展潜力。搞保护主义保护不了自己，只能使自己与时代相脱节。在全球范围内发动贸易战，是以邻为壑、孤立封闭的短视之举，不仅扭转不了经济全球化的客观大势，也不利于世界经济的健康稳定发展。

二是科技创新潮流不可阻挡。新一轮科技革命和产业变革方兴未艾，为人类社会迎来跨越式发展提供机遇之窗。以人工智能、大数据、新能源和生物科技等为代表的科技创新不断取得新突破，以网络化、平台化、泛在化等为特点的新产业革命孕育兴起。这些新技术新产业呈现多点突破、集群发展、爆发增长的态势，使跨国界的产业链深度合作成为大势所趋，推动各国经济彼此相互依存、共生共荣，为更加均衡、更加普惠的

全球化注入新动力。

三是交往合作潮流不可阻挡。当前，国家间的联系互动日益密切，交往合作更加频繁，冷战思维、零和博弈越发陈旧落伍。只有坚持携手合作、扩大交往，才能真正实现共赢、多赢。从全球范围看，不同行业、不同企业、不同人群从来没有像今天这样深度往来。据统计，2017年，国际游客总数达到13.23亿人次，较上一年增加约8400万人次。国际旅游业强劲增长从一个侧面反映出全球交往合作大趋势。从地区视角看，即使是在脱欧背景下，英国仍始终强调将致力于打造“全球化英国”，多次表明脱欧后英国将坚持开放包容、拥抱世界。

（三）尽管涌现“民粹”，但文明多样化的态势日益明显

近年来，在国际思潮中，民粹主义、排外主义等大有“异军突起”之势，文明冲突、文明优越等论调不时沉渣泛起，使一些人对文明多样化产生了怀疑和迷茫。事实上，文明多样性是世界的基本特征和人类进步的源泉。

一是发展道路更加多样。全球发展道路和制度模式日益呈现“百家争鸣”局面。一个国家的发展道路合不合适，只有这个国家的人民最有发言权。世界上没有放之四海而皆准的发展模式，也没有完全相同的政治制度模式，不能脱离特定社会政治条件和历史文化传统来评判一国政治和经济制度。因此，世界各国特别是广大发展中国家都在纷纷探索适合本国国情、契合时代潮流的发展道路，极大丰富和拓展了不同国家走向现代化的路径。

二是治理理念更加多样。当今世界，全球性挑战更加复杂、严峻、多元，迫切需要人类从不同角度探索有效的应对之策。任何唯我独尊、强加于人的做法只能四处碰壁，甚至引发

灾难性后果。随着各种治理模式和理念更加活跃，不同文明的交流与互鉴更加频繁，不同思想文化的碰撞与融合更加深化。这日益成为增进各国人民友谊的桥梁、推动人类社会进步的动力、维护世界和平的纽带，也进一步拓宽了人类携手解决共同挑战的思想视野。

三是互鉴形式更加多样。“万物并育而不相害，道并行而不相悖。”人类生活在不同文化、种族、肤色、宗教和不同社会制度所组成的世界里，各国不仅要相互尊重、和谐共处，还应不断创新交流互鉴的内容和形式。随着人类文明不断进步、信息资讯的迅猛发展，人类更有条件和能力共同消除现实生活中的文化壁垒，打破阻碍人类交往的精神隔阂，让互鉴形式更加丰富，让人人享有多元文化的滋养。

三、在中国与世界互动中，找准角色，开创未来

2018年是中国外交贯彻落实党的十九大精神的开局之年。一年来，中国外交在习近平新时代中国特色社会主义思想特别是习近平外交思想指引下，准确把握历史交汇期我国外部环境的基本特征，积极顺应中国与世界交织激荡的互动关系，在复杂多变的国际格局中践行新作为，展现新气象，谱写新篇章。

一是完善顶层设计，明确高瞻远瞩的大国外交方略。今年召开的中央外事工作会议确立了习近平外交思想为新时代中国对外工作的根本遵循和行动指南。党的十八大以来，以习近平同志为核心的党中央高瞻远瞩，总揽全局，深刻思考人类前途命运、中国和世界发展大势，积极推进外交理论和实践创新，提出了全球治理观、安全观、发展观、正确义利观、全球化观

等一系列富有中国特色、体现时代精神、引领人类发展进步潮流的新理念新主张，形成了习近平外交思想。在世界政治经济形势错综复杂的多事之秋，中国外交在习近平外交思想指引下，以精彩纷呈、积极有为的实际行动，为世界发展注入强劲正能量。

二是运筹主场外交，彰显海纳百川的大国外交风范。2018年以来，中国成功举办博鳌亚洲论坛年会、上海合作组织青岛峰会、中非合作论坛北京峰会、首届中国国际进口博览会等一系列重大主场活动，取得丰硕成果。从展示新时代深化改革、扩大开放的新前景，到弘扬“上海精神”开启上合组织发展壮大的新征程；从以共建“一带一路”为抓手共筑中非命运共同体，到主动向世界开放市场，欢迎各国参与和分享中国发展的新机遇，这些主场外交形成环环相扣、联动呼应的外交高潮，体现了兼收并蓄、重信守诺的大国担当。

三是拉紧全球伙伴，拓展扎实均衡的大国外交布局。一年来，中国始终致力于在和平共处五项原则基础上同所有国家深化友好合作，不断完善全方位、多层次、立体化的外交布局，目前已同100多个国家和地区组织建立了不同形式的伙伴关系。我们推动构建总体稳定、均衡发展的大国关系框架，与各大国加强对话、增进互信、发展合作、管控分歧，共促世界和平与繁荣。我们按照亲诚惠容理念和与邻为善、以邻为伴周边外交方针，发展同周边国家睦邻友好关系，共同打造周边命运共同体。我们秉持正确义利观和真实亲诚理念，推动与发展中国家合作提质升级，不断深化团结互信、共同发展、亲近交融的良好关系。

四是共建“一带一路”，构筑特色鲜明的大国外交支撑。“一带一路”倡议是中国扩大对外开放与合作的重要而具体的举措。2018年8月，习近平主席在推进“一带一路”建设工作五周年座谈会上明确提出从“大写意”到“工笔画”的新要求，为推进“一带一路”建设工作提供了根本遵循。五年来，“一带一路”建设从理念转化为行动，从愿景转变为现实，一大批重大合作项目落地，形成全球共建“一带一路”的强劲势头。中国同“一带一路”相关国家的货物贸易额累计超过5万亿美元，对外直接投资超过600亿美元，为当地创造20多万个就业岗位。“一带一路”建设秉持共商共建共享原则，具有鲜明的平等性、开放性和普惠性，不仅大幅提升我国贸易投资自由化便利化水平，更成为完善全球治理模式、推进经济全球化健康发展的重要途径。2019年，中国将举办第二届“一带一路”国际合作高峰论坛，进一步凝聚各方共识，规划未来合作重点，力争将“一带一路”国际合作提升到一个新水平。

五是坚决扶正祛邪，树立亲和自信的大国外交形象。2018年以来，国际社会对中国的关注度更高、覆盖面更广，既有理解与认可，也有疑虑和猜忌，有的渲染“修昔底德陷阱”，有的炒作不同版本的“中国威胁论”。对此，我们旗帜鲜明地正面宣介中国特色社会主义道路，阐明中国坚定不移走和平发展道路的决心，有针对性地讲好中国故事，塑造良好国际形象，帮助国际社会更加全面、客观地了解中国，进一步坚定各方对华合作的信心。

2019年，我们将迎来中华人民共和国成立70周年华诞，这是中华民族伟大复兴进程中的又一重大历史性时刻。展望未来，中国发展势头不可阻挡，中国特色大国外交前景更加光明。

第一，既坚定信心，又应对挑战。改革开放40年来，我们立足自身国情和实践，经过艰辛探索走出了一条中国特色社会主义道路，这条道路展现出光明的发展前景。只要我们咬定青山不放松，任何人都改变不了中国人民沿着中国特色社会主义道路坚定不移走下去的决心，任何人都阻挡不了中国人民前进的步伐。随着中国深度融入国际体系，海外利益快速拓展，“树大招风”是必然现象，引发猜忌和疑虑也是在所难免。对此，我们要保持冷静平和的心态，既不妄尊自大，也不妄自菲薄，清醒认识和妥为应对面临的各种挑战和阻力。

第二，既分享机遇，又拓展平台。中国日益走近世界舞台中央，但绝不会重蹈国强必霸的覆辙，而是同各国共同发展、合作共赢，给世界带来更多机遇。未来15年，预计中国将进口24万亿美元商品，吸收2万亿美元境外直接投资，对外投资总额将达到2万亿美元。我们将继续推进全面深化改革、扩大对外开放，既让中国人民过上好日子，也让世界更多国家的人民过上好日子。同时，世界将给中国发展提供更大舞台。共建“一带一路”是构建人类命运共同体的生动实践，已成为国际上最受欢迎的合作平台。中国将顺应国际社会普遍期待，更加积极地参与全球治理体系改革和建设，继续为解决国际地区热点问题和全球性问题贡献中国智慧，提供中国方案。

第三，既重义弘利，又捍卫权益。中国今天的发展成就，是全体中国人民几十年艰苦奋斗的结果，绝非别人的施舍和恩赐。中国不以牺牲别国利益为代价发展自己，而是坚持正确义利观，致力于维护中国人民利益和全人类共同利益。中国将牢记作为最大发展中国家的特殊责任和重要使命，坚持在国际舞台为发展中国家主持公道，切实维护好发展中国家群体的共同利益和集体诉求。同时，中国将坚持底线思维和风险意识，坚决捍卫国家核心利益和重大利益。中国坚定不移做世界和平的建设者、全球发展的贡献者、国际秩序的维护者。

天下事有难易乎？为之，则难者亦易矣；不为，则易者亦难矣。展望未来，世界命运握在各国人民手中，人类前途系于各国人民的抉择。中国外交将继续高举和平、发展、合作、共赢的旗帜，与各国携手构建人类命运共同体，为实现中华民族伟大复兴的中国梦创造良好外部条件，为推动人类和平与发展的进步事业做出新的更大贡献。

世界正面临百年未有之大变局

安惠侯

【内容提要】当今世界正处在大发展大变革大调整时期。大发展大变革大调整相互作用导致百年未见之大变局。美国为维护其世界霸权地位，千方百计阻挠对其霸权不利的大变局发生。美国已经走向相对衰落，但它的衰落要经过漫长的过程。因此大变局的实现也将经过长期、复杂、艰难的过程。这个过程不可逆转，对中国来说，既是巨大的机遇，也是巨大的挑战。中国有能力应对各种严峻挑战，坚持和平发展，实现民族复兴并为促进大变局作出重大贡献。

【关键词】百年未见　大变局　相对衰落　和平发展　重大贡献

【作者简介】中国国际问题研究基金会战略研究中心主任，中国国际问题研究院特聘研究员，中国前驻外大使。

2018年，习近平主席在一些重要场合发表讲话，对国际格局及其走向，发表系列重要判断。他指出，“当今世界正处在大发展大变革大调整时期，世界多极化，经济全球化深入发展”[①]，“当今世界正面临百年未有之大变局”[②]，“当前，我国处于近代以来最好的发展时期，世界处于百年未有之大变局，两者同步交织，相互激荡”[③]。

如何理解这一系列的重要判断？笔者学习了习主席的有关讲话，参考一些专家学者的论述，提出如下看法，以期引起更深入的讨论。

一、大发展大变革大调整相互作用促成百年未有之大变局

2018年7月25日，习主席在约翰内斯堡举行的金砖国家工商论坛讲话指出：“未来10年，将是世界经济新旧动能转换的关键10年。人工智能、大数据、量子信息、生物技术等新一轮科技革命和产业变革正在积聚力量，催生大量新产业、新业态、新模式，给全球发展和人类生产活动带来翻天覆地的变化。我们要抓住这个重要机遇，推动新兴市场国家和发展中国家实现跨越式发展。”

“未来10年，将是国际格局和力量对比加速演变的10年。新兴市场国家和发展中国家对世界经济增长的贡献率已经达到80%。按汇率法计算，这些国家的经济总量占世界的比重接近

① 习近平主席2018年6月10日在青岛同上海合作组织成员国领导人共同会见记者时的讲话。

② 习近平主席2018年7月25人在约翰内斯堡金砖国家工商论坛上的讲话《顺应时代潮流 实现共同发展》。

③ 习近平主席在2018年6月22日至23日召开的中央外事工作会议讲话《坚持以新时代中国特色社会主义外交思想为指导努力开创中国特色大国外交新局面》。

40%。保持现在的发展速度，10年后将接近世界总量的一半。新兴市场国家和发展中国家群体性崛起势不可当，将使全球发展的版图更加全面均衡，使世界和平的基础更为坚实稳固。”

“未来10年，将是全球治理体系深刻重塑的10年。世界多极化、经济全球化在曲折中前行，地缘政治热点此起彼伏，恐怖主义、武装冲突的阴霾挥之不去。单边主义、保护主义越演越烈，多边主义和多边贸易体制受到严重冲击。要合作还是要对立，要开放还是要封闭，要互利共赢还是要以邻为壑，国际社会再次来到何去何从的十字路口。全球治理体系的走向，关乎各国特别是新兴市场国家和发展中国家发展空间，关乎全世界繁荣稳定。金砖国家要顺应历史大势，把握发展机遇，合力克服挑战，为构建新型国际关系，构建人类命运共同体发挥建设性作用。”

这三段论述既是对大发展大变革大调整内涵的具体解读，也指出大发展大变革大调整相互作用促成“百年未见之大变局”。

18 世纪中叶以来，人类已经经历了三次工业革命。第一次工业革命起源于蒸汽机的发明，导致生产机械化，人类从农耕社会进入工业社会。电的发明引发第二次工业革命，使大规模生产、交通和电信迅速发展成为可能，进而促进世界各国交往，形成全球性的国际政治、经济体系。发生于20世纪50年代的第三次工业革命，使人类进入“信息时代”，或称为“计算机时代”“自动化时代”，推动经济全球化快速发展，国家间相互依存关系日益紧密，人类文明高度发展。当下，第四次工业革命已经开始。它的特点是技术融合，打破实体、数字和生物世界的界限，核心任务是开发新能源、新材料、新环境、新生物技术，形成资源节约型、环境友好型的生产方式和社会形态，实现世界经济新旧动能转换。这将是一场深刻的绿色工业革命。前三次工业革命主要由发达资本主义国家主导，而第四次工业革命，新兴市场国家和发展中国家，特别是社会主义中国，将参与其中并共同主导。

科技是第一生产力。生产力的发展必然推动生产关系的变革，推动人类社会进步。大发展是推动大变革、大调整的主要动力。第四次工业革命将有力地促进经济全球化、政治多极化发展和多元文明间的相互了解和借鉴。新兴经济体国家和广大发展中国家要抓紧第四次工业革命的历史机遇，实现自身跨越式的“大发展”，加速群体性崛起，促进和推动世界的“大变革”和“大调整”。

进入21世纪，国际政治和经济格局发生了巨大变化，特别是2008年肇始于美国的全球金融危机以后，以美国为首的西方资本主义体制内在矛盾激化，西方国家间利益冲突加剧，西方世界整体走向衰落；而以金砖国家为代表的新兴经济体和发展中国家群体性崛起，导致国际力量对比发生深刻变化。中国已经是世界第二大经济体，国内外经济学家一致认为，中国超过美国成为世界第一大经济体只是时间问题。有人估计，2050年全球前四大经济体将分别是中国、美国、印度与日本。“东升西降”“南升北降”趋势还在继续，不会逆转。这就是“大变革”的核心内涵。

世界力量对比的变化必然推动世界格局大变化，全球治理体系深刻重塑，国际秩序的大调整。

郑必坚先生认为，世界发生了并继续发生着多方面的历史性巨变。从东西方两极对峙冷战，到两极格局终结后出现“一超多强”，再到“二十国集团（G20）”共治，直到形成“多极化”格局。[①]

阎学通先生认为，国际格局正从美国一超独大的一极格局向中美两超的两极格局转变。2018年6月，他强调，“如今可以更有把握地预测，多极化不可能了，两极格局在五年内定型是非常可能的。[②]

金灿荣先生认为，未来的世界格局，不会保持目前“一超多强”的状态，也不会成为我们期待的“多极世界”，更不会变成美国希望的“单极世界”，而是一种“两超多强”的局面。这是因为，美国的一超地位难以撼动；中国向超级大国进发；一些大国（含国家集团）能保持强国地位。[③]

吴心伯先生认为：“21世纪的世界格局将以多元力量结构为特征，国际体系既非单极，亦非两极，国际秩序将主要呈现出自由伙伴关系的特点。”[④]

傅莹女士认为：第一，世界政治权力分散化的趋势比较明显。已经不可能有哪个大国独霸世界，即使是最强大的国家也必须同其他国家合作处理国际事务。第二，经济全球化大势不可能逆转。第三，世界总体和平有望得到维持。[⑤]

对世界格局和国际秩序将会如何调整，专家学者们见仁见

---

① 郑必坚：“新时代中国和新一轮经济全球化”，《参考消息》，2018年4月23日11版。

② “‘混乱和无序’正成为世界常态”，专访清华大学国际关系研究院院长阎学通，《参考消息》，2018年6月22日。

③ 金灿荣、孙西辉：“中国‘双构建’应对世界格局变化”，《参考消息》，2018年3月26日第11版。

④ 吴心伯：“未来的国际秩序将呈现何种形态”，《环球日报》，2018年7月5日第14版。

⑤ 傅莹：“国际秩序未来的方向”，《环球时报》，2018年7月19日第14版。

智，阎学通先生的观点受到多方质疑，但他们也有共同的认识：在世界大发展大变革的态势下，世界格局和国际秩序必然会出现大调整。大调整的最鲜明特征是，美国全球称霸越来越力不从心，美西方主导的国际秩序越来越难以为继；而新兴经济体和发展中国家的国际地位和话语权持续提升。世界期盼更公正、合理的国际秩序。世界秩序迈向后西方时代，全球治理体系深刻重塑势成必然。政治多极化，经济全球化经过曲折、困难进程，终将进入健康发展轨道。

二、大变局将经历长期、艰难、曲折的历程

新兴经济体和广大发展中国家实现大发展是一个渐进过程；南北力量对比发生根本性变化也要经历一个由量变到质变的过程；世界格局和国际秩序的实质性调整，同样需要一个渐进过程。因此，百年未有之大变局，已经开始，必将继续发展，不会逆转，但变局发展必然要经历一个艰难、曲折、漫长的历程。到底需要多长时间，变数很多，难以预测，可能需要几十年的时间。这是因为：

（一）美国仍是世界最强大的国家，走向衰落将是一个漫长的过程

尽管2030年前后，中国的经济总量可能会赶上甚至超过美国，但中国人均国民总收入到2030年预计达到19007美元，仅相当于美国2010年人均国民收入47140美元的40.3%。到2050年，中国国民总收入（GNI）预计达到51900美元，超过美国2010年的水平，但要赶上美国仍然任重道远。中美军事实力差

距很大。2016年美国军费开支6110亿美元，占全球军费开支的36.2%；中国军费开支2150亿美元，相当于美国军费开支的35%。中国奉行结伴不结盟政策，缺少军事盟友和海外基地，中国的军事力量注定是战略防御型的，无意也无法与美国开展全球军事竞争。在科技实力和创新能力方面，中美差距也很大。中国科学院院士施一公教授认为，“美国科学还会在今后几十年内很强势地引领世界发展”。美国还掌握着“美元”这张王牌。2017年，全球外汇储备中，美元占66%左右，人民币仅占1.07%；世界贸易结算，美元占90%，人民币占1.79%。[①]美国在金融方面的优势，中短期内难以撼动。环球时报评论员单任平先生认为，“整个21世纪，大概出现不了中国的实力全面压倒美国的格局。”[②]

（二）美国加强遏华力度，极力维护其霸权地位，企图逆转“百年未有之大变局”

美对“百年未有之大变局”极端恐惧，认为中国综合国力的快速发展和中国特色社会主义发展模式的成功，是对美霸权和西方体制的严重挑战。美担心被中国全面超越，焦虑感增强，要强化遏华力度，延缓我发展势头，进而逆转，至少阻遏“百年未有之大变局”。我在“上坡”，美在“下坡”，但我“将强未强”，美“将衰未衰”，当前力量对比仍然是美强我弱。美有能力给我制造麻烦，阻遏我和平发展。特朗普政府已向我打

① 李长久：“美国视中国为‘战略竞争对手’和我应对之策”，《世界问题研究》，新华社，2018年3月26日第86期。

② 单仁平：“中国崛起后，将挤占多少美国的空间”，《环球时报》，2018年10月13日第7版。

出“组合拳”。

美多个官方文件和领导人讲话公开视我为“战略竞争对手”“最大威胁”“经济方面的敌人”；指责我“输出发展模式”，攻击“一带一路”倡议出于地缘战略目的；给我戴上“新威权主义”“新帝国主义”“修正主义”的帽子。美提出“印太战略”，企图加强对华围堵；坚持军舰南海巡航，挑战我海洋权益；制定“台湾旅行法”，继续向台售武，冲撞“一个中国”红线；美气势汹汹地挑起对华贸易摩擦，竭力阻挠我国科学技术进步，企图压我屈服，阻遏我发展。中美贸易关系实质原本是互利共赢，美挑起的对华贸易摩擦并非简单贸易问题，而是崛起反崛起、遏制反遏制、强权反强权的斗争。中美间麻烦、紧张、冲突增多，矛盾集中爆发，我和平发展将面临更多障碍。这将成为中美关系的新常态，我要做好长期应对的思想准备。

（三）美四面出击，到处树敌，成为全球最大的动乱和麻烦制造者，实为“霸权挣扎”

特朗普政府依仗超强的军事实力和金融霸权，打着“美国优先”“美国伟大”的旗号，实行极端的民族利己主义，肆意妄为，四面树敌。美采取退群、单边主义、保护主义、限制移民、军事威慑、经济制裁等一系列举措，成为世界动荡、紧张、麻烦制造者，扩大了美与对手、盟友矛盾，削弱了美软实力，造成“天下大乱”、美陷孤立。这是“霸权的挣扎”。

美盟友体系出现严重裂隙。特朗普唱衰欧盟，认为美被盟国占了便宜、搭了便车，因此要“拨乱反正”，要后者在贸易、防务费用分担等问题上做出更大让步。“美国优先”与欧盟多边主义和贸易自由化立场对立，欧美陷入建立战略同盟关系以来最严重危机。欧日等对美忧虑增多，自主愿望增强。法、德提出要建立“欧洲军”，引发特朗普的愤怒。

美在国际上日益孤立。美不守规则和承诺，推行单边主义、霸权主义，先后退出气候变化《巴黎协定》、伊朗核协议，教科文组织等；四处挑起贸易战；执意将美驻以色列使馆迁至耶路撒冷，制裁伊朗，拼凑“阿拉伯版北约”等，加剧中东地区动乱。美国的行为使其失去国际道义，美国际信誉与号召力显著下挫。

特朗普的言行加剧了美内部撕裂，在国内中期选举中，特朗普有得有失。特朗普下一步目标是争取两年后连选连任。西方制度本身出了大问题，内部治理的旧模式难以为继。美本意是逆转“百年未见之大变局”，确保霸权地位，但特朗普政府的行为恰恰适得其反，加速了世界秩序的调整，加快了“大变局”进程。

三、在大变局中，中国面临前所未有的机遇和挑战

美调整对华政策，全面加强对我遏制力度，给我和平发展制造困难；我国内改革有待深化，经济结构转型升级任务艰巨。国际和国内的各种挑战严峻，均需认真应对。

（一）我国力增强，应对挑战的手段多，战略回旋余地大，对实现民族复兴充满信心

习主席指出：“我国处于近代以来最好的发展时期。”我经济总量稳居世界第二，正努力深化改革，扩大开放，经济将由高速增长转为高质量增长，综合国力持续增强，人民生活持续改善。人民拥护以习近平总书记为核心的中国共产党，拥护中

国特色的社会主义，爱国主义情绪高涨，实现民族伟大复兴信心满满。西方势力过去未能在中国挑起“颜色革命”，今后更加不可能。我党重视国防建设，狠抓强军备战，军事力量不断增强。人不犯我，我不犯人；人若犯我，坚决还击。我有充分的信心和强大的军力维护国家主权和领土完整。我将深化改革，扩大开放，大力改善国内营商环境，推动我国营和民营经济快速发展；并继续吸引包括美商在内的外商来华投资创业。把国内事情都办好，我就能立于不败之地。中国将在既定的和平发展的大道上，奋勇向前。

我国在国际事务上开拓进取，影响力、号召力明显增强。我提出的“一带一路”倡议、“两个构建”主张，得到国际广泛认同和支持。中俄全面战略协作伙伴关系日趋密切。我与印度、日本、菲律宾、越南等周边国家关系改善。与欧洲国家合作前景广阔。与亚非拉发展中国家互利合作关系快速发展。与美国四处树敌，陷入孤立相反，我与世界各国合作在发展，友谊在加深，协作在加强。美威胁要对中国施行“冷战”。但在美国的盟国中，在我国周边国家中，少有人心甘情愿在中国与美国间选边站，配合美国对华发动“冷战”。

2018年11月5日，首届中国国际进口博览会在上海开幕。五大洲172个国家、地区和国际组织的代表参会，3600多家企业参展，超过40万名境内外采购商云集。进博会成功举行彰显，中国将始终是全球共同开放的重要推动者，中国将始终是世界经济增长的稳定动力源，中国将始终是各国拓展商机的活力大市场，中国将始终是全球治理改革的积极贡献者。中国将继续深化改革，扩大开放。中国的改革开放不仅发展了自己，也造福了世界。[①]

面对外来的战略遏制，我回旋空间大，化解风险与应对挑战的能力强、抓手多。我一贯主张通过对话解决分歧，不愿打贸易战，主张与美建立“不冲突，不对抗，相互尊重，合作共赢”的新型大国关系。现在美执意挑起对华贸易摩擦，还有人鼓吹对我进行全面对抗，要我改变社会制度和发展道路，目的是阻遏我发展。坚持有中国特色的社会主义制度，坚持独立自主的和平发展道路，是我国的底线，决不能示弱退让。外来的威胁和遏制，是我民族复兴过程中绕不过的一道坎。我有能力承受和应对美遏华政策造成的损失和困难，美也必须承受其遏华政策给自己带来的负面后果。我要保持定力，坚定信心，增强韧性，做好长期斗争的准备；既要敢于斗争，又要善于斗争，把握好斗争的力度和节奏。要看到，中美合则两利，斗则俱伤。中、美共同利益仍然重大，美在国际与地区事务中仍需我合作，美对华保持接触与合作的需求并未消失。双方维持斗而不破局面对双方有利，对世界和平与发展有利。美国当下咄咄逼人，其实是虚火上升，只有经过挑事、挫败、再挑事、再挫败，几番折腾后，切实感受到，遏华政策无法实现其既定目标，反而给自己造成难以挽回的损失时，美才会权衡利害得失，重新调整损人而不利己的错误政策。我以两手应对两手，既要维护自己的核心利益，也要努力将中、美关系塑造成“不冲突，不对抗，相互尊重，合作共赢”的新型大国关系。要坚信时间对我有利。挺过狂风暴雨，将迎来蓝天白云。

2018年12月1日席主席在G20峰会期间会晤特朗普，达成

① “中国将始终是全球共同开放的重要推动者”，《人民日报》，2018年11月11日。

中美贸易战“休战”90天，重启贸易谈判的共识，使得紧张关系有所缓解。

（二）中国将为“百年未有之大变局”的健康发展作出巨大的建设性贡献

习主席指出，“当前，我国处于近代以来最好的发展时期，世界处于百年未有之大变局，两者同步交织，相互激荡”。

中共十九大为实现两个“一百年”民族复兴中国梦，制定了“三步走”的宏伟蓝图：到2020年，全面建成小康社会。到2035年，基本实现社会主义现代化。到本世纪中叶，我国将建成富强民主文明和谐美丽的社会主义强国。到那时，我国物质文明、政治文明、精神文明、社会文明、生态文明将全面提升，实现国家治理体系和治理能力现代化，成为综合国力和国际影响力领先的国家，全体人民共同富裕基本实现，我国人民将享有更加幸福安康的生活，中华民族将以更加昂扬的姿态屹立于世界民族之林。我只要坚持党的全面领导，坚持改革开放，坚持反腐倡廉，坚持依法治国，就能继续和平发展，按照既定的节奏实现民族复兴中国梦。

中国的发展强大就是新兴经济体和广大发展中国家整体的发展强大，同时会带动其他新兴经济体和发展中国家发展强大，从而使南北力量对比发生有利于南方的积极变化。

中国奉行独立自主的和平外交政策，高举和平、发展、合作、共赢的旗帜，维护世界和平，促进共同发展，坚定不移在和平共处五项原则基础上发展同各国的友好合作，推动建设相互尊重、公平正义、合作共赢的新型国际关系。中国坚持以共商、共建、共享的原则推动“一带一路”建设。中国呼吁，各国人民同心协力构建人类命运共同体，建设持久和平、普遍安全、共同繁荣、开放包容、清洁美丽的世界。中国主张各国要相互尊重、平等协商，摒弃冷战思维和强权政治，走对话而不对抗、结伴而不结盟的国与国交往新路。中国发展不对任何国家构成威胁。中国无论发展到什么程度，永远不称霸，永远不搞扩张。中国的这些政策和主张完全符合联合国宪章的精神和原则，并根据国际形势的发展变化，有了新的发展和创新，符合历史发展的潮流，与“百年未见之大变局”同步交织，相得益彰。中国的主张反映了世界人民的共同愿望，得到越来越多的国家和人民的理解、认同和支持，对世界格局和国际秩序的调整，对全球治理的重塑，已经并将继续发挥着积极的推动和引领作用。

世界经济不安情绪加剧，经济下行风险引担忧

谷源洋

【内容摘要】2018年世界经济均衡程度下降，从同步增长走向分化增长，持有世界经济增长“触顶论”观点的人愈益增多。来自于美国的“三大障碍”和“三个价格”同步走高，加大世界经济和全球金融市场不确定性，世界经济不安情绪加剧，经济扩张势头受阻，但尚未发生反向逆转。2019年世界经济仍存在下行压力。如果“美国优先”和贸易保护主义持续下去，世界经济将更加严峻、艰难，或许加速“明斯基时刻”的到来。

【关键词】世界经济　溢出风险　反向逆转

【作者简介】中国国际问题研究基金会世界经济中心主任，中国社会科学院荣誉学部委员。

2018年世界经济仍处在周期上升阶段的末端，然而，市场乐观情绪降温，世界经济不安情绪加剧，越来越多的机构预计世界经济忧患和风险或许将更快的临近。

一、世界经济增长“触顶论”的呼声日渐增高

2010年世界经济步入“后危机时期”，一直处于周期性复苏阶段，而不是进入了周期衰退期，没有出现“低速增长恶性循环”。据国际货币基金组织（IMF）统计2010年至2016年间，世界经济年均增速为3.3%，稍高于20世纪80和90年代，呈现持续性、稳定性增长的特点，主要发达经济体的经济指标先后恢复到接近或达到危机前水平。从2016年第三季度开始，世界经济开始提速扩张，2017年全球经济增长率为3.8%。IMF和经济合作发展组织（OECD）预测2018年世界经济增长率为3.9%，远高于过去5年3.5%的平均增速，市场对全球经济充满了乐观情绪。芝加哥商业交易所董事总经理兼首席经济学家布鲁福德·普特南认为，全球经济面临着诸多风险，但都不足以导致世界经济短期甚至在未来两三年陷入衰退。

然而，近年来，持有世界经济增长“触顶论”观点的人却愈益增多。路透社称对大约40个国家的逾500名分析师所做的调查显示，大多数主要经济体的增长已“触顶”[①]。英国《金融时报》指出，全球经济增速在2017年年底达到峰值，自那以后已明显地向平均值回归[②]。早在2017年年底和2018年年初，IMF在上调世界经济增长预期时，IMF总裁拉加德就已警告说笼罩全球经济的阴霾“日益加深”；OECD警告称由于多数主要经济

① 路透社印度班加罗尔2018年7月26日电。

② 加文·戴维斯：“全球经济增长放缓开始看起来有点麻烦了”，英国《金融时报》网站，2018年11月4日。

体的企业投资率仍然过低，无法支持全球经济长期快速增长，2018年世界经济增长可能触顶；世界银行则指出全球经济增长幅度似乎已达到顶峰，人口因素、投资不足、劳动生产率减缓以及货币政策收紧对经济增长构成了限制，会让全球经济扩张“将在某一时刻停止下来”。

世界经济“触顶论”有其论据支持：一是经济和金融具有周期性。从2008年开始的金融周期已步入10个年头，世界经济现处于周期扩张阶段的尾部，世界经济增速放缓或步入新周期、新危机的概率越来越高；二是全球经济复苏加快主要由投资拉动，投资对经济增长的作用高于消费及进出口。从2018年主要经济体的投资状况看，有的趋减，有的持平，有的增加但增幅有限。由于美欧等发达经济体加强了对外国投资的保护和审查力度，全球投资大幅下降，抑制经济增长。联合国贸发会议发布的《全球投资趋势监测报告》显示：2018年上半全球外国直接投资（FDI）约为4700亿美元，同比下滑了41%，处于10年来的历史低位。投资保护与审查亦使流入美国的FDI，在上半年下降了73%，仅为460亿美元；三是2018年以来，主要经济体的景气领先指标“见项回落”，全球经济增长已至繁荣顶点。四是世界经济不确性、不安情绪加剧。其原因不是由一般所说的风险造成的，全球较低的劳动生产率、加速的人口老龄化、严重的收入不平等、不稳定的地缘政治等因素，虽从不同侧面抑制着全球经济复苏和增长，但尚不足以让世界经济向下回落。《日本经济新闻》2018年7月23日载文称，从2016年第四季度到2018年第一季度，全球经济增幅达到4%。日本SMBC日本证券预测，2018年第二季度后，世界经济仍将保持在3.5%以上的水平。然而，正是该新闻载文称“世界经济不安情绪加剧”[①]。那么究竟是原因导致世界经济不安情绪加剧，使世界经济增长提速势头难以持续下去？这是需要给予回答的现实问题。

二、世界经济均衡程度下降，从同步增长走向分化增长

2018年，发达经济体的平均增长率为2.3%。美国经济表现强劲，按年率计算，前半年两个季度的GDP增长率分别为2.2%和4.2%，主要得益于二季度消费支出增长4%，对GDP增长的贡献率达到近1.3个百分点；二季度出口增幅为9.3%，对GDP增长的贡献率约1.06个百分点。出口增加主要是由“临时因素”或“一次性因素”造成的，亦即贸易商和农民抢在报复性关税生效前加大了出口力度。市场分析认为二季度出口提前“透支”了后续的贸易订单，因而不可持续；特朗普总统的减税计划，短期内提振了需求，扩大了消费支出，伴随减税效应递减，家庭储蓄率不足，难以支持消费支出再扩大。三季度美国的GDP增长率已降至3.5%，四季度或许将会更低些，预计2018年美国GDP增长率在3%左右，高于2017年的2.3%。美国财长史蒂文·姆努钦表示，美国经济正在走向正规，未来5年，美国年均GDP增长率有望维持在3%的水平上。姆努钦财长的表态比其特朗普较为理智和客观，但即便如此，美国经济也很难在较长时间内取得年均超出3%的增长。美联储主席鲍威尔坦言，目前美国经济处于“不错的状态”，失业率很低，通胀水平正在朝着美联储设定的理想区间攀升，但贸易紧张局势加剧和关

① 《日本经济新闻》:“世界经济不安情绪加剧”，2018年7月23日。

税的提高，最终会拖累经济增长[①]。美国国会预算办公室8月13日发布的预测报告称，美国经济增长很可能只是2018年在加快，随后因为财政刺激消退，消费者支出和农产品出口逆转，企业投资和政府采购增长放缓，预计2019年GDP增速将放缓至2.5%上下。越来越多的人认为2018年美国经济周期已经在繁荣的顶点或已经过了繁荣的顶点，陷入减速或衰退的概率增大。一旦美国经济进入衰退期，政府债务状况将进一步恶化，给美元汇率、通胀稳定性和经济增长造成更大的负面影响。

欧元区经济放缓、疲软，2018年前两个季度的GDP环比增长率均为0.4%，年化增长率为2.2%，三季度的环比增长仅为0.2%，按年率计算为1.7%，低于市场预期的1.8%。预计全年，欧元区GDP增长率低于2.0 %，与2017年增长2.5%形成鲜明反差，主要原因是受到外部风险升高的拖累及各项PMI数据下降，但内生动能依然稳定，消费和投资好于前值，失业率不断下降[②]，工人薪金水平提升。德国作为欧元区经济的“火车头”，在过去37个季度中有34个季度实现了正增长，但经济出现放缓迹象，对外贸易、私人消费和汽车产量下降，使2018年三季度GDP环比增长萎缩。值得关注的重要经济事件是6月22日，欧元区各成员国财政部长一致认定希腊的主权债务危机已经结束。希腊总理齐普拉斯宣告，从23日起，我们将重拾信心、重振力量，希腊终于变回一个正常国家。2018年希腊成为欧元区经济的亮点。然而，意大利发生了财政预算风波，国债收益率上升，经济下滑。日本经济在主要发达经济体中依旧“陪敬末席”，经济波动不稳。2018年一季度GDP增长率下降了0.6%，

---

① 美联社华盛顿2018年7月12日电。

② 2018年6月，欧元区的失业率为8.3%——笔者注。

中止了连续8个季度的正增长，但二季度环比经济增长率达到2.8 %，年化增长率为1.9%，高于市场预期的1.4%，三季度经济又再次萎缩2.5%，避免了连续两个季度负增长的技术性衰退，维持着低水准的温和性增长。由于美国经济从稳健增长走向强劲扩张，抵消了欧元区、英国、日本等经济放缓对世界经济的下拉作用。

IMF在下调欧日等国经济增长预期的同时，亦下调了新兴市场国家和发展中国家经济增长预期，将2018年新兴市场国家和发展中国家的GDP增长率从4.9%降到4.7%，但仍维持着亚太地区5.6%的增速不变。但新兴市场国家经济增长并不均衡，呈现增长分化态势，一些欧洲、亚洲和拉美新兴市场国家的经济状况不及预期，经济下行，货币贬值，资金流出。拉美一些经济大国的复苏显得更加困难，中东等产油国则由于国际油价飙升，获得了可观的石油美元，加大了投资力度，促其经济发展回暖。高油价不利于中国和印度这样的石油进口大国，但2018年中印两国的GDP增长率继续超出新兴市场国家和发展中国家的平均增长值，对世界经济增长的贡献率居世界之首。从新兴市场整体看，有些国家经济增长预期上调和有些国家被下拉，仍存在经济下滑的可能。

然而，2018年世界经济并非完全都是消极的，亦有些利好因素，包括全球并购市场有望达到4.8万亿美元，打破2007年创下的4.3万亿美元的纪录，意味着许多国家经济发展稳健，公司信心仍强，通过并购提升竞争力和战略地位；[①] 主要经济体在紧缩货币政策的同时，加大了财政政策支持，宽松财政政策

① 由于美欧加强了中国企业海外并购的审查和限制，2018 年上半年，中国并购活动交易金额下跌 18%——笔者注。

成为全球经济增长新动力；布鲁金斯学会的研究报告称中产阶级总人数超过38亿人，超出世界人口的50%，推动全球消费市场加速转型，新兴经济体正在逐渐打破美国在全球消费格局中的主导地位，消费增长速度高于美国，提高了全球消费的平衡性。发达经济体低储蓄、高消费及新兴经济体高储蓄、低消费的局面正在改变。全球消费市场转型及消费结构改善利于世界经济发展；人工智能（AI）正在加速促进全球经济增长。麦肯锡全球研究所指出“AI可在未来10年为全球GDP的增长额外贡献出1.2个百分点”；在逆全球化形势下，越来越多的国家坚持经济全球化和贸易自由化的大方向，相互间签署了自由贸易协定。中国同加拿大和英国等一些国家进行了经济金融战略对话，截至11月，中国共计同17个国家签署了自贸协定。中国成功举办的首届“进博会”极大地提振了全球贸易商和投资者的信心。“一带一路”建设在过去五年间，使中国同相关国家的货物贸易额累计超过5万亿美元，对外直接投资超过600亿美元，为当地创造20多万个就业；第六次区域全面经济伙伴关系（RCEP）部长级会议发表的《联合声明》指出，各方将致力于“实质性地结束谈判”；日本和欧盟经过5年的谈判，最终达成自贸协定，双方将取消大多数产品的关税；高盛集团发布的全球领先经济活动指数，从2018年6月为3.7，上升到8月的4.1，表明全球经济增长出现改善迹象。但总体看，2018年国际贸易摩擦、地缘政治危机、全球风险资产规模扩大及流动性趋紧，加大了世界经济下行和全球金融市场动荡的风险。

三、世界经济提速扩张受阻源于美国三大障碍

原本2018年世界经济依然充满阳光，但形势骤然发生变化，出现了同美国有直接关联的三大障碍：一是美国单方面挑起贸易战或关税战，导致全球贸易景气指数回落。世界贸易组织（WTO）将2018年全球贸易量增速从预期的4.4%下调至3.9%，低于2017年的4.7%；二是美国以所谓影响国家安全为由，强化对美投资审查力度，加上贸易保护抑制投资，导致对美投资大幅下滑，全球外国直接投资锐减；① 三是在经济增长与通胀上行支持下，美联储加大了加息节奏，在加息的同时，又启动缩减资产负债表计划。截至2018年11月初，美联储资产负债表从约4.5万亿美元，缩减至4.142万亿美元。加息与“缩表”导致市场流动性收紧造成“美元紧”。“美元紧”和全球流动性变化成为新兴经济体金融市场动荡的直接导因。来自美国的三大障碍抑制了世界经济持续发展的势头。IMF总裁拉加德指出世界经济的当务之急是“远离贸易保护主义、促进可持续发展、防范财政和金融危机”。

特朗普政府发起的经济史上规模最大的贸易战，不是中美之间的贸易战，而是一场全球范围的贸易战。单边主义和贸易保护主义成为多方共认的影响全球贸易和经济增长的大障碍。国际经济金融机构以及各国政要与专家均表示单边主义与贸易保护主义严重恶化了全球经贸环境，危害全球产业链和价值

---

① 2018年8月1日，美国参议院批准《外国投资风险评估现代化法案》，旨在大规模强化对外国投资的审查。

链，阻碍世界经济持续增长和发展。国际清算银行总经理阿吉斯丁·卡斯滕斯表示“与保护主义措施有关的不确定性的增加和调门的提高已经阻碍了投资”。[①] 英国《每日电讯报》刊文称：“特朗普正在玩一场非常危险的游戏。如果他不小心，他就有可能成为下一次全球经济衰退的起因”。[②] 猖獗的市场保护对国际贸易和世界经济的最终影响，目前还不好准确的断定，有很多不确定性。一是“贸易战”尚在发展与变化之中，涉及规模有多大，难以确定；二是国际贸易供应链断裂与修补程度，难以确定；三是寻找“替代商品”的速度与规模，难以确定；四是贸易摩擦是长期的还是短期的，难以确定。经贸摩擦是中美关系恶化的核心内容，不排除出现某种缓解或转机的可能性。中美元首在布宜诺斯艾利斯的坦诚友好会晤达成重要共识，决定暂停加征新关税。正如国家主席习近平所说“合作是中美双方最好的选择”。但中美关系的全面改善，尚有待于美国政府放弃对华遏制战略，从战略竞争走向战略协调、合作与稳定。否则中美经贸关系难以稳定，矛盾与冲突将会一个接着一个；五是被加征关税的商品并没有完全退出商品交易市场，有些只是改变了商品交易形式和渠道而已。但任何贸易限制都将减少贸易交易活动，WTO总干事阿泽维多警告说，贸易限制措施与日俱增，这些措施带来的负面效应尚未显现出现，贸易战迟早将重创全球经济。[③] “美国优先”及市场保护业已成为世界经济下行的导火索。

---

① 英国《卫报》，2018年6月24日。

② “特朗普的贸易威胁可能导全球经济衰退”，英国《每日电讯报》网站，2018年6月24日。

③ 法新社日内瓦2018年7月25日电。

我们既要重视单方面加征关税的破坏性，又不要高估了加征关税的能量。基于贸易战等因素的影响，OECD和IMF已先后将2018年世界经济增长率从3.9%下调到3.7%，相当于2017年的增长水平，全球经济尚未出现反向逆转。高盛集团于2018年11月7日发布的数据报告甚至认为，2018年全球经济增长率为4%，2019年增速放缓，但仍居历史高位。国家主席习近平早在2017年达沃斯论坛演讲时就已指出，想人为切断各国经济的资金流、技术流、产品流、产业流、人才流，让世界经济的大海退回到一个一个孤立的小湖泊、小河流，是不可能的，也是不符合历史潮流的。人们没有必要为世界经济减速而过分担忧，不管有多少波折，世界经济的“天”塌不下来，世界经济总会继续增长，全球财富总会持续增加。截至2018年年中，全球财富总额达到317万亿美元，较上年增长4.6%。英国《金融时报》首席经济评论员马丁·沃尔夫认为，自20世纪50年代以来，世界经济每年都在增长。1900年至1947年间，全球产出萎缩的年份仅占五分之一。二战结束以来，世界经济增长更趋稳定。推动经济增长趋势的两股强大力量是世界经济“前沿国家”的创新和落后经济体的奋起直追。除1975年、1981年、1982年和2009年这四个年份外，世界经济增长率都不低于3%[①]。在没有新的下行冲击情况下，全球经济增长虽减速，但短期内难以发展成为全面的全球经济衰退。当前，最为重要的是受到贸易摩擦直接和间接冲击的国家要保持商业和投资信心，继续促进各国经济和世界经济发展。

① 马丁·沃尔夫：《全球经济增长面临多重风险》，英国《金融时报》，2018年1月3日。

四、贸易保护、通胀压力和货币收缩相互交织，为世界经济和国际金融前景增添了变数

对世界经济造成破坏性冲击的因素大体有三种，即重大战争、通胀冲击和金融危机。在此波国际金融危机中，发达经济体所实施的非常规货币政策，伴随经济形势变化及副作用的显现，正在陆续退出。鉴于各主要发达经济体存在经济表现差异性，导致各自货币政策正常化步伐不一。在央行缩减购买债券规模方面，各主要发达经济体相互间的分化程度趋窄，而央行的基准利率的分化则在扩大；美联储及欧洲央行是先减债后加息，而英国央行则是先加息，继2017年11月加息后，2018年8月初再加息25个基点。英国央行加息并不是因为经济过热，相反经济在减速、在疲弱，但失业率降至20世纪70年以来的最低点，通胀率超过2%的目标，2018年年中已上升到2.4%，因而英央行不得不被迫加息。

在发达经济体中，美联储发挥着货币政策正常化的引领作用，并强化了美元主导地位。随美国经济数据利好，2018年美联储加息“点阵图”从3次扩大到4次的概率增大。欧洲央行宣称将继续削减购买债券规模，到2018年年底或2019年年初，或许丢掉QE拐棍，但由于欧元区经济放缓及全球贸易关系紧张，让欧洲央行结束量化宽松计划面临压力和变数。日本央行行长黑田东彦表示，货币宽松重要性下降，但通胀难以达到2%的既定水平，因而将继续维持“量化与质化”的宽松政策以及“超低利率”。总体看，2018年全球货币政策依然较为宽松，尚未从宽松进入紧缩的拐点，主要经济体通胀上升，全球

通胀快于预期，从宽松转向紧缩将是大概率的事件，极易引起国际流动性走向的变化。主要经济体货币政策趋严、趋紧的大势，促发了全球流动性变化，加剧全球金融市场波动风险。资本流动方向取决于利率预期。目前，市场预期的利率走势与美联储加息“点阵图”的曲线存在偏差，但市场预期利率曲线开始向美联储加息靠拢，造成全球金融资产的再配置[①]。

不可忽视的经济事件是2008年国际金融危机以来，在超低利率诱使下，新兴市场国家和发展中国家以美元计价的债务越来越高，杠杆率不断上升。IMF向新兴市场国家提供贷款的同时，亦要求这些国家要以美元结算偿还贷款。这一做法有利于捍卫美元的全球地位，但却使借贷的新兴市场国更加依赖美元，进一步放大美元加息升值周期对这些国家金融稳定性的负面冲击。尤其在特朗普总统2018年5月8日宣布退出“伊核协议”后，美国政府制订了两步走的制裁计划。第一步制裁措施始于8月6日，主要针对伊朗的金融系统，涉及伊朗政府对美元的购买和使用、黄金交易以及政府债券销售等。从11月5日开始的第二步制裁措施是针对伊朗的油气领域，让各国从伊朗进口的石油降至为零，旨在不让伊朗获得“石油美元”，特朗普总统称“任何个人或实体如不停止与伊朗的交易活动，将面临严重后果”。一些大型公司，包括法国石油巨头道达尔担心受到美国的金融惩罚，已陆续撤出伊朗。但仍有不少国家不承认未经联合国授权而单方面实施的制裁行动，继续与伊朗进行石油贸易。俄罗斯亦非常警惕美对俄发动金融制裁。俄总理梅德韦杰夫指出如美对俄银行与卢布发布禁令，那就有可能被视

① 清华大学国家金融研究院院长朱民在中国证券报举办的第九届中国私募金牛奖典礼暨高端论坛上的发言，2018年6月30日。

为一场“经济战”。俄副总理西卢安诺夫认为，美国政府缺乏连贯性的行为破坏了美元的稳定性，使美元变成了具有风险的结算工具。

新兴市场国家实际上早已意识到问题所在，但始终苦于难以找到摆脱美元依赖的有效途径，以免受美元霸权之痛。现在的情况已有所不同，从国家层面看，国家间签署了“货币互换协定”、制定了应急外汇储备安排、建立了“亚投行”与金砖国家开发银行、限制利用美元进行结算和交易、不用美元进行石油贸易等，这些举措都是为了减轻对美元的过度依赖。从学者层面看，提出的建议包括逐步减少美元债务规模；逐步加强国家间用非美货币进行贸易与投资活动；加强自力更生，通过经济结构多元化，摆脱依靠能源单一产业发展运作模式，以缓解美元对整个国家金融稳定的冲击。新兴市场国家被迫“去美元化”是趋势性的方向，但要经历一个相当长的时间，应循序渐进，在摆脱对美元依赖的过程中势必会遭遇到来自于美国的抗拒和反对。

“美元紧”“美元贵”虽可抑制新兴市场国家和发展中国家继续举债，但却加重偿债负担，新兴市场国家以美元计价的债券平均收益率已从2018年年初的3.7%升至年中的4.7%，这意味着融资成本上升。国际清算银行披露，发展中国家未偿付的美元计价的债券，在过去10年增加了两倍，约达2万亿美元。在美联储加息与“缩表”、美元走强及国际贸易条件恶化的情况下，新兴市场国家正承受着愈益加大的压力。IMF估计，美联储今明两年加息及出售债券的影响可能使流入新兴市场的资本减少约700亿美元。根据国际金融协会2018年6月25日发布的报告，自4月以来，美国的股票基金吸引了400亿美元流入，债券基金吸引了80亿美元。全球的股票和债券基金配置中美元资产达到了58%，为2016年以来新高。因此，包括亚洲新兴经济体的一些国家，已经遭受到10年来最严重的资金撤离，造成货币贬值，通胀走高，利率上调，经济下行。在土耳其里拉持续大幅走软后，多个新兴市场国家央行或明或暗地进行干预，里拉有所反弹后，其他主要新兴市场国家货币出现了企稳迹象，但面临的内外环境尚未根本改善。这些状况虽然暂时不会造成新兴市场群体性大面积的系统性金融风险，但却是爆发金融动荡和金融危机的前瞻性信号。

尤其值得关注的经济事件是2018年以来，世界经济出现了罕见“三个价格”同时上涨的现象，亦即国际油价、美元指数、美债收益率同步走高。国际原油价格延续了2017年末的强劲势头，美国WTI中质原油价格曾升至每桶75美元，英国布伦特原油期货价格则突破每桶86美元。国际原油市场供需关系失衡及地缘政政治危机而导致的油价格大幅上涨，既引起石油消费国对高油价的担忧，也引起沙特和俄罗斯等产油国的警觉，担心油价过高影响原油需求持续增长。沙特和俄罗斯等产油国的石油政策从“减产促价”转向“增产抑价”。然而，世界经济下滑造成原油需求疲软以及欧佩克和非欧佩克产量的持续增加，再度打破了国际原油市场供求关系平衡，驱使油价从10月的高位大幅下挫近30%，布伦特原油价格跌至每桶58美元。卡塔尔宣布退出欧佩克的举动，加速油价下跌步伐。沙特财政预算严重依赖原油，油价持续下跌加重财政困难。12月6日在维也纳召开的“欧佩克+”会议，沙特等欧佩克和俄罗斯等非欧佩克产油国尽管存在多种分歧，但经过艰难谈判，最终达成日减产120万桶的协议①，略高于市场预期，国际油价止跌回升，但没

① 欧佩克每天减产 80 万桶，非欧佩日减产 40 万桶——笔者注。

有出现报复式反弹。国际原油供求仍充满变数，短期内油价大涨或大跌的可能性不大，油价向“中性价位”回归，有利于石油消费国，有助于缓解“输入型通胀压力”。

国际原油市场交易主要以美元为主，在多重因素作用下，美元指数从2月中旬89逐渐上升到11月97上方。一般而言，美元指数与原油价格呈现“跷跷板”的负相关性，美元强，油价弱；油价高，美元弱。然而，自2018年4月以来，美元指数与原油价格出现了从“同步齐涨”的反常现象，但美元与油价不会长期脱离负相关性。当前在经济表现上“美强欧弱”，美元指数在震荡中向上将会持续一段时间。一旦美元指数与油价回归负相关关系，美元指数上涨，国际油价下跌，反之油价则上涨。

美国经济的暂时利好，通胀率和核心通胀率回潮，10年期美国国债收益率要反映通胀预期，通胀压力增强推动10年期国债收益率创10年来新高，年内曾多次突破3%的红线。野村证券预测2018年，10年期美国国债收益率将提升到3.25%左右。特别值得关注的是在美联储加息和“缩表”的综合作用下，2年期美国国债收益率与10年期美国国债收益率之间的利差缩小，长短期国债收益率曲线趋平。截至2018年12月3日，3年期和5年期美国国债收益率已出现倒挂，2年期与10年美国国债收益率的差距缩小至略高于15个基点，预示美国经济前景黯淡，美国股市再次暴跌。“三个价格”同步走高不利于各国经济和世界经济增长，须密切关注其后续变化走向。

世界经济正站在十字路口上。如果特朗普政府继续坚持“美国优先”及发动的贸易战，那么2019年世界经济将更加严峻、艰难，或许加速下次危机的到来。

第二章

美国政局极化加剧
经济形势前景不明

特朗普外交的颠覆性效应加速释放

沈雅梅

【内容提要】特朗普执政第二年在外交上全线出击，更加自信、执着，更信赖外交直觉，以个人意志为主导，打造用起来更顺手的超强硬外交班子，奉行保护主义经贸政策和单边主义安全政策，兼顾“做交易”和“搞对抗”，在多边外交中以退为进，意图重构对美国有利的国际秩序。伴随特朗普外交的颠覆性效应加速释放，美国外交仍延续了重视硬实力、运筹地缘战略、偏好双边渠道、维护美国霸权等传统要素。由于政治极化趋势下的共识缺失、民粹主义的反建制诉求向国际传导及“美国优先”幻化为“特朗普优先”，分裂、反叛、失信的特朗普外交有深刻的国内根源，并非昙花一现，仍将持续存在。美国作为“自由主义”国际秩序的领导者这一角色被其自身撼动，成为国际秩序转型过程中的巨大风险因素。

【关键词】美国外交　美国优先　特朗普优先　特朗普主义　政治极化

【作者简介】中国国际问题研究基金会研究员，中国国际问题研究院美国研究所副所长、副研究员。

2018年以来，特朗普执政经验的增加带来了更多的自信，对外交和安全班子的不断清洗和重组壮大了强硬派力量，再加上他需要提亮成绩单以在中选中取胜，于是在外交上高歌猛进、全线出击，褪去了首年里的相对克制，政策主张更自信，议程推进更执着，体现出他有更强的力量和决心实施自己的主张。虽然身处白宫顾问的经济民族主义偏好和建制派精英的地缘政治担忧之间，存在权衡多元政治利益的需要，但特朗普既有坚持，也有妥协，更信赖自己的本能，推行保护主义经贸政策和单边主义安全政策，对美国自二战以来的外交传统破多立少，颠覆性效应加速释放。

一、从“局外人”到“反叛者”

特朗普自认为比华盛顿政治圈内的全球主义精英更了解现实世界，认定美国利益与世界利益存在冲突，寻求改变美国与世界打交道的方式。他质疑战后美国外交传统中的推进自由贸易、集体安全、价值观外交等支柱，称建立在此基础上的“自由主义”国际秩序“根本不管用”，“不想要它”，并从以下四方面着手调整。

（一）以个人意志主导外交

特朗普自20世纪90年代以来就公开、持续表达“反全球化”的意识形态，抱怨全球主义“走得过头”，世界多国都在“占美国的便宜”，例如七国集团（G7）“把美国当成提款机”，北美自由贸易协定（NAFTA）是“一场灭绝美国就业机会的灾难”，其他国家不仅与美异心，还嘲笑和利用美国的一厢情愿。进而，他寻求修正过度自由的全球主义路线，以“美国优先”来组织和管理美国外交，用对抗性的办法来应对威胁。他甚至毫不讳言自己是民族主义者，意在重建更白、更独立、更工业化的美国。[①] 从2018年9月在联大的演讲可以看出，他把美国和西方看成一个文化单元，以主权为边界，以历史传统和信仰为黏合剂，而非志同道合的民主国家共同体。他的外交思维已经形成定式，恐将持续走向保护主义及强人专制，有可能推动全球民族主义进一步抬头，并把国际事务从东西方共治导向“文明的冲突”。

（二）以“忠诚”划线，打造超强硬外交班子

2018年3月以来，温和派顾问和阁员科恩、蒂勒森、麦克马斯特等人离职。新任国务卿蓬佩奥、总统国家安全事务助理博尔顿的外交态度强硬，特别是博尔顿奉行单边主义，支持对朝鲜、伊朗“政权变更”，有“小特朗普”之称。财政部长姆努钦挟对内税改、对外金融制裁有功，得到特朗普的一定认可，但他信奉自由贸易，倾向于达成协议，对谈判没有决策权。商务部长罗斯被特朗普公开羞辱“已过巅峰”，边缘化明显。经济顾问库德罗趋向强硬。贸易代表莱特希泽、贸易顾问纳瓦罗坚定推进攻击性的贸易议程，把关税战、贸易战视为通往所谓公平贸易的必经之路，被媒体称为特朗普保护主义政策本能的“回音”。两年来，特朗普用人变化体现了他执政从“做什么”到“怎么做”、从理念之争到路线之争的演进，温

---

① “Highlights from President Trump’s Interview on ‘The Ingraham Angle’,” October 30, 2018, https://www.whitehouse.gov/articles/highlights-president-trumps-interview-ingraham-angle/.

和派的牵制在减弱，美国已倒向激进的民族主义和利己的强硬外交。

（三）兼顾“做交易”和“搞对抗”

为了推动关键制造业回归，重建以美为中心的区域和全球价值链，特朗普把贸易战作为外交工具，兼用施压和谈判两手，既在双边交往中竞争市场份额，也为多边经贸安排改弦更张。年初以来，美国围绕钢铝、洗衣机、太阳能板等发动全面关税战，先后对加拿大、墨西哥、欧盟、中国、土耳其、印度等国挑起贸易战，谋求推翻现有安排，名为“止损”，实为“求偿”。9月达成美韩、美墨加自贸协定，表明美为整合双边和多边经贸制度留下了松动妥协和利益置换的空间。例如，根据美韩协定，韩同意向美开放本国汽车市场、接受输美钢材数量限额，换得美“永久性豁免”对韩产钢材的25%关税。美墨加协定中，美方亦在保留北美自由贸易争端解决机制上做出明显妥协。但美欧自贸区仍停留在意向阶段，中美贸易摩擦则迅速转向战略博弈。

安全上，特朗普以热点议题为抓手，撬动安全格局，寻求“破局”。他重视展示自己有灵活“做交易”的谋略，也有强硬“搞对抗”的勇气，但两头都走得过猛，并未很好地协调。一方面，他致力于对俄缓和，实现与普京会晤，不惜触动欧洲安全的心理防线；对朝政策从“极限施压”转向“核外交”，宣布暂停美韩军演，加剧了日、韩的担忧。另一方面，他无条件支持中东盟友，对伊朗采取“退约、制裁、断油”三步走，升级美伊对抗。将美国驻以色列大使馆从特拉维夫迁至耶路撒冷等诸多争议政策并非政府跨部门评估或专家听证的产物，而是特朗普竞选承诺的兑现，被其标榜为打破现状、改变游戏规则之举。

（四）"撤退"之中有"进取"

特朗普是第一位否定战后美积极创立的国际制度体系的美国总统，他认为美国被国际秩序绑架，同盟关系是包袱，多边协议是束缚，质疑在世界各地保持美军存在的必要性，因而加速"退群"，把美从沉重的全球事务负担中解脱出来。对待盟友，他不愿公开重申对北约、日、韩等的共同防务承诺，声称不会无条件保卫其他富国，把欧盟视为"比中国还坏"的"敌人"。对待多边外交，美国缩减对联合国机构的捐资，威胁无视世界贸易组织做出的任何对美不利的裁决，不重视七国集团、二十国集团、北约、亚太经济合作组织等峰会，没有从多边会议中达成任何实质性的成果。对待国际组织，美国宣布退出联合国人权理事会，威胁退出万国邮政联盟、中导条约，小到国际邮件计费，大到国际战略稳定，均贬低多边主义和全球治理。12月4日，国务卿蓬佩奥在比利时发表讲话时指出："本届政府将合法地撤出或重新谈判过时的或有害的条约、贸易协定，以及其他不符合我们主权利益或者我们盟国利益的国际协议。"① 总体姿态就是不让国际组织替美决策，不被前任留下的规则捆住手脚，对国际合作不感兴趣。

另一方面，特朗普个人化、冲动型的决策模式导致决策随意性大，形成了"全速外交""全线作战"的态势，触及对外

① "Restoring the Role of the Nation-State in the Liberal International Order,"Remarks by Michael R. Pompeo, Secretary of State, Brussels, Belgium, December 4, 2018, https://www.state.gov/secretary/remarks/2018/12/287770.htm.

经贸关系、朝鲜核问题、伊朗核问题、美俄关系、中美关系等几乎所有热点，这些热点问题既互为联动，也陷于僵持，不仅政策目标有互相抵消之处，而且要价之高，包罗万象，制裁成瘾，狂妄自大，每个环节失控的风险都大于取得突破的可能，危险性显著上升。

二、“颠覆”之中有“延续”

在美国几乎全部历史中，全球化一直是战略思考的核心内容。羽翼未丰时，美国推行“门罗主义”，相当于承认自身的安全依赖于欧洲力量均势；发展壮大时，美国竭尽全力在以英国为中心的全球体系内达成最佳交易，直至走向与英国平起平坐；两次世界大战使美国迅速取代了英国的霸主地位；而冷战和冷战的结束，赋予美国基本相同的全球利益和责任。实际上，特朗普反对的并非全球化本身，而是伤及美国利益的全球主义路径。他的世界观和外交理念中有一种狂热、非理性的“怀旧”，再加上战略界的影响，美国外交仍延续了战后国际主义外交的一些传统。

第一，重视硬实力。特朗普外交观念的精髓是，把世界看作敌意重重的丛林，公开提出用“对抗性”的方法应对全球挑战，以实力谋和平，确保“美国优先”。他把扩军作为“使美国再度伟大”的基础，大幅增加国防预算，增强海外军力部署。2018财年军费开支比2017年增加20%，增幅的一半是特朗普政府要求的，另一半则是国会主动增加的。2019财年的军费预算请求高达7160亿美元，比上一财年增加770亿美元，增幅12%。[①] 相比而言，特朗普不关心其他社会的“民主”转型，放下了“民主化”等软实力作为外交政策工具的做法。

第二，从地缘政治关切出发运筹对外政策。美力争担当大多数地区安全问题的仲裁者，不以“稳定”为诉求，而是营造“可控混乱”，从中渔利。在中东，美确认伊朗是地区动荡的根源，打造把以色列与海湾阿拉伯国家撮合在一起的反伊“战略联盟”。在欧洲，加快部署在东欧的军力和军演，增加对“欧洲安全保证倡议”拨款，“毒剂门”事件后与欧联手驱逐俄外交官，针对俄干预美大选和对美网络攻击实施新一轮制裁，对俄保持强硬。在亚太，美与日、韩等同盟关系平稳，“一个中国”政策延续，朝美实现峰会，南海自由航行计划频度增加，地区安全架构得以沿袭。“印太”概念经过了四国战略沟通、市场和资本对接、美国“印太司令部”等阶段，实现落地，具有战略、安全、经济等内涵。特朗普对“太平洋伙伴关系协定”的态度出现反复，说明相关政策仍在酝酿。

第三，偏好双边、公开、交易型外交。共和党传统上倾向于双边外交，在一对一的较量中发挥美力量优势。特朗普不信任国际体系，从双边层面与世界打交道，以具体议题为抓手，形成多议题联合、漫天要价、锱铢必较的套路。但这并不意味着美国放弃或者弱化多边渠道，相反，美国“正在调动全世界高尚的国家来建设一个新的自由秩序”，“支持符合美国利益的

---

① *America First, A Budget Blueprint to Make America Great Again*, May 23, 2017, https://www.govinfo.gov/content/pkg/BUDGET-2018-BLUEPRINT/pdf/BUDGET-2018-BLUEPRINT.pdf; *An American Budget — President's Budget FY 2019*, February 13, 2018, https://www.whitehouse.gov/wp-content/uploads/2018/02/budget-fy2019.pdf.

制度和机构”。[①] 以美墨加协定为例，其涵盖数字贸易、竞争政策、知识产权、中小企业等国际贸易的新问题，反映了国际贸易与投资新规则的趋势，今后如果被复制到美国与英国、欧盟、日本等的双边谈判中，有可能对世界贸易组织改革形成更大的压力。

第四，确保美国优势，维护霸权。特朗普外交卸下了“救世主”心态，呈现更专注的现实主义，回归大国竞争，严防其他大国挑战。他呼吁平衡盟友责任，是为了以更低的成本维护美的国际领导地位。发起关税战，表面上是贸易纷争和摩擦，实则经济实力之争，是美修改全球贸易规则、重塑贸易体系、以更好地体现自身利益的新一轮战略设计。安全上，时刻涌动的所谓人道主义和地缘政治关切，仍容易使特朗普重新踏上前任们的老路，陷入“带着导弹去寻找问题”的诱惑中。两年来，特朗普处理经贸、安全等问题时与对手毫不妥协，展示了捍卫美霸主地位、继续领导世界的力量和决心。

三、特朗普外交并非昙花一现

美国外交作为国内政治和国际安全环境交互作用的产物，当下更是全球化发展的时代性特征和美国社会变迁的结构性调整等多重因素相互叠加的产物，其复杂性日益上升。相对于美国的主流媒体及传统盟友始终对特朗普外交“唱衰”，不断发

① “Restoring the Role of the Nation-State in the Liberal International Order, ”Remarks by Michael R. Pompeo, Secretary of State, December 4, 2018, https://www.state.gov/secretary/remarks/2018/12/287770.htm.

出美国外交陷入“碎片”“危机”“灾难”等惊言，[①]特朗普的宣传阵地和核心选民却依旧力挺特朗普，赞赏他紧握决策拍板权，外交目标清晰，问题导向明确，卸下道义包袱，相信特朗普的对外贸易政策即便在短期内使美国经济受损，他也会从政治上得分，执政前景可期。美国外交面临迷思和重构，在“美国”和“世界”之间游走，在目标和现实之间碰撞，在“好”政策与“坏”政策之间徘徊，经历着战略转型。以特朗普外交为表现形态的美国外交有深刻的国内政治根源，并非昙花一现。

首先，政治极化催生分裂的外交。这主要体现在两方面。纵向看，党争极化是美国政治的长期趋势，不仅两党之间的意识形态重合面几乎消失，党内精英的对立也更加尖锐。偏自由的共和党人或偏保守的民主党人逐渐失势，温和的中间地带正在被抛弃，这预示着“政治止于水边”的老话已不适用，外交政策难以凝聚两党共识，也意味着国家作为一个整体在吸取外交经验教训并做出调整改变方面的能力减弱。[②]例如，阿富汗战争和伊拉克战争本应当激发深层次战略思考，整合政界对待是否及如何运用军力、推进民主、奉行干预及参与多边制度等重要外交议题上的长期分歧意见，但在政治极化的背景下，两党对同一外交事件得出相反的结论，缺乏共同的反思，分歧至今难以弥合。

横向看，在特朗普执政前两年的“一致政府”格局之下，在野的民主党暂时失去了与共和党开展极化对峙的平台，共和

---

① Philip Stephens, “The decline and fall of US diplomacy,”*Financial Times*, June 1, 2018, p. 13.

② Kenneth A. Schultz, “Perils of Polarization for U.S. Foreign Policy,”*The Washington Quarterly*, Winter 2018, p.11.

党则被总统有效控制和改造，几乎成为“橡皮图章”。例如，国会通过了对有“虐囚”嫌疑的中情局局长哈斯佩尔的任命，淡化了“通俄门”调查，部分共和党议员还发起对司法部副部长罗森斯坦的弹劾议案，甚至备受争议的阿富汗政策也没有被议员挑战。但是共和党占优的局面已被中选改变，民主党控制下的众议院将以更大力度寻求为外交划红线。此外，在两级政府体制下，地方政府的联合行动意义重大，各州和地市在气候变化、经贸等议题上公开与联邦政府唱反调。整幅外交图景的分裂与混乱，意味着美国政府和社会难以作为一个整体，开展有效的集体行动。

其次，反建制造就反叛的外交。特朗普的外交直觉与美国政治中的极右翼思想有关联。无论是“以福利换选票”的左翼民粹主义，还是针对“他者”的右翼民粹主义，都把对经济不平等、人口结构变化及多元文化等的焦虑导向外部，对移民、投资等外来元素很敏感。与此相呼应，特朗普提出一套思想主张，包括相信外部世界很危险，对手很邪恶，美国很纯洁，以往的执政精英很无知，海外盟友是忘恩负义的，移民是恐怖分子伪装的等。基于此，他贬低同盟，疏远欧盟，嘲笑多边，敌视联合国，反感现行制度，撼动从北约到北美自由贸易协定等一系列战后外交政策支柱。特朗普坚持修美墨边境墙、奉行贸易保护主义，响应了民粹主义的本土主义和反移民情绪；抨击精英政治、拒绝气候变化科学，反映出民粹主义的“阴谋论”幻想；拳击式的公共交流方式、报复性的外交风格，则属于民粹主义政治动员的套路。他的外交风格，因对细节无耐心、从改变范式入手而被同里根总统类比，因具有惩罚性报复偏好而被同杰克逊总统相联系。可以说，民粹主义作为政治极化的产物，并非美国政治主流，但通过特朗普的执政，上升到国家政权最高层面，向政治议程渗透，民粹主义内在的反建制诉求正在向国际层面传导，加速国际秩序的深层次变革。

最后，“特朗普优先”强化失信的外交。2018年6月，曾因诠释“奥巴马主义”而名声大噪的美国《大西洋月刊》主编杰弗里·戈德堡再次为该刊撰文，解读“特朗普主义”，将之归纳为三点：一是对美国来说，没有朋友，就没有敌人；二是经营永久失稳，才能生成美国优势；三是与美国对话者，要么接受一切，要么离开。归根结底，“特朗普主义”以“美国优先”原则为核心，往大了说是“天下唯美国，其余皆尘埃”；往具体说是“我们是‘去奥巴马’主义”。① 鉴此，“美国优先”幻化为“特朗普优先”，美国外交一段时间以来的分裂、自私、任性、冒进等都得到了解释，其失信于国际社会也成为必然。

例如，特朗普通过任人唯忠、小圈子决策、推特治国等，强化了自身“帝王般的权力”。一个直接后果是，政府选人用人的标准变成了是否对特朗普忠心，而非外交才能，长此以往必将造成政府质量下降。这令民主制度的捍卫者感到不安，各个权力分支都在加强对特朗普的规制。就政策一致性而言，特朗普言论与政府表态常有出入，特别是在与俄罗斯打交道的问题上，他和他的政府始终是脱节的，以至于白宫发言人不时强调，外界应当关注美国政府的政策，而非总统的推文或即兴讲话。美国对华政策上也存在前后矛盾，两国在2017年实现元首互访，建立了四个涵盖政治、经济、安全、人文等全面领域的

① Jeffrey Goldberg, “A Senior White House Official Defines the Trump Doctrine: ‘We’re America, Bitch’,” June 11, 2018, https://www.theatlantic.com/politics/archive/2018/06/a-senior-white-house-official-defines-the-trump-doctrine-were-america-bitch/562511/.

高层对话机制，2018年年初双方的经贸团队通过四轮密集对话，为化解双边经贸摩擦达成宝贵的共识。但其后，美方对双方团队努力的成果弃之不顾，一意挑起对华贸易战，其谈判诚意和政策意图均失信于人。

就政策延续性而言，特朗普兑现竞选承诺，拆解奥巴马外交遗产，奉行“退出”，有助于树立自身“言必信”的威信，却模糊了美国外交的关键利益，固化了美国国家形象的出尔反尔，伤及美国的履约力、威慑力、强制力，使它做出的承诺不可信、威胁不可畏，难以让外界严肃对待。就政策的全局性而言，“美国优先”所考虑的是特朗普支持者的美国，是部分选民的美国，把部分选民的局部利益凌驾于本国及盟国之上，这决定了美国外交对全球利益的考量存在结构性缺陷。例如，特朗普为向共和党三位最大的犹太裔捐助者“报恩”，并呼应共和党主要支持基础——白人福音派基督徒的亲以色列关切，执意退出伊朗核协议，而协议作废将令欧洲不得不面对伊朗可能重新进行“核武装”的前景，并失去预警时间，相当于撬动了欧洲安全，令美欧关系元气大伤。同盟体系首当其冲成为“美国优先”的牺牲品。

值得一提的是，如同前几届政府期间一样，反对者习惯于把问题归因于总统个人，好像只要换一个首长，美国就能恢复其霸权的正常运转。然而，美国外交从来都不是出于单一并且统一的世界观，而是诸多相互竞争的声音和价值观之间的平衡。决策者的直觉和冲动始终存在，但特朗普处理内政和外交议题的一个优势在于，能够与特定的民意基础和及社会现实联系起来，善于将国内政治投射到外部世界，也能迅速将外交转化为内政议题，对美国政治社会生态和国际秩序都产生强有力的冲击，这仍将是一个持续的过程。

四、小结

应当说，特朗普的一些主张找准了美国外交的弊端。例如，两党均不赞成美国为捍卫国际安全付出高昂成本。大多数民主党人也希望减少军费，收缩海外军力部署。共和党选民愿改善美与俄、朝的关系，重视美俄、美朝首脑会晤，只不过步子没有特朗普迈得大。而特朗普外交被极右翼思想和全球主义的派系之争撕裂，难以形成共识，尚未厘清美国的长远国家利益。一些攸关全局的关键问题，如美韩军演的暂停和小规模恢复、中美贸易战何去何从等，仍在酝酿深层次变化，趋势尚未明朗。但可以明确的是，“美国优先”与“使美国再度伟大”渐行渐远，美作为“自由主义”国际秩序的领导者这一角色正在被自身撼动，影响深远。

当下美国所撬动的世界之变正在推动国际秩序艰难转型和重塑，其未来的演变可能有三种前景：一是国际体系做出“美容式”修补，美国得偿所愿，秩序现状得以维持；二是国际体系在内部重压之下，经各方共同努力脱胎换骨，形成新的力量平衡；三是美国退出现行体系，国际秩序崩溃，世界陷入普遍混乱。目前看，这三种迹象都有。北约把增加防务开支提上议事日程、美墨加达成新的自贸协定，属于第一种，显示国际体系朝着修修补补的方向迈进。美国退出TPP、欧日达成自贸协定、中国推进“一带一路”建设等，属于第二种，反衬出美国因素的“自我淡化”。美国迁馆至耶路撒冷，中东和平进程中断，以色列、沙特自恃有美支持，在地缘政治博弈中更加冒险，有可能制造出更多“烂摊子”，则可被视为第三种前景的缩影。在一定程度上，当今时代的巨大风险是，美国将在国际秩序变革中何去何从，而不是它所针对的和所制裁的别国。

美国中期选举后的政治生态与中美关系

刘学成

【内容提要】美国2018年中期选举产生了一个分裂的国会。共和党保住并巩固了在参议院的多数党地位，民主党以很大的优势控制了众议院。选后华府的权力格局预示着政治极化导致两党对立会进一步加剧，特朗普政府的施政将受到民主党控制的众议院的牵制和干扰。今后两年，他将面临可能到来的经济衰退，又将面对民主党可能启动的弹劾程序。严峻的国内政治生态将会影响他的施政能力和外交信誉。然而，特朗普的对华政策获得两党的支持，今后两年这一政策不会有根本的改变，但国内政治困境会削弱特朗普的外交能力，也有把国内危机转移到国外的可能，主要取决于国内政治和经济危机的程度。未来两年的中美关系的主要特点是不稳定和难以预测。

【关键词】中期选举　弹劾　政治生态　中美关系　美国外交

【作者简介】中国国际问题研究基金会研究员，中国国际问题研究院研究员。

美国中期选举在2018年11月6日举行，选举结果当天出炉。不出主流民调机构所料，也因循了中期选举执政党会输的历史规律。民主党赢得众议院，最后共获得235个议席，比上届增加39个议席；共和党获得199个议席，比上届减少39个议席。[①] 共和党保住了参议院的多数席位，获53个议席，比上届还多了2个议席；民主党获47个议席，比上届少了2个议席。在州长选举方面，在2018年改选的36个州中，民主党赢16个州，共和党赢20个州。选后民主党在23个州执政，比选前多了7个州；共和党在27个州执政，比选前少了6个州。中期选举后华盛顿的权力结构重组，共和党和民主党分别控制了参议院和众议院，州长席位基本上平分秋色。在这一任期的最后两年，特朗普政府将面临一个分裂的国会。民主党控制下的众议院的重要职能是批准政府预算拨款、联邦债务，以及就医保、税收、移民、家庭婚姻生育等直接与民生福利有关的要务进行立法。因此，选后华府的权力格局预示着政治极化导致两党对立会进一步加剧，特朗普政府的施政将受到民主党控制的众议院的牵制和干扰。

众议院还有一个专属的权力，就是在弹劾总统的司法程序中充当起诉的角色，而参议院充当审判的角色。中期选举后，民主党人已经放出风声，将要启动对特朗普总统的弹劾程序。

中期选举结果公布后，特朗普总统给民主党领袖佩洛西打电话表示祝贺，希望以后能够同民主党合作共事。根据12月10日媒体播放的特朗普在白宫会见候任众议院议长佩洛西和参议院民主党领袖舒默的视频，特朗普要求民主党支持拨款50亿美

① 在北卡罗来纳州第九选区11月6日选举中，共和党候选人哈里斯以0.4%得票优势当选，后爆出选举舞弊，决定在该选区重新举行投票选举。

元修建美墨边界围墙。他威胁说，如果不同意拨款，他就让政府在圣诞节期间关门。双方交锋的火药味十足。这个视频预示今后两年特朗普政府与民主党控制的众议院之间的博弈和对抗才刚刚拉开序幕。

一、国内面临双重难以驾驭的风险和挑战

在美国政治生态中，中期选举的结束标志着两年后的总统选举拉开序幕。早在中期选举之前，特朗普总统就酝酿着竞选连任，自我标榜是比历届总统的政绩都好的总统。中期选举之后，他加紧调兵遣将，重组内阁，筹组竞选团队，志在必胜。然而，美国严峻的政治现实使他竞选连任的征途充满凶险和陷阱。分析美国中期选举的各种统计数据和选情报道，这次中期选举后，美国政治生态凸显两个特点，预示着对未来两年特朗普总统的施政能力提出了严峻挑战，也对特朗普2020年的竞选连任投下不小的阴影。

（一）经济衰退将笼罩2020选举年

在中期选举期间，特朗普总统自夸比历届总统都干得更出色，经济繁荣，就业形势最佳。如果民主党要弹劾他，就会引起全国暴动，把自己描绘成拯救美国的英雄。然而，最敏感的股票市场大起大落，暗流汹涌，摩根士丹利等权威分析机构预计2019年美股至少会下降20%。虽然特朗普政府把减少贸易赤字作为其施政的优先目标，然而2018年的外贸赤字持续飙升。据彭博社2018年12月7日报道，截至10月底贸易逆差同比扩大逾11%，到2018年年底美国贸易逆差估计将达到创纪录

的6000亿美元，自特朗普上任以来贸易逆差增加了1000多亿美元。[1] 2018年11月的财政赤字增加2049亿美元，同期增长48%。美国预算办公室发布的报告显示，2018财政年度美国政府财政赤字较去年同期扩大17%，至7790亿美元，创下六年以来的新高；2019年财政赤字预计达到9730亿美元，2020年将首次突破1万亿美元。金融危机爆发以来，美国短期国债收益率与长期国债收益率首次出现倒挂现象。历史案例启示，出现收益率倒挂往往是经济衰退的先兆。二战结束以来，美国出现过10次国债收益率倒挂，随之而来的经济衰退高达9次之多。这些冷冰冰的数据显示，2019年美国经济变数丛生，走向衰退的寒流正在袭来。国际货币基金组织首席经济学家莫里斯·奥布斯特费尔德在接受《华尔街日报》和英国《金融时报》采访时预测，2020年美国经济增速放缓的程度可能比2019年还要严重。[2]

自20世纪70年代末以来，有两次总统选举发生在经济衰退之中。1980年举行的总统选举，民主党的在任总统卡特竞选连任，与共和党总统候选人里根对垒。在卡特总统执政的四年中，亚洲金融危机爆发，世界经济陷入危机，美国经济严重衰退，里根以95%的得票率获胜，卡特总统仅得到45张选举人票。另一次美国总统选举发生在1992年，布什总统竞选连任，对阵民主党的总统候选人克林顿。布什总统被誉为结束冷战、

---

① “美国总统特朗普正在输掉缩减美国贸易逆差之战”，北晚新视觉网，2018年12月10日，https://baijiahao.baidu.com/s?id=1619458516480555533&wfr=spider&for=pc。

② 张锐：“2019年美国经济变数丛生”，《证券时报（深圳）》，2018年12月13日，http://money.163.com/18/1213/02/E2SGGJK9002580S6.html#from=relevant。

打赢第一场海湾战争的英雄。各种舆论普遍认为，布什竞选连任没有悬念。结果出人意料，阿肯色州的州长克林顿成功入主白宫。其中主因是，当时美国经济又进入一个衰退期，失业率高企，刺激了美国民众的不满情绪。特朗普总统将是在美国经济进入衰退期竞选连任的总统。人们难免怀疑他是否能再创奇迹，逃脱这一历史符咒笼罩的政治厄运。

（二）围绕“通俄门”丑闻恐难免被弹劾

一般来说，现任总统在首个任期结束前被认定为稳操胜券的下届本党总统候选人。然而，特朗普总统自入主白宫以来，就被“通俄门”丑闻所困扰。穆勒的特检办对“通俄门”的调查三管齐下：对特朗普核心幕僚进行策反，聚焦俄罗斯政府与特朗普竞选团队的联系，以及调查有关妨碍司法的指控。随着特别检察官穆勒的调查接近尾声，特朗普竞选团队的三位最关键的人物国家安全顾问费林、总统选举委员会主席马纳福特和私人律师科恩纷纷签下认罪书，答应与穆勒配合调查，交代实情，免于或减轻刑罚。穆勒的最终调查报告即将公布，两党都会利用这个报告借题发挥，为我所用，大做文章。民主党控制的众议院2019年1月底开张后，不会轻易放过对“通俄门”丑闻的追责，有可能启动对特朗普总统的弹劾程序，使其步尼克松和克林顿两位总统的后尘。两次弹劾结果不同，尼克松被迫辞职下台，克林顿侥幸闯过难关。这两次弹劾留下值得参考的方向标，让人们思考和评估对特朗普总统弹劾的法律依据及其结局。

根据《今日美国报》报道，俄国公民布蒂娜向哥伦比亚特区检察官认罪，承认充当俄罗斯政府代理人，根据俄罗斯政府官员的指示行事。她曾声称，她充当特朗普竞选团队与克里姆林宫之间的联系渠道，“为下届美国政府的非正式沟通渠道奠定了基础”。[①] 布蒂娜承认企图渗入美国共和党政界，并在2016年总统大选前后影响美国与俄罗斯的关系。美国有线电视新闻网援引联邦检察官称，“布蒂娜试图与有政治影响力的美国人建立非正式沟通渠道”。美国检方所说的俄罗斯官员是俄罗斯银行家托尔申。托尔申与布蒂娜关系密切，两人曾一起会见特朗普的儿子小特朗普。托尔申已因涉嫌干预美国大选被调查，并被美国财政部列为制裁的23名俄罗斯公民之一。[②] 布蒂娜案虽然不是特别检察官穆勒经手的案子，但是该案从一个侧面反映了俄罗斯政府对共和党和特朗普政府的政治渗透和干预。

媒体透露出来的信息显示，特朗普总统在竞选期间，通过其私人律师科恩向两名与他有染的妇女支付封口费，防止她们在竞选期间添乱。特朗普本人一直否认亲自参与策划此交易，然而科恩过去偷录的录音表明特朗普本人直接涉案。封口费案虽然与“通俄门”丑闻没有直接关联，但是有违反选举法的嫌疑，并在选民面前失去诚信，斯文扫地。

特朗普总统首先是一个拥有亿万家财的富豪巨商，特朗普家族的财富来路一直为人们所怀疑。多家媒体报道特朗普经营的酒店和赌场有偷税、漏税、洗黑钱，贷款诈骗以及投资诈骗的嫌疑。《华盛顿邮报》甚至报道，特朗普购买资产时经常使用上亿的现金，而一般地产商通常采取借贷扩张的模式。他的私人律师科恩近期向特检官交代，特朗普在2016年年初选期

---

① “玛丽亚布蒂娜同意与美国合作”，虎哥看天下，2018 年 12 月 11 日，https://baijiahao.baidu.com/s?id=1619538127159114206&wfr=spider&for=pc。

② 南博一：“‘俄罗斯女特工’认罪，承认替俄渗透美国政界”，澎湃新闻，2018 年 12 月 14 日。

间，公开宣称在俄罗斯没有任何生意或利益，暗地里一直在争取莫斯科的一个地产项目。只要启动弹劾程序，就有理由调查这些涉及特朗普公司经营的线索，顺藤摸瓜，追查其巨额现金的来源。[①]

由于共和党控制参议院，出于党派的利益，即使众议院启动弹劾总统的程序，要获得参议院三分之二的参议员的支持，是非常困难的。即使特朗普总统能够逃过遭弹劾的一劫，他头上的政治光环也难以耀眼。特朗普的总统之位也许依旧可以保住，最多也就是一位跛脚总统，勉强撑到2020年的总统选举。

对民主党人来说，弹劾不是目的而是手段，以弹劾程序干扰特朗普政府的施政，给特朗普及其共和党抹黑，为2020年的总统选举创造有利于民主党的政治生态和舆论环境。

二、特朗普的外交特质与遏华冲动

特朗普执政近两年，一反冷战结束以来历届民主和共和两党的外交传统，在一系列外交理念和政策方面进行重大调整，重构“美国优先”主导下的霸权外交。在特朗普治下，用白人至上的新民族主义视角观察特朗普的外交可能更具说服力。

特朗普总统上任两年来，其外交安全团队的骨干换了又换，换了三任国家安全顾问，换了两任国务卿，即将三换白宫办公厅幕僚长，新的三军参谋长联席会议主席已经提名，国防部长在五角大楼的日子也屈指可数。特朗普总统这样频繁更换

① 修木：“前私人律师已被判刑，特朗普能挺过通俄门调查吗？”，澎湃新闻，2018年12月13日。

外交安全团队的关键要员，除了选择政治外交理念与他共鸣之外，更重要的是对他本人的忠诚。总的倾向是这个团队越换越保守。茶党是共和党内极端保守的派系。特朗普政府内的副总统彭斯和国务卿蓬佩奥均为茶党的坚定支持者和骨干,他们进入国会都得到茶党的大力支持。[①]然而，他们两人都有问鼎白宫的资质和野心。在弹劾雾霾笼罩白宫的情势之下，为保总统宝座的特朗普和这个宝座的窥视者在外交安全问题上都会趋于逞强而非示弱。其基本特点有以下几个方面：

第一，推行“美国优先”的霸权外交。特朗普政府主要内阁成员由政界、军界、财界和社会上最保守的强硬派人士组成。以特朗普为核心的新建制派正在形成。传统建制派共和党的外交理念和政策主张至少暂时退居幕后，以特朗普为代表的右翼民粹主义理念和政策正在走向前台。在对外政策方面凸显其唯利是图的民族主义特质。

第二，推行霸权主义的“实力外交”。以美国超强军事、经济、金融和科技实力，以“丛林法则”欺小凌弱，力图重塑美国的世界霸主地位。

第三，以单边主义取代多边主义，概括为“退群”。拆多边机制，推双边机制。表现为反对基于全球化规则的国际秩序。在亚太地区，特朗普2017年1月上台不久就宣布退出跨太平洋伙伴关系协定。

第四，带有特朗普特性的交易操盘手，用商人的谈判艺术

---

① Carl Hulse, “Mike Pence Emerging as a Commanding Figure in Trump Administration,” *The New York Times*. Retrieved January 14, 2018. Joel Gehrke, “Tea-Party Power Endures,” *National Review*, August 7, 2014, https://www.nationalreview.com/2014/08/tea-party-power-endures-joel-gehrke/.

处理外交事务。追逐单方面利益，不讲信用，规则为我所用，出尔反尔，充满不确定性。

第五，正式以印太地缘政治视角重塑传统的亚太地缘政治板块。特朗普政府上台后就宣布不再实施奥巴马政府大力倡导的亚太再平衡战略。特朗普2017年11月出席亚太经合组织会议期间正式宣布“印太战略”，采取包括政治、外交、军事等综合手段，以维持和确保美国在该地区的主导地位。2018年特朗普不参加亚太经合组织领导人峰会和东亚峰会，致力于构建由美国主导的多层次的美、日、澳、印 安全对话机制。

特朗普执政后，基于实力的霸权外交，正面单挑中国，企图削弱乃至破坏中国的崛起势头和在印太地区日益增长的影响力。特朗普政府的对华政策班子是由对华强硬的极端保守派组成的，要想在短期内扭转特朗普政府对华政策的消极趋势并非易事。

美国这一代处于决策地位的官员是最保守的，普遍对华不友好乃至反华。其成长和世界观形成时期正处在冷战结束、苏联解体和东欧剧变、美国处于唯一超级大国的鼎盛期。他们对中国的认知和研判多是消极，乃至敌视的。要改变这一代人的对华的认知和决策思维惯性是很困难的。中国崛起的速度和规模超过了美国决策层的预期。中国过去五年来积极有为的外交，使美国决策精英认定中国不仅具有威胁美国领导地位的能力，也有这样的意愿。中国成为特朗普政府“惩戒”的首要目标。尽管美国相当多的有识之士并不认同特朗普的对华政策，但目前难以影响特朗普的对华政策团队的思维模式和决策导向。

三、特朗普治下对美外交思考

以特朗普政府的《国家安全战略》报告为标志，正式把中国界定为战略竞争对手，中美关系已经步入战略博弈的新时期，这将是延续数十年的大国竞争和博弈的历史进程。美国及其盟国10年前就着手酝酿和推动两洋地缘战略构想，应对中国的崛起。面对特朗普政府咄咄逼人的外交态势和在印太区域构建新的联盟和伙伴体系的举措，我们需要跟踪研究和积极应对。

亚洲大陆是中华民族实现和平发展的平台，太平洋和印度洋是我国腾飞的两翼。我国的“一带一路”倡议的地理范畴横跨亚洲大陆、太平洋和印度洋。承载着大陆和海洋地缘政治经济元素的“一带一路”倡议的构想和运作空间已经大大超越了亚太地理范畴。我们在走向世界的征程中，正在致力于立足亚洲，展翅印太，瞻望全球。立志构建人类命运共同体的伟业宏图需要始于我们赖以生存和发展的亚洲及其两洋。2018年以来，中国积极主动采取措施，推动中印和中日关系的改善，同时着手改善与澳大利亚的关系，有效地牵制了四国战略协调机制的形成和发展。我们同时强化与东盟的战略合作，积极推动区域全面经济伙伴关系协定的谈判进程，努力运筹以中日韩自贸区建设为中心的东北亚区域合作，顺应了在新形势下中国维护安全稳定、促进合作共赢和共建和平繁荣的地区命运共同体的外交理念和主张。

21世纪的中国不是20世纪的苏联，21世纪初期的世界也不是20世纪中期的世界，今天的中美关系的性质也绝不是半个世纪前的苏美关系。在一超多强、区域集团林立的世界力量结构中，不存在对抗性的全球性的集团政治，各个主要力量中心互制与互通并存，你中有我、我中有你的彼此渗透和相互依赖，既是对手又是伙伴。在这个竞争与合作并存的关系中，存在零和博弈的因素，也具有合作共赢的机会。尽管特朗普政府把中国界定为战略竞争对手，但是中美关系的性质仍处在“非敌非友”的框架内，[①] 并非你死我活的敌对性的对抗。

今后两年，特朗普总统将面临即将到来的经济衰退，又将面对民主党可能启动的弹劾程序。严峻的国内政治生态将会影响他的施政能力和外交信誉。然而，特朗普的对华政策获得两党的支持，今后两年这一政策不会有根本的改变，但国内政治困境会削弱特朗普的外交能力，也有把国内危机转移到国外冒险的可能，主要取决于国内政治和经济危机的程度。未来两年的中美关系将主要呈现不稳定和难以预测。

（一）需要放眼长远，戒躁用忍，冷静应对

面对当前紧张的中美关系，需要高瞻远瞩，着眼长远，冷静应对。我们过去曾经担心过美国的入侵、颠覆或遏制，现在恐怕体现出来的是美国更担心中国的崛起和日益增长的地区和国际影响力。特朗普外交上咄咄逼人的架势背后隐现出战略上的焦虑和不安。当前中美关系紧张既有利益的考量，也有战略互信的赤字。面对特朗普政府这种霸凌外交态势，我们既要有战略自信，也要有战略耐心，更应具有战略定力和智慧，科学运用我们的塑造力，坚持耐心对话和谈判，把分歧和争端置于管控之下，力争尽早使中美关系回归正常的稳定发展的轨道，

---

① 杨毅：“2019，中美关系向何处去——环球时报年会第一议题嘉宾讨论精彩内容摘编”，《环球时报》2018 年 12 月 13 日第 14 版。

造福于两国人民，惠及亚洲乃至世界。

（二）需要果断调整不合时宜的主张和宣传方式

科学总结我国外交实践中取得的伟大成就，同时也需要认真检讨外宣工作中的偏差和失误。面对快速发展的、动荡不定的国际和地区形势，因势利导，与时俱进，适时调整不适应形势的政策主张。

（三）要善于转危为机，避险趋利，提供新的发展机遇

当前的世界格局是多元结构，不是中美两极结构。在全球多元格局中，中国需要积极寻求四面八方的合作伙伴；在“一带一路”倡议的大框架下，仍然有着广阔的发展空间；在亚洲各种地区合作机制中，中国拥有建立共商、共建和共享的利益共同体的独特优势和外交潜能。

（四）避免把中美战略博弈和竞争界定为“新冷战”

“冷战”概念是20世纪特定国际格局下美苏全球战略对抗的代名词。今天的世界不是20世纪上半叶的世界，今天的中国也不是20世纪的苏联。新兴大国与守成大国的竞争是常态，历来如此。今天中美关系中的竞争和博弈的性质和中美关系的现状与20世纪的苏美关系的性质和他们之间的对抗与敌视不宜相提并论。美国一些反华势力企图在中国未强大之前挑起战争，打断中国和平崛起的战略进程。中国从来不主张对美国打“冷战”，而且还要努力化解可能导致中美对抗的种种诱因。

（五）避免陷入“修昔底德陷阱”的陷阱

从全球视野来看，全球和地区力量结构多元叠加，相互渗

透。世界上新兴大国不是中国一国，是群体性的崛起，中国只是新兴群体中的佼佼者；世界上守成大国也不是只有美国，美国只是守成大国中的超级大国。与20世纪冷战时代比较，今天的世界在全球化的大潮中出现了大国难以控制的区域化或地区集团，与冷战时代的由超级大国主导的集团政治大相径庭。中美之间的战略博弈会影响、但不足以根本改变世界和亚洲的基本力量格局。难以想象，拥有彼此能够摧毁对方的两个核大国的政治家会跳进这个陷阱。

作为一个新兴大国，中国主张建立和平共处、平等互利、合作共赢的新型国际关系。面对当前中美关系中的各种挑战，需要牢牢坚守我们的战略定力和战略自信，继续主张同美国建立“不对抗不冲突、相互尊重、合作共赢”的新型大国关系。坚持对话，避免对抗，积极管控分歧，努力缓和和稳定双边关系，为中国和平崛起创造有利的国际和地区环境。

美国经济强劲复苏，但风险犹存

周世俭

【内容提要】2018年美国经济强劲复苏，GDP增速有望达到3%左右。特朗普总统给企业和个人大规模减税，刺激了经济的增长和消费的增长。但这些作用难以持久，负面效应已开始显现。财政赤字和国债急剧增加，美联储继续加息和缩表，贸易保护主义和对外贸易摩擦影响了外资投入，企业成本上升，贸易逆差增加，股市震荡，经济出现隐忧。2019年经济增速下滑，2020年可能出现衰退。

【关键词】强劲复苏　财政赤字　国债剧增　债券收益率倒挂　加息与缩表　企业成本上升　经济增速下滑

【作者简介】清华大学中美关系研究中心高级研究员。

一、大规模减税刺激经济快速增长

2008年金融危机重创了美国经济，2009年出现了战后最严重的大衰退。从2010年开始美国经济复苏，到2016年历时7年，GDP年均增长2.05%，始终停留在温和复苏阶段。2016年

GDP增长只有1.5%。

2017年年初特朗普入主白宫后采取给企业和中产阶级大幅度减税和放松对金融监管等刺激经济措施，对经济的增长起到了刺激作用。GDP的增长开始加速，2017年GDP的增长达到了2.3%，美国经济呈现出稳健复苏态势。

2018年年初特朗普总统宣布对企业和个人实行大规模减税政策。企业所得税税率从35%下调到21%，个人所得税也不同程度的下调。这一重大措施刺激了投资和消费。GDP增长从二季度开始加快。一季度GDP增长2.2%，二季度猛增到4.2%，三季度增长3.5%，美国经济呈现出强劲复苏。美联储对2018年美国经济的预测值从3月21日预测增长2.7%，6月13日上调为2.8%，到9月26日大幅上调为增长3.1%。若能实现上述预期，美国经济将出现自2007年以来GDP增长最快的一年。

二、急剧增长的财政赤字和沉重的国债负担给经济持续发展造成压力

减少税收政策效果，历来一分为二，亦即刺激了经济的增长，又减少了政府的财政收入。美国政府的收入绝大部分是依靠税收。由于联邦政府的财政赤字迅速增加，2017财年财政赤字为6660亿美元，与GDP之比3.5%，财政赤字比2016财年的5870亿美元增长了13.5%；2018 财年财政赤字达7790亿美元，与GDP之比升至3.9%，财政赤字同比增长17%；2018年10月初，国会预算办公室预测2019财年财政赤字可能加大至9730亿美元，同比增长24.9%，与GDP之比超过4%。2018年10月财政赤字突破千亿美元，同比增长58%。11月份财政赤字高达

2049亿美元，同比增长48%。2019财年头两个月财政赤字3049亿美元，相当于2018财年全年赤字的39%，若按此速度增长，2019财年的财政赤字将高达1.83万亿美元。

与此同时，美国国债急剧增加。特朗普入主白宫之日，即2017年1月19日，国债为19.97万亿美元，2018年3月15日国债升至21.03万亿美元，到11月20日，国债高达21.77万亿美元，相当于2017年GDP19.39万亿美元的112%，远远超过60%的国际金融警戒线，这意味着联邦政府头上顶着一个国债"堰塞湖"。

在1年零10个月里，美国债务净增1.8万亿美元。据此可以预测，特朗普一个任期四年下来国债将净增4万亿美元。人们把特朗普总统称为平常岁月美国财政赤字和国债大王应是当之无愧的。1985年美国还是世界上最大的债权国，现在早已是世界上最大的债务国了。40年前美国国债号称"金边债券"，现在却成了烫手山芋了。2018年以来俄罗斯、土耳其等国大量抛售美国国债。2017年10月1日，美国财政部宣布不再发行10年以上的长期国债，因为无人问津。2017年12月初，时任美联储主席的耶伦在讲话中说，每当想起沉重的国债，她便夜不能寐。

特朗普入主白宫后，纽约三大股指全线大涨。2017年1月20日道指从19827点到2018年10月3日升至26828点，升幅高达35.3%；同期内，标普从2271点升至2925点，升幅为24.5%，纳指从5555点升至8025点，升幅44.5%。十分明显，当今股市积累了严重的泡沫。股指大涨经常被特朗普总统引以为自豪，再加上二季度GDP增长4.2%，使得特朗普在联大发言时把自己吹嘘为美国历史上最有成就的总统，此言在全世界被引为笑谈。

由于国债迅速增加，偿债利息随之迅速提高。10年期国债收益率由2016年的1.6%增至2018年5月的3.128%，几乎翻了一番，大大加重了美国政府偿债的成本。再加上美联储9月26日年内第3次加息，由此引发了10月份纽约三大股指同步下跌。

三、股市震荡拉响了经济下滑的警报

过去10年，美联储实施了三次量化宽松的货币政策，美国股市迎来了战后最长的牛市周期，在全球资本市场表现为“一枝独秀”。然而，进入了2018年10月份情况发生了逆转，10月10日道指大跌3.15%，标普大跌3.29%，纳指竟然下挫了4.08%。美国股市造成欧洲和亚太地区股市暴跌。从10月8日道指26486点到10月29日跌到24442点，下跌了2043点，跌幅为7.72%，标普的跌幅8.43%，纳指跌幅8.81%，被金融市场称之为“黑十月”。自10月10日到12月21日，美国三大股指先后出现了15次下跌：分别为10月10日、10月24日、11月29日；11月12日、11月14日、11月19日、11月20日、11月23日；12月4日道指跌了3.1%，标普跌了3.24%，纳指跌了3.8%。12月5日纽约休市，12月6日继续下跌，12月7日继续大跌，12月14日道指跌至24100点，标普跌至2599点，纳指跌至6910点，均创全年新低。在两个月内，经历了15次大幅度下跌之后，市场对纽约股指牛市持续的信心正在不断动摇，华尔街对熊市到来的共识似乎也在逐渐形成。可以预料，12月18–19号美联储若继续加息，纽约三大股指一定会再现大跌的现象。纽约股市这样的频繁地震荡为美国经济拉响了警报。

四、美国的就业形势一分为二

美国劳工部统计数据显，2018年美国失业率从1月份的4.1%到11月份已经连续3个月稳定在3.7%的水平上。这种统计方法遗漏了长期失业者和失去了信心而不去登记的人群。例如年龄超过45岁的人们失去了工作就很难再就业。2018年9月就业率仅为62.7%，不如2008年6月金融危机前的67%。

股市的繁荣造成了新的两极分化，低收入的人群在股市上捡了点芝麻，而富翁们则抱了个大西瓜。特朗普大规模减税大大有利于企业家和富人，进一步加剧了美国社会的两极分化和族群对立。

五、美联储加息与缩表

2014年10月29日，美联储果断地停止了量化宽松的货币政策。2015年12月16日启动加息周期，到2018年12月19日一连9次加息，每次加息25个基点，采取的是小步快走的政策。9次加息将美元的存款利息从超低水平0%—0.25%提升到2.25%—2.50%。预计到2019年年终达到3.0%—3.25%的“中性利率水平”。

但是，2018年9月26日美联储加息后再加上国债偿债率迅速上升并突破了3个点，引发了10月份纽约三大股指暴跌。特朗普总统大骂“美联储疯了”，“美联储失控了”，扬言对美联储主席鲍威尔“十分不满意”。特朗普认为美联储2018年以来连续3次加息是在增加企业融资成本，拖累了经济走向繁荣，与他刺激经济的政策开倒车。10月18日，鲍威尔在达拉斯美联储活动上表示美国经济运行良好，仍对经济保持乐观态度。但鲍威尔指出，当前经济面临三大不利因素，包括全球经济增长放缓，减税的财政经济政策效果减弱，以及前期加息对经济的滞后影响等。鲍威尔认为，随着劳动力市场接近充分就业、通胀水平接近2%的目标，美联储将重新评估制定货币政策的策略、所使用的工具以及沟通的方式。

2017年9月21日，美联储宣布从10月份开始缩减资产负债表。金融危机爆发后，美联储一方面采取大幅度降息方式“放水”，另一方面通过量化宽松的措施大量购买国债和机构抵押贷款支持证券（MBS），这两部分构成了资产负债表。几年来，资产负债表从金融危机前的8000亿美元猛增到4.5万亿美元，增添了发生金融危机的风险。美联储收紧银根，造成市场流动性减少，对投资、消费和进口会产生负面影响。业内人士预测，到2020年，美联储将其资产负债表缩减到3万亿美元。美联储加息与缩表计划是为了确保美国经济长期健康稳定地发展。但却与特朗普总统急功近利大力刺激美国经济迅速发展以确保继续连任的安排是不一致的，甚至可以说是有矛盾的。

六、特朗普大打贸易战拖累美国的经济增长

2018年3月23日，特朗普总统依据1962年贸易法第232条款对全部进口钢材和铝制品实施加征高关税，此举限制和打击了34个国家和地区对美国出口的钢材和铝材。有效地保护了美国14万钢铁工人的就业，但却伤害了使用海外物美价廉的钢材

和铝材加工成制成品销售的651万机械加工行业的职工。美国的钢铁业早已是“夕阳产业”，从1850年至1950年它曾经称雄世界百年。20世纪60年代，日本和西德的钢材打入美国并占了上风。80年代，韩国和中国台湾地区的钢材畅销美国，新世纪以来中国物美价廉的钢材畅销全世界。2001年小布什总统发起钢铁201调查，对海外钢材设置配额和高关税，然而2003年在WTO败诉并被迫撤销配额和高关税。特朗普总统的钢铁232调查导致了整个美国制造业生产成本上升，钢铁价格暴涨，其中热轧带钢材价格2018年5月比上年10月上涨了51%。10月22日，福特汽车公司全球运营总裁乔·辛里说“美国钢铁成本超过世界任何地方”。美国钢材每吨的成本比中国钢材贵150美元，他表示“今年福特公司的利润因为加征关税减少了大约10亿美元”。美国最大的汽车生产商通用汽车公司11月中旬宣布由于生产成本上升和产品转型将关闭7家分厂，其中4家在美国，将裁员1.46万员工。

11月19日，美国商务部工业安全署出台了一份被称为最严格的技术出口管制的先期通知，不过令美国人没有想到的是当天美国多家高新科技公司股价大跌，市场舆论认为这项规定将重创硅谷。事实已经证明特朗普总统4月16日对中兴公司停止芯片供应长达7年的决定，是对中兴公司的重创，同时也伤害了高通、英特尔和美光三大美国高新技术公司。次日，高通和英特尔两大公司股价暴跌9%。第三天，高通公司宣布为了压缩芯片生产裁员1500人。由于2017年，高通公司向中兴公司提供了价值5亿美元的芯片，英特尔公司提供了3.5亿美元的芯片，美光公司提供了1.5亿美元的芯片，总共10亿美元的芯片，因此，该决定只执行了一个半月。经过谈判，6月1日美国商务部宣布恢复了对中兴公司的芯片供应。这一事例表明大打贸易战的结果必然是两败俱伤，谁也得不到好处。

特朗普发动贸易战是为了减少美国贸易逆差，而实际恰恰相反。据美国商务部的统计，1—9月，美国货物贸易逆差达6524亿美元，同比增长了9.9%，12月7日的最新数据显示1—10月货物贸易逆差同比增长了11%。

2018年7月7日，前美联储主席格林斯潘也对贸易战表示了忧虑，认为美国对外施加的关税实际上是由美国国民在买单。美国应该停止继续施加高关税。如果不削减关税，美国之前所具有的减少企业营业税以及减少监管所获得的发展上的优势都会被关税所抵消。格林斯潘还言称，从历史经验看，增税只会导致经济衰退。

11月初，从白宫贸易顾问彼得·纳瓦罗传出来的信息是，华尔街金融财团要求特朗普总统停止中美贸易战，他愤怒地要华尔街财团从中美贸易战中滚出去。

2018年12月12日，华尔街日报网站报道：美国企业首席财务官员对最近的国际贸易冲突感到担忧。特朗普政府与外国——尤其是与中国之间不断加剧的贸易摩擦导致许多企业暂停了投资和其他商业活动，等待紧张局势得到化解。近半数美国首席财务官认为，随着劳动力市场的紧缩和贸易紧张的加剧，导致美国企业界产生经济焦虑，美国经济到2019年年底将陷入衰退。另据联合国贸发组织的数据显示，美国2018年上半年吸引外资同比下降了73%。这种现象对美国经济来讲是罕见的。

七、美国经济前景堪忧

对于美国经济的前景，无论是美联储、国际经济权威机构和华尔街财团均不看好，都认为未来2—3年美国经济增速呈现下行态势。

2018年9月26日，美联储预测美国经济2019年增长2.5%，2020年增长2.0%，2021年增长1.8%。2018年12月19日，美联储对预测做了微调，2018年增长3.0%，2019年增长下调为2.3%。10月9日，国际货币基金组织（IMF）预测美国经济2018年增长2.9%，2019年增长2.5%。11月22日，经合组织（OECD）预测美国经济2018年增长2.9%，2019年增长2.7%，2020年增长2.1%。11月20日，华尔街金融财团的预测就更显悲观：2018年四季度、2019年一季度、二季度、三季度、四季度的经济增长预测值如下：高盛集团的预测值分别为：2.5%、2.2%、1.8%、1.6%、1.5%；摩根士丹利的预测值分别为：2.4%、2.1%、2.0%、1.9%、1.8%；摩根大通的预测值分别为：2.5%、2.2%、2.0%、1.7%、1.5%。高盛集团预测美国经济2019年增长1.75%，摩根大通预测增长1.5%。

2019年将是自2009年经济大衰退之后的第10个年头。西方世界的经济周期是一个铁的规律。1825年英国首次爆发经济危机以来，近200年的历史证明西方市场经济国家每隔8—10年就要发生一次经济衰退，几乎没有什么国家能躲过这一规律。

金融危机后，美联储采取了三次量化宽松的货币政策，超量印发了近4万亿美钞。事实表明大量的资金进入了股市、债市和楼市，只有少量资金约760亿美元进入了实体经济。大量资金进入股市形成了股市泡沫。2018年从10月10到12月14日，纽约三大股指11次下跌形成了长达两个月的股市震荡是否意味着股市泡沫的破灭，人们在拭目以待。

急剧增长的国债致使偿债利息高企，大大增加了国家偿债的负担。这将严重影响美国经济的持续稳定发展，12月初出现的国债利息倒挂导致纽约三大股指12月4日出现了与10月10日同样的惨跌。道指下跌3.1%、纳指下跌3.8%、标普下跌了3.24%。银行股成为标普指数表现最差的板块。究其原因，一是市场担心美债收益率曲线倒挂预示着经济衰退的来临；二是华尔街对中美贸易战的忧虑感，因华为高管被扣押再度上升。长短期美债收益率倒挂是美国经济衰退的重要信号，加剧了金融市场对美国经济前景的担忧。

鲍威尔时代美联储货币政策的作用与风险及影响

谭雅玲　宋云明

【内容提要】美国经济、美元政策与美元走势是国内外市场关注的焦点，美联储的作用与影响尤显重要。特别是鲍威尔执政以来，美国内外关联与因素多变、不确定、更加复杂和突出。为此，我们透彻观察美国问题十分必要和急切，美联储和鲍威尔的作为更需要深入论证、预期观察。

【关键词】美元　美联储　美国股市　货币政策　加息周期

【作者简介】谭雅玲，中国国际问题研究基金会研究员，中国外汇投资研究院院长；宋云明，中国国际问题研究基金会研究员，金融分析师。

鲍威尔2018年2月正式成为美联储第十任主席，市场对其评论褒贬不一。主要背景在于40年来，美联储首次以不具备经济学学位的官员担任这一要职，这令市场刮目相看。然而，观察美联储主席的个人特性并非重点，美国国家战略和金融战略的长远与深度才是鲍威尔执政时期的关键。尤其面对全新的世界格局、转型的美国新经济周期以及不变的美元战略新时代所面临的要素与前景，鲍威尔执政的与众不同则是顺应新经济和美元战略的实际需要。特别值得关注的四个强化是理解、认识以及预期的焦点：鲍威尔时代美国金融战略的与众不同强化美元霸权的老道威力；美国经济战略的与众不同强化美国新经济的现代水平；美国全球化战略的与众不同强化美国新格局的高瞻远瞩；美国竞争性战术的与众不同强化美国打击目标的精准。当前以及未来观察美联储主席鲍威尔的执政理念和未来选择十分重要，并且有很多值得深入思考、长远考量的问题与对策。

一、鲍威尔时代新周期——美元利率霸权

虽然美联储主席变更已达10任，但美联储政策原则与方向始终如一，执政者的改变并不改变政策的延续性。近20余年，美联储的掌舵人，无论全球备受尊重的投资型——格林斯潘，或理论功底深厚的学者——伯南克，或风采稳健的女性——耶伦，以及目前市场经验丰富的投行派——鲍威尔，他们的风格再独特与强势，都难以背离美联储的战略宗旨与国家利益需求。

鲍威尔正式入职给予市场的积极效应显著，因为美国经济和金融处于关键时期，即由非常时期的政策应对转入正常周期的调整，这是我们面临鲍威尔时代背景的基本判断核心，否则将有误判鲍威尔政策的可能。2000年以来，美国受到“9·11事件”严重冲击、前所未有的互联网泡沫破裂、美元霸权受欧元启动的挑战、全球化进程面临地缘政治风险挑衅的局面严峻等诸多新问题、新风险和新状况使美国应对难度加大。因此，美国全球化战略应对进入新时期，特别是特朗普战术性的改变，特殊时期的策略从多边进入双边，这些必然牵制与影响美

联储货币政策的观察与思考。美联储的职责主要在于：保障经济增长、控制通货膨胀、关切失业率水平、调节国际收支。以上四点主要在于美国经济增长周期的可持续性、上下波动的通胀数据，这两项是美联储调节政策的重要参数；而失业率的调整成效显著、国际收支难以调节被忽略是常态；其主要通过货币政策中的汇率、利率、资产价格的有效组合和协调，以达到美国经济利益的最大化和优势化。

回顾美联储货币政策史，美元利率超低设计的非常化是基础与现实，尤其是2000年后两次非常规的政策应对更值得思考。其一是2001—2003年美联储13次降息，美元基准利率从6.5%降至1%，远低于美联储一贯坚持的3%利率基准；其二是2007—2009年美联储10次降息，美元基准利率从5.25%降至零利率，这进一步严重背离美联储的利率指标界定，非常时期的非常政策的执行有其自身的诉求、判断与目标目的。

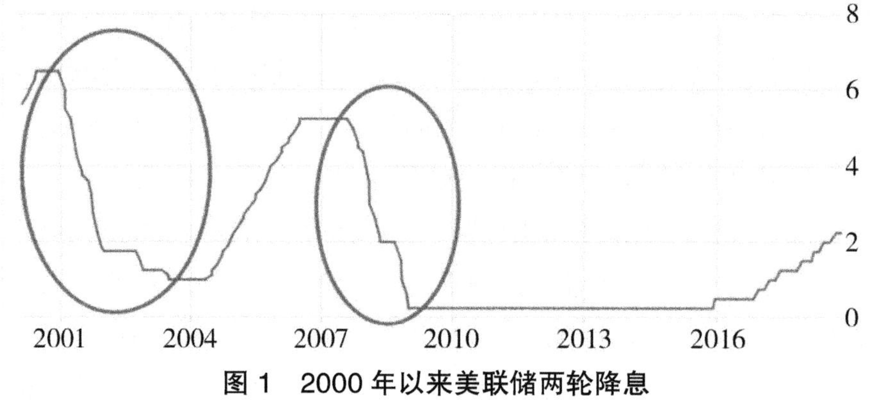

图1　2000年以来美联储两轮降息

当前我们可以清晰地看到美联储利率正在回归正常化，超低利率时代非常政策的目标已经完成，美元汇率霸权回归就是最好的结果，进而目前美元贬值、股市高涨和国债收益率上升引领资产价格优势的前景十分明朗，美联储货币政策保护美国经济的效率与影响极其显著，最终全球受制于美联储加息、受限于美元汇率走势、受惠于美国股市高涨带动效益。这似乎都凸显美联储货币政策的宗旨明确、策略灵活、目标清晰、执行得力以及几个层面的合理配置与配合。美联储货币政策的最终目的是美元霸权，这是美国利益的最高境界。因此美元利率的最终目的并非是基准利率水平，而是美元利率霸权的引领与主导地位。目前美联储仍对经济的持续增长充满信心，但鲍威尔指出美联储监管的四个金融脆弱性，即金融部门的过度杠杆、融资风险、家庭和企业部门的债务负担以及资产估值水平；他认为逐步加息是平衡风险的一种方式。市场预判美联储事态依然局限在短期、局限在水平、局限在本国，但美联储的高深谋略已然超出本土国界，霸权主义的思维与思路并非如此短期和简单。

二、鲍威尔时代新经济——升级换代新特色

透过美国经济周期观察鲍威尔执政的诉求与目标，我们认为当下美国经济环境更适宜美联储政策的规划、展开和侧重实施。而市场对美国经济判断存在严重的迷茫和误区。特别是经历了2007—2009年华尔街金融动荡甚至金融危机的渲染后，经济基本常识中经济衰退与经济复苏的复杂局面前所未有，美国经济衰退与其他发达国家经济衰退的含义与结果完全不同。首先，美国所谓的经济衰退只是一时表象，实质与本质的变化则是长期产业经济的升级换代效应，经济衰退与经济复苏之间的组合变化十分巧妙，超常规和常态是关键；反观其他国家，经

济衰退则是产业退化和经济退化的根本性问题，由此呈现出当前全球经济新格局：美国新经济对比欧洲与日本传统经济鲜明；传统经济实力对比新经济效率落差巨大。世界经济与发达国家经济低迷中独特的美国经济是值得关注的重点，前所未有是美国经济非常重要阶段的评估与论证，这也是认清美国经济的重点。

第一是技术创新引领性。美国是全球现代化高科技中心，这与其巨大的研发投入密不可分。据美国国科委报告显示，美国的年研发投入已达到4960亿美元，占据全球总研发投入的26%。从产业分布来看，美国各地区经济活动重心不一：纽约是金融、出版、广播和广告等行业中心；洛杉矶是电影和电视节目制作中心；旧金山湾区和太平洋沿岸西北地区是技术开发中心；中西部是制造业和重工业中心，底特律是著名的汽车城，芝加哥是该地区的金融和商业中心；东南部以医药研究、旅游业和建材业为主要产业，由于其薪资成本低于其他地区，因此持续的吸引着制造业的投资。美国经济总量世界第一，是制造业和服务业的高端化支撑起来的。美国制造业的高端，一方面体现在硬件领域的世界领先地位不可动摇。如芯片产业、苹果公司，虽然大部分组装是外包给富士康，但其设计和研发核心都在美国。另一方面是军工领域的科技领先优势，以及国际地位之高、盟友之多以及盟友美国采购优势之强是最突出的特征。此外，医药领域也是美国高端制造的代表，专利药的生产和研发美国世界领先。美国服务业的高端在金融领域，主要表现在纽约的世界金融中心地位，美国金融巨头搅动全球金融市场。美国农业虽然占经济规模已不大，但仍十分发达，既能自给自足，还可大量出口。由此，美国并没有相对产业劣势，反而产业优势明显。传统经济时期，美国突出生产力优势；而新经济时代，美国突出创新技术引领。

第二是海外为主新型化。2010年开始，美国经济进入良性增长周期，经济复苏的稳健性和持久性十分显著。期间美联储主席格林斯潘、伯南克和耶伦借助美国经济向上周期有计划的推进货币政策的实施与对应。时至今日，美国仍然是全球最稳健的经济体，更高于全球成为新经济特色鲜明的现代经济载体。因其高度集中的全球化布局与众不同，特别是从公司布局来看，诸多国家基本以海外为辅、国内为主，唯有美国是以海外为主、国内为辅。穆迪2018年7月19日发布的一份报告显示，截至2017年年底，美国非金融类企业拥有的现金总额高达1.84万亿美元，较2015年增长11%，约为2008年的2.5倍，其中近1.3万亿美元（70%）被囤积在美国海外[①]。美国三大科技巨头——苹果、谷歌与微软的现金储备高达4640亿美元，苹果、谷歌母公司Alphabet、微软、思科与甲骨文拥有的现金88%在美国以外。再以美国投行雷曼兄弟为例，其2008年破产案众所周知，但该公司至今依然存在，海外机构继续经营局面始终如一。2013年9月17日报道，[②]一度曾是全球第四大银行的雷曼兄弟破产5年后仍规模庞大，目前雷曼兄弟依然拥有超过800亿美元的不动产。美国海外为主新型化配置的抗风险能力高超、恢复力强大以及优势化明显与美元霸权地位相呼应、相匹配，进而美国经济基础决定美元利率想象力与设计图的关联可见一斑。

---

① 金融界，2018年5月资讯。

② 路透社网站，2013年9月资讯。

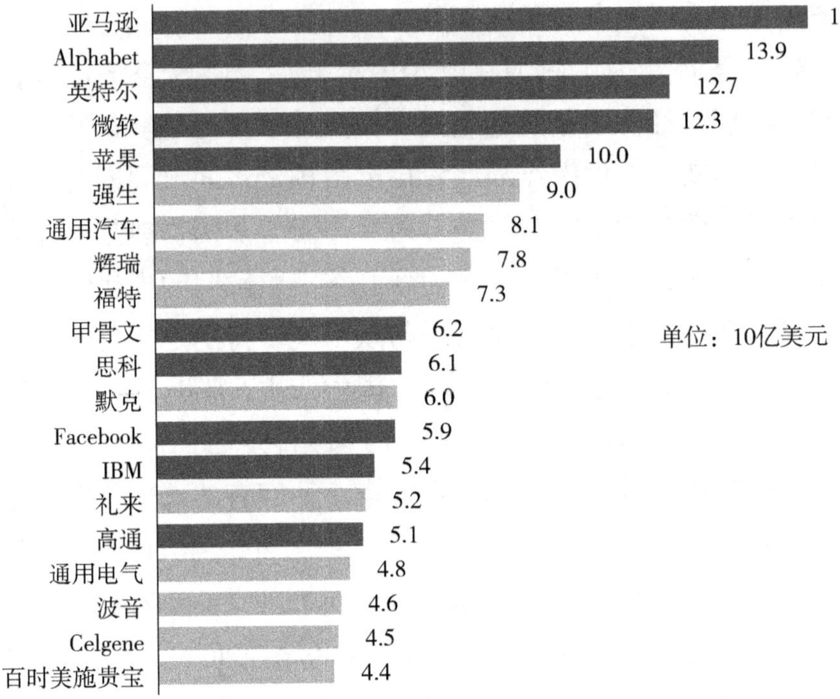

图 2 美国科技企业的研发投入遥遥领先其他行业企业

第三是经济升级新局面。当前美国经济具有许多不同以往的新特征，主要表现在以下四个方面：1.经济持续增长——2010年经济复苏至今（截至2018年9月），其经济已持续增长111个月，20世纪90年代经济增长周期为120个月，这都远超战后美国经济平均连续增长50个月的期限。美国经济年均增长率超过日本、德国等主要竞争对手，从而扭转了美国经济增速在20世纪70和80年代落后于上述国家局面，这使美国在全球的经济实力有所回升。2.失业率稳步下降——伴随着20世纪80年代中期以来，美国经济结构的调整和以裁员为主的企业重组，美国结构性失业日益突出，就业形势急剧恶化。美国失业率在2010年达到10.4%，而目前为3.7%，是美国1969年以来的最低水平。3.物价增幅较低——政府过去长期面临的通货膨胀压力得以消除，消费物价指数增速从1982年降至10%以下后，大多时间位于1%—5%水平。4.出口贸易增长强劲——美国劳动生产率的显著提高和劳动力成本优势增强了美国产品在国际市场上的竞争力，出口数据显示美国出口额自90年代的500亿美元至今已达到2000亿美元水平。此外，新经济还具有三点新特性：1.企业越来越注重将价值从有形资产转移到无形资产上，企业扩张与旧经济时代相比更加注重对无形资产利用和控制。2.价值转移到提供低价且高度个性化产品的企业，或能够提供问题解决方案的企业。3.企业可以便捷的通过数据管理来降低成本。当今美国经济从20世纪90年代的“三高三低”特色转为当代“六高两低”新模式，即从前者的高通胀、高失业、高赤字与低增长、低储蓄、低收入转换为高增长、高消费、高赤字、高债务、高收益、高利率与低失业、低汇率为新周期的美国经济新特色。

三、鲍威尔时代新战略——新三足鼎立

无论汇率或利率都是资产价格的杠杆手段，2007年美元汇率霸权恢复之后，美元加强与抓紧的是美元利率霸权的回归。一方面是美元制度霸权回归，1999年欧元出台界定的国际货币体制三足鼎立已经消失；另一方面是美元霸权实现美元定价、报价从金融资产转入全面的价格垄断与控制，美元霸权处在鼎盛时代的评估准确，去美元化，尤其是美元衰退论为时尚早，定论过于简单，美元风险识别力不要短期化和舆论化推进。目前市场舆论依然停留在货币组合的制度想象，完全忽略美元战

略宗旨的高瞻远瞩。历史已经证明美元不愿也不再会与其他货币组成国际货币体制，并且一直循序渐进准备、酝酿与推行的未来国际金融体质新框架已经清晰映入眼帘，即黄金垄断和石油垄断凸显美元定价和报价威力。未来国际金融体制或货币制度的新框架在于美元、黄金、石油的新三足鼎立，而非货币组合的老套路。现实中黄金储备美国最多，黄金定价主体是美元；石油垄断已从石油输出国组织（OPEC）主导转为美国主导，美元定价石油已是事实，美元石油话语权已经伴随美国石油供给的增加、石油依存度的下降以及石油新技术的垄断和引领而发生实质性的改变。因此，美元利率霸权回归是美国当下的重点与关键，而最终目标依然是维护与强化美元整体的霸权体系。

第一是欧元成为新对手、新阻碍。美元霸权受到挑战来自欧元诞生，一方面欧元是美元主要的竞争对手，并且已经或将存在改变国际货币格局的风险（尽管可能性很小），抗衡美元一支独霸的格局凸显美元竞争的威胁与挑战。所以美联储加息策略明显针对欧元，现阶段的利率博弈或许是美元瓦解欧元的收尾阶段的战术。从2010年欧元债务危机的财政投入方案到2016年欧元区经济乏力的再度宽松方案，其背后是美国通过自己在多边机构的地位和国际影响具有预谋的推出强加于欧元区的对策，也正是第一次的财政救助恶化欧元区经济，导致各国经济严重分化，希腊等弱势经济体的问题与矛盾进一步扩大，这不仅没有从根本上解决个别国家问题，反而欧元区之间分歧增加，去除希腊成员国身份的舆论尘嚣而起。随即美国又提出欧元区政策应再度宽松的建议与要求，但欧元区再宽松的投向与分配只能按照各成员国权重抉择，最终不仅难解困境国家难言之苦，反而进一步加剧了经济分化和政策分歧的艰难局面，欧元合作基础的脆弱性导致欧元价格的被动性与可炒作性。

看似表面风光的欧元汇率在之前曾达到1.61美元、1.25美元水平，未来预期更是上升到1.30—1.40美元，但这些都背离欧元的实际需要，更违背了货币经济原理的定力。因为这对经济增长2%—3%和不足1%甚至负增长的欧元区而言，其结果是经济分化，进而政策分歧加深，这些不稳定因素最终将危及货币合作与协调，欧元区解体风险增加，并有随时发生的可能。另一方面是欧元启动初期的高估超出欧元现实基础，欧元比价高于美元直接造成货币合作超标状态的现实恶化。欧元运行19年历史证明，欧元汇率走势和欧元区经济状态背离现象普遍，欧元走势受控于外部美元走势，这都与美元需求和策划有关，并非欧元自主价格的诉求。货币竞争是美元汇率把握的基础与根本，包括目前我国人民币的升值与贬值也同样与美欧这种竞争局面类似。美元利益主导是导致美联储利率调整的基础与背景，这也是美元霸权谋略的根本所在。

第二是黄金抵制有新动向。黄金无论是从历史渊源还是现代金融看，其货币功能的地位依然不变，甚至更强。一方面黄金定价历史深远，且直接引发货币价值的变化，即使当今黄金与美元脱钩已经发生，但无论从交易、储备特性看，依然是国际金融领域中其他商品无法消除与替代的独特资产。另一方面黄金作为国际储备地位依旧，传统时期发达国家黄金储备占比超过40%，当前新兴市场国家和地区也越加重视黄金储备的规模。各国对黄金贵重价值的共识使其货币地位比美元还要稳固，但黄金价格由美元定价报价，而且美国黄金储备占比近80%，这对稳固美元霸权和美元避险、增值的作用不可或缺。

黄金价格低迷十余年后，在2000年开始一路上涨，并不断创新高，这预示国际黄金的战略地位被加强，市场并不能以短期价格判断黄金功能的变换，而更应重视黄金战略功能的长远性。1.黄金对抗通货膨胀是其基本经济功能。过去的经验教训在于通货膨胀严重，黄金本身具有商品属性，价格会随着通货膨胀而上升，从而抵消通货膨胀的损失，保证投资者的资产不被通货膨胀侵蚀。2.黄金保值避险是其最重要的价值功能。当世界政局和经济不稳，尤其是发生战争或经济危机时，大部分投资工具如股票、基金、房地产等都会受到严重冲击，而黄金将体现避险属性。3.黄金是不可再生的稀有金属，目前已开采的总量超过地球蕴藏量的一半，未来黄金供给只会减少，这是黄金长期价格趋势保持上行的重要参数。1944年黄金价格在35美元每盎司，2011年最高超过1900美元每盎司，当前在1200美元水平，但黄金价格持续上升预期难以消除，这更加强了黄金的自身属性。当下美元受到挑战逐渐加大，黄金与美元必然的联系并未被打破，反之美元为保住霸权地位更加重视黄金与美元互补、互助、互动的意义与影响。美国创造前所未有的格局全面覆盖资产、商品与市场，美元地位处在鼎盛时期，黄金特性和特殊的美元渊源必然也处在被加强的时代，政府与民众对黄金更加重视与青睐。美国正是看到并引导这种潮流与趋势，未来试图进一步强化黄金美元的联系，未来战略意图是用黄金保美元，以美元驾驭黄金，全面维护与扩张美元霸权地位与威力。然而，2018年以来全球增持黄金上升态势明显，应对各自国内需求的意愿加大，但美元避险情绪上升压低黄金价格，进而黄金与美元组合搭配的策略凸显美元霸权的威力。

第三是石油主导新格局。石油被称为工业的血液，这是国民经济实力与发展需求的关键，这与黄金具有本质的差异。从重要性上分析，石油战略是各国在全球竞争加剧中获取优势的基础，石油作为资产和资本的概念逐渐影响国家实力和势力，资源属性被渗入金融属性且不断强化。尤其是在当今财富富足程度递增的时期，石油价格对经济利益、战略竞争以及合作基础的影响被放大与加强。而美国应对石油、黄金的换位与国际合作和竞争关系紧密，确切地说是打击目标更加精准。美国2018年国家安全白皮书前所未有地将伊朗、朝鲜、中国和俄罗斯列为精准打击目标，其中石油因素是关键。

石油增值效应与黄金保值功能形成重要的美元基础支持，因此，美国在石油战略储备、开采以及技术创新上积极进取，在石油领域的实力已独占鳌头。第一是拥有石油定价权，美元定价报价特权无法被替代与抵制；第二是作为石油大国，其出口、储备、技术领先全球，尤其页岩技术低成本已经威胁其他产油国的竞争力；第三是石油依存度大幅下降，美国石油对外依存度已从过去的70%下降到目前的30%，石油对美国经济发展的制约已成过去式；美国从1947年的石油净进口国到2006年石油对外依存度达到峰值67.28%，2017年则下降到了33.62%；第四是美国石油竞争目标明确，最直接的体现就是国际石油话语权已经从OPEC转向美国从而变为美元话语权。黄金与石油资质、身份差异因世界经济与国际金融的竞争而发生调整与侧重，但两者都是为美元服务的工具与保驾护航的手段是可以确认和继续扩展的。

综上所述，我们对未来的前景与预期需要精准判断美国特色与个性，这是预测鲍威尔时代下美联储货币政策的关键。预计未来鲍威尔时代美联储货币政策的作用是稳定基础、强化美元霸权基础、展示美元势力范围，其影响在于调动全球按照美国的宗旨调整与随从，主动进攻和主导是战术改变，强制他国胁从与放弃自我是目标，其战略宗旨并不会改变。而鲍威尔时代的政策风险在于：美国经济周期——衰退概率加大、美国政治周期——总统大选竞争、美元策略周期——外部阻力贬值。2018年美联储加息预期节奏依然为4次（12月加息概率较大），美元贬值与美联储加息的协同性将十分显著，这也是美联储未来加息重要的基础要素与观察重点。

然而，当前美元贬值面临阻力明显，未来市场不确定性更大，美联储焦点关注具有变化性。预计美联储加息节奏或将加快，毕竟美国经济稳健增长周期的尾部必将刺激美联储加紧布局加息节奏，并非是停歇或减弱加息的预期，这与美元利率霸权的宗旨相符。因此，2018年11月底美联储立场，尤其是市场理解鲍威尔偏“鸽派”的评论并非是真相，美联储战略的高度与远见不是如此简单的短期指标与措施，其实际潜在的长期美元霸权战略目标与应对是重点。

市场一直关注美联储主席鲍威尔讲话，对利率水平的措辞和描述与两个月前发生的变化，但实际上美联储的高瞻远瞩很具有战略性。鲍威尔宣称美国经济前景稳固，利率略低于中性区间。而在此前2018年10月3日鲍威尔曾表示美国经济表现相当正面，美联储再也不需要保持超低利率，未来要循序渐进地转向中性利率，当前可能距离中性利率还有一段相当长的距离。如此鲜明的措辞对比，市场开始担心，对于经济增长来说美联储收紧货币政策的速度过快。尤其2018年内已加息3次，因此预计在2019年美联储将只会进行一次加息。然而，这种预期存在很大变数与不确定性，美联储加息步骤不会有根本改变，但灵活度将是重点关切。

目前美元利率霸权遥遥落后，超低利率的反转依然不足，货币政策正在正常化而非紧缩政策开启是现实，这与世界高利率国家悬殊依然严峻。美元已经占据发达国家引领、带动和促进局面，美元利率在发达国家的霸权恢复即将来临，随后将是全球利率顶峰霸权的回归。美元利率的战略远见与高度是美联储加息的宗旨与基础，更是灵活调节与有效推进的目标与路径。预计未来全球跟随美联储加息或进一步加大，但趋势与取向尚不清晰，基础元素分化较为明显，值得深入观察与评估。

对美联储短中期的预期与评估重点，包括我国借鉴的思考在于三个方面。

首先，美联储加息、缩表并非美元货币政策紧缩，而是美元货币政策正常化的实施，也就是说收紧不等于紧缩。观察美联储近3年的加息、缩表行动，其核心用意仅仅是希望货币政策能从极度宽松状态的非常化恢复到正常宽松、适度宽松以致中性货币政策基准。因此这个过程周期不定，但并不是短期效应，市场需要准确评论、跟踪研究论证。

其次，美联储货币政策导向充分考量了经济规律和经济周期，实际经济状况与外部环境比较的政策基础，而绝不是用激进的反向动作去修正过去的错误。美国货币政策制定和管理对自己的方向与选择十分清晰。

最后，美联储与我国央行政策存在差异性，两国经济基础落差较大，我国货币政策的关键是应找准我国经济特征、顺应我国实际情况与需求以及应对当下经济结构转型、脱虚向实的重点。因此，中央银行更应强化投放长期基础货币，调节和舒缓货币乘数的效应，这不仅是M2增速大幅放缓，更需要货币供给发挥对实体经济的作为与作用。

第三章

欧亚形势总体稳定 俄受制裁困境未解

俄罗斯受困制裁，局势平稳

万成才

【内容提要】2018年是俄罗斯在西方严苛制裁下度过的第五个年头，政治经济局势的最大特点是3月18日平静地举行了大选，普京获得空前高的76.69%的选票，第四次当选总统。5月7日普京就任新一届总统的政策宣示和他组建的新政府构成表明，他奉行的仍然是稳定第一的方针，同时为今后的政策和人事调整悄然布局。他新的六年任期面临振兴不景气的经济、实现与欧美关系正常化和物色接班人的三大任务。2018年俄经济小幅上行，延长退休年龄制度改革方案顺利通过。但今后数年经济难有大发展。尽管如此，普京仍将奉行受到民众普遍欢迎的独立自主的内外政策。俄在保持基本稳定的同时孕育着新的变化。

【关键词】普京再次连任　经济小幅上行　稳中求变

【作者简介】中国国际问题研究基金会俄罗斯中亚东欧研究中心执行主任，中国国际问题研究基金会研究员，新华社世界问题研究中心研究员。

2018年对俄罗斯来说是不平常而紧张的一年，在这一年俄罗斯与欧美国家的关系呈现了剪不断理还乱的极其复杂的状况。外交风波接连不断，与美国互相驱逐两国关系史上数量最多的外交官；俄罗斯因为在英国发生的双面间谍中毒案而遭欧美23个国家同时发声谴责；俄罗斯与乌克兰军舰在刻赤海峡发生武装冲突；俄美总统7月在赫尔辛基的会晤无果而终，尔后约定的在法国和阿根廷的会晤又都被取消；欧美实行已近五年的联合制裁变本加厉，还要延长到2019年，目前还看不到何时才能关系正常化的前景。正是在这种严峻的外部环境下俄罗斯平静而稳定地度过了不平凡的2018年。

一、大选平稳举行　普京再次连任总统

总统换届选举是2018年俄罗斯国内最大的政治事件，普京以获得空前高的76.69%的选票，赢得连任总统六年，与他前三次竞选结果相比凸显三个特点：一是八位候选人中，其他七位得票率低：继普京之后的第二名是俄共代表，只获得11.77%的选票，第三名是自民党代表，仅获5.65%选票，其余五位均不足2%。如此选举基本上成了对普京个人的信任投票。近年普京一直耸立在被信任的高峰之巅。二是普京比他前三次竞选总统得票率都要高：2000年获得52.94%选票，2004年获得71.31%选票，2012年获63.6%选票。三是大多数人未曾预料到的支持普京的青年人空前多。俄罗斯独立民调机构列瓦达中心公布的材料显示，86%的18岁至24岁的俄罗斯年轻公民认可普京当总统，比他们年长的人这一比例仅为81%；三分之二的年轻人认为普京领导的俄罗斯在朝正确的方向前行，这一比例也高于一般的民众。

已执政18年的普京为何还能获得比此前更高的支持率呢？

答案是普京的显赫执政成就和俄罗斯现阶段特殊的国际环境。首先，20世纪90年代是俄罗斯大动乱年代：党派纷争，内战不止，经济崩溃，大众赤贫，街头犯罪猖獗；国际上，从超级大国之一变成了二流国家。国人期待安宁，期待重振大国地位。普京2000年执政以来顺应国人的诉求，通过重建垂直权力机制稳定了政局，通过反分裂维护了国家统一，通过反恐给国人带来安宁，通过恢复和发展经济改善了民生，通过军事改革提高了军力，通过收回克里米亚赢得全民支持，通过挥师叙利亚反对国际恐怖主义重振了大国地位，通过奉行独立自主内外政策维护了国家主权和安全。于是，在多数俄罗斯公民看来，俄罗斯在遭西方群殴的严峻国际环境下，只有普京才能抵御它，才能转危为安，如果换了别人还不知道会怎么样。他们把国家面临的困难和居民生活水平的停滞甚至下降理解为是为捍卫国家主权和安全付出的代价。此外，俄罗斯体制外反对派，即亲西方反普京的势力弱小，也提不出广大民众认可的替代治国方案，并且内部纷争连连，对普京牢固的执政地位构不成威胁。

鉴于上述原因，2018年3月18日的总统选举进行顺利，没有再现2012年选举时曾发生过的规模性的街头抗议现象，国际观察员也未发现重大违法事件。

二、经济小幅上行　闯关退休制度改革

虽然美国和欧盟不断加大对俄罗斯的经济制裁，俄罗斯的经济生活仍基本正常，物价稳定，商品丰富，通货膨胀率低，就业率高，宏观调控有方，预计2018年国内生产总值同比增长1.8%—2%，较2017年的1.6%高出0.2个百分点至0.4个百分

点，梅德韦杰夫总理预计到2020年俄罗斯经济年增长率也能达到2%。西方对俄罗斯不断加码的经济制裁未能使俄罗斯改变其现行的独立自主的内外政策，而且促使俄罗斯加大了自力更生和替代生产的力度，并取得成效。同时，俄罗斯增强了与中国等亚太国家以及其他发展中国家的经济联系，中俄贸易额2018年首次突破1000亿美元，同比增长近30%已成定局。

俄罗斯资源丰富，预计出口石油的价格如能保持在每桶原油50多至60多美元之间，即可确保俄罗斯2019年的财政预算基本平衡，能确保工资、退休金按时发放，所以，基本生活有保障。只是由于经济大发展的内外部条件尚不具备，预计今后数年仍是小幅增长。

如果说总统选举是俄罗斯2018年最大的政治事件，那么，退休制度的改革是2018年最大的社会生活事件。俄罗斯现行的退休制度，即女性55岁男性60岁退休是20世纪30年代制定的。近年来随着人口增长缓慢甚至下降，劳动力不足，俄罗斯政府准备多年的延长退休年龄的方案因遭到众多人的反对而迟迟未能推出，2018年年中俄罗斯政府正式公布了改革方案，由于这一改革涉及每个家庭、每个人的切身利益，再次遭到不少质疑和反对。在经过社会讨论之后，普京于8月29日专门就退休制度改革发表电视讲话。他一方面强调这些改革是无奈之举，另一方面对政府提交的方案作了一些修改，如增加了对多子女妇女的优惠。普京讲话一锤定音，支持改革者增加了，对于改革的必要性理解了。于是，议会趁热打铁，通过了政府提交的、经普京总统调整过的退休改革方案。随后，普京签署了相应法令，从2019年1月1日起开始执行。这样，这一改革在没有激起社会风波的情况下平稳通过。这将有利于促进俄罗斯的生产发展。俄罗斯中央银行预测退休年龄延长以后将减少退休人数，这可使2019年的国内生产总值提高0.10个百分点，2020年至2001年提高0.2至0.3个百分点。

三、政治经济局势今后基本走向

普京在第四任总统任期内主要面临三大任务：持续稳定政治局势，着力发展经济；力争实现与美国和欧盟关系正常化，为国内改革创造相对良好的外部环境；物色和考核接班人，以便他卸任总统后延续普京路线，继续提升俄罗斯的世界大国地位。从普京执政18年的运行轨迹和当前俄罗斯面临的内外条件看，今后几年俄罗斯的政治经济的基本走势是：稳中求变。

首先，表现在政策稳定和执政团队稳定。普京之前18年奉行的重振大国地位，绝不做二流三流国家，要成为未来多极世界中与中美欧平起平坐的有影响的一极的内外政策不会改变。

其次普京5月7日宣誓就职第四任总统后组成的新政府的主要成员是上届政府的原班人马，包括政府总理梅德韦杰夫，国防部长绍伊古，已任14年外长的拉夫罗夫，经济部门和安全机构的负责人也都留任，总统办公厅主要成员和总统助理也基本未作变动。

普京对其执政团队未作重大变更的主要原因是，个别需要做调整的成员在上届末期已做调整；在过去几年内严峻的国际环境下整个团队在抵御西方的制裁中运作良好，配合默契，颇有成效，未给普京添乱，而今还需要这样协作不错的团队继续应对西方的压力；现行政策，尤其是经济政策需要调整，但调整的时机尚不成熟，因为调整可能使既得利益者不满，这可能对团结应对西方压力不利。所以，目前普京奉行的仍然是稳定第一，或者稳定优先的方针。

最后，国家最高权力机构——总统议会政府将继续协调运作：总统办公厅在普京直接领导下；政府总理梅德韦杰夫与普京已搭档工作18年，梅从不挑战普；450名国家杜马（议会下院）成员中，普京为领袖、梅德韦杰夫为主席的统一俄罗斯党拥有超过宪法多数三分之二的席位；85个联邦主体行政长官中，统俄党约占70个；议会上院联邦委员会主席仍然是普京的一贯支持者马特维延科。所以，国家最高权力机构的运行仍将顺畅，这将为普京减少不少麻烦，使他可集中精力解决所面临的亟待解决的重大问题。

俄罗斯局势稳中待变，是因为广大民众期待不景气的经济尽快改观，希望出现有活力的新面孔的政治人物，普京注意到这一问题并已作认真考虑如何才能适应这一诉求，例如，普京任命的现有85个联邦主体行政长官中至少有十分之一年龄在40岁以下，一些有所作为有军事背景和情报部门的官员也被安排到重要岗位上。预计他们之中将有人在今后几年脱颖而出，走上联邦一级的领导岗位。普京在2018年12月8日举行的统俄党第十八次代表大会上指出，世界正处于快速发展的大变化中，如果不能及时把握这一变化，不能及时明白需要做什么和怎样做，就要永远落伍。这是俄罗斯面临的不寻常的形势，需要更积极工作。他强调，正在开展更新统俄党的工作，以选拔新人。只有办事得力，能增强社会对统俄党信任的人，只有与民众打成一片并善于倾听的人和有天分而又诚实的人才能被推荐到各级领导岗位上。

未来几年内除部分人事调整和政策调整外，值得特别注意的是，普京在不得不继续增强军事实力的同时，会采取什么措施提振经济和确保居民生活水平有所提高，至少不至于下降。

四、如何看待俄罗斯

2008年公布的俄罗斯至2020年的宏伟经济发展计划虽然实际上已不可能如期实现，但俄罗斯经济生活目前和今后仍将保持基本正常，因为政府和国民都基本适应了在美欧制裁下的生活。政府采取的稳定宏观经济，坚持落实社会保障措施，积极发展替代进口生产，粮食连年丰收等，都使民众基本生活有保障，部分人还有所改善。但是，在今后相当时期内俄罗斯经济仍不可能获得大发展，甚至部分人的收入还有可能下降。俄罗斯经济需要注入活力，进行经济结构调整，需要适当的外部环境。可是目前还看不到美欧何时才会取消对俄罗斯的制裁。

普京在经济不怎么景气的情况下大国外交搞得有声有色，往往使对手措手不及，赢得了包括西方国家在内的各国的钦佩。这显示了他具有大国领袖果断抉择、行动高效、刚柔相济的素质。

大多数俄罗斯人20多年来从自身经历和体验中清晰地看清了美国对俄罗斯政策的实质，就是要俄罗斯放弃独立自主政策，听命于美国。但是俄罗斯人再也不会像20世纪80、90年代那样上当了，他们坚定地支持普京总统奉行的独立自主外交政策。俄罗斯国立莫斯科国际关系学院副院长叶·柯若金教授就此讲过一段精彩的话。他在2015年的一次国际会议上发表讲话时说:“一战、二战、冷战，美国都是胜利者。他们美国人认为，有胜利者就有失败者，失败者要付出代价。苏联在冷战中失败了，俄罗斯是苏联的继承者，应该承担失败的代价，应该接受美国的指使。在这方面华盛顿错了。我们在改革中是犯过错误，犯过严重错误，但是错误是我们自己的，就像我们的成就也是我们自己的一样，我们国家的特点就是在所有历史时期，我们都独立自主，我们向何处发展，同谁合作，都是由我们自己决定，我们不会接受奴役，这是我们永恒的传统。”①柯若金教授这段话道出了俄罗斯人的心声。这就是当今的俄罗斯。已经吃过大亏的俄罗斯正在挺身自强。

① 陈玉荣主编：《铭记历史共创未来》，世界知识出版社，2018年，第7页。

俄罗斯外交：西方不亮东方亮

盛世良

【内容提要】2018年的俄罗斯外交延续了前一年的严峻态势，同美国和西方的关系继续恶化，同中国和东方的关系进一步发展，继续坚定维护在前苏联地区的地缘政治地位。俄罗斯外交决策果断，行动迅速，通过向东、向南积极拓展，弥补在西线的损失；以军事力量为后盾，反守为攻，在周边地区坚定维护本国的安全和经济利益。

【关键词】俄罗斯外交　中国　安全　美俄关系　美欧关系

【作者简介】中国国际问题研究基金会研究员，新华社译审，新华社世界问题研究中心研究员。

2018年的俄罗斯外交延续了前一年的严峻态势，同美国和西方的关系继续恶化，同中国和东方的关系进一步发展，在前苏联地区面临新挑战。俄罗斯“非西方”的自我定位，决定了同西方关系对抗大于合作，在地缘政治上对抗压倒合作，在经济上合作大于对抗。俄罗斯的“大欧亚”概念，决定了外交上“向东走”，同第三世界国家加强合作是大趋势。

一、俄美关系："没有最坏，只有更坏"

说起对美关系，俄罗斯有一句俏皮话：俄美关系坏得没有再坏的余地！2018年的现实对这句话作了修正：俄美关系没有最坏，只有更坏。

美国在俄罗斯外交序列上排在中国、印度、伊斯兰世界、欧洲之后，早已不处于优先地位，但这绝不是说俄罗斯轻视对美关系。在俄罗斯看来，美国是"整体西方"的龙头老大，不缓和对美关系，就难以总体上改善同西方的关系，难以为本国发展创造有利的外部条件。

（一）关系游走在期望与失望之间

俄罗斯曾对"亲俄"总统特朗普寄予厚望，很欣赏他"乌克兰是莫斯科近郊，波罗的海国家是俄罗斯后院，我们何必多管！""要跟俄罗斯做一笔大交易"等竞选言论。

特朗普当选后，"通俄门"和"俄罗斯干涉美国大选论"发酵，美国对俄制裁加码，特朗普跟中国元首两次峰会而跟普京仅在国际会议间歇举行短促会晤，俄罗斯转而陷入失望。

2018年年下半年，美国把中国定为首要对手，美中贸易战升级，副总统彭斯对华发表强硬言论，国家安全助理博尔顿鼓吹"中国对美俄威胁大于美国对俄威胁"，特朗普与普京在法国纪念一战结束百年的仪式和晚宴上"眉来眼去"，俄罗斯乐观情绪抬头。

2018年末，对美关系乐观派冷水淋头：特朗普以"俄罗斯侵略乌克兰"为由，取消了原定2018年12月1日在二十国集团峰会期间同普京的正式会见。特朗普从普京面前走过，居然对普京视若无睹，未予置理。最后两人仅站立着就刻赤海峡冲突交谈了几句。[①]

（二）不利于改善俄美关系的因素占主导地位

其一，俄罗斯立志成为与美欧平起平坐的世界一极，特朗普则要“让美国重新伟大”。二者难以相容。

其二，高层交往阻力加大。通俄门、美两党争斗、俄罗斯“干涉美国大选”、对俄制裁……一系列不利因素束缚了特朗普手脚。

其三，双边关系与国内政治斗争挂钩。对美对俄政策成为各自的内政问题，两国执政当局需要妖魔化对方，以加强国内地位。

其四，制裁加码。美国对俄制裁与对伊朗和朝鲜制裁“捆绑”并写入法律，美国声援英国，因“斯克里帕尔案件”驱逐俄罗斯外交官，11月进一步制裁俄罗斯。对俄制裁扩展到与制裁对象有业务联系的俄罗斯与外国自然人和法人。11月底，切尼和科顿等美国共和党议员反对延长美俄第三个核协定，建议国会通过《制止俄罗斯核侵略法》。

其五，军事和安全上互为主要对手。俄美维持了能相互毁灭的核均势，但却丧失了残存的唯一合作领域——军控。两国各自更新核武库并发展先进常规武器和网络武器，美国拟退出中导条约，不续签第三个限制战略武器条约，俄美战略安全失去支柱，双边核军控体系面临瓦解危险。对两国领导而言，维

---

① https://www.vedomosti.ru/politics/galleries/2018/11/30/788063-vstrecha-putina-buenos-airese-rukopozhatii.

护军控已经不是优先议题，俄美关系对彼此的重要性下降。国防部长马蒂斯2018年10月30日议论美国国防战略，认为近十年来对美挑战全都来自俄罗斯，俄罗斯比中国对美威胁大，美国的敌人依次为俄罗斯、朝鲜、中国。

其六，热点问题上利益对立。美国支持格鲁吉亚加入北约，支持乌克兰与北约合作，叙利亚问题上俄美对立。

其七，两国关系缺乏经济基础。2017年，俄美贸易额仅232亿美元，美国在俄罗斯外贸中的比重仅3.97%。两国在军工和能源出口领域的利益冲突。俄罗斯担心美国金融制裁，经济实行“去美元化”，大幅度减持美债，降低美元在黄金外汇储备中和在国际支付中的比重。

（三）有利于改善关系的因素是潜在的

首先，俄罗斯对美国没有绝望。普京批评美国统治集团，但从不批评特朗普。特朗普谁都骂，但不骂普京。就连力主加深对华关系的智库“伊兹博尔斯克俱乐部”秘书长亚历山大·纳戈尔内也没把握：如果美国开出的价码够大，俄罗斯是否会考虑在美中对抗中守中立？①

其次，俄罗斯“自由派”不改亲美“初心”。例如，“生意人报”电台和“雨”电视频道主持人康斯坦丁·艾格尔特发表独特见解：俄罗斯受实力所限，当不了“世界老大”。与其当中国的“小兄弟”，不如当美国的“小兄弟”。

最后，美国对俄罗斯也没有绝望。在俄罗斯是否为美国主要对手的问题上，特朗普与国会、与政治精英不完全一致，政

---

① Александр Нагорный, авторский блог 24 октября 2018: Испытание «медными трубами».

治精英内部、专家群内部不完全一致。

目前来看，俄美关系在中短期内难以改善。俄罗斯总统发言人佩斯科夫11月7日说："俄美关系已经没有进一步复杂化的余地，正常化的美好前景遥遥无期。"美国对普京任期内改善对俄关系也不抱希望。

二、俄欧关系：地缘政治对抗与经济合作并存

在俄美关系上，对抗压倒合作，在俄欧关系上，地缘政治对抗与经济合作并存。俄欧地缘政治关系与经贸关系的矛盾性，集中体现在俄同北约和欧盟的关系上。

（一）与北约相互戒备和防范

俄罗斯对北约有所忌惮，因为军费、官兵总数、常规武器数量不及北约；同时，俄罗斯的战略核力量、俄军作战能力和战备水平又胜过欧洲国家，足以阻挠北约东扩。

然而，北约的欧洲盟国更怕俄罗斯。一是由于这些国家没有一支统一的武装力量。二是由于俄罗斯在军事硬件上，对单个的北约欧洲盟国具有压倒性优势。三是由于俄罗斯在军事软件上，军事学说、作战指挥、制胜决心、军事战术技术、军事训练、道义精神因素，对北约具有压倒性优势。四是由于军事硬件和软件都极端薄弱的波罗的海国家和历史上曾多次被俄罗斯瓜分的波兰，对俄罗斯既恨又怕。

北约在俄罗斯周边部署快速反应力量和军事基地，俄罗斯在西部部署集团军，在叙利亚扩建海军和空军基地，在利比亚的黎波里和班加西新建军事基地，钳制地中海。

2018年秋，双方各自举行了冷战结束以来规模最大的军事演习。但是，总的来说，2018年俄罗斯与北约的军事部署和军事演习，性质都是相互防范，而不是准备热战。在军事对抗前沿，北约处于守势，尽管在波罗的海国家部署了3.2万官兵，但是与俄罗斯7.8万军人相比，明显处于弱势，坦克数量上的弱势更加显著，以129辆对俄罗斯的757辆。

在防范“俄罗斯威胁”上，欧洲与美国没有明显分歧。不同的是美国要求欧洲国家为美国提供的安全保护掏腰包，把军费提高到相当于GDP 2%的水平；欧洲则想建立自有武装力量，2017年拨出十多亿欧元。法国总统马克龙2018年11月纪念一战结束百年讲话时重申建立欧洲军队，以防范俄罗斯。

（二）与欧盟发展经贸关系

欧盟虽然加入对俄制裁，但与俄经济贸易合作未见缩水。2017年，欧盟占俄罗斯外贸额的42.2%，欧盟在俄罗斯外贸、能源出口和融资方面的地位，他国无法取代。

俄欧之间形成能源利益共同体。俄罗斯确保了欧洲国家石油消费量的37%，天然气消费量的35%。2017年，俄罗斯对欧供气1944亿立方米，增长8.4%，2018年全年对欧供气将超过2000亿立方米。

俄罗斯善于利用欧美矛盾和欧盟内部矛盾。俄罗斯力推从本国亚马尔天然气田通到德国的550亿立方米“北溪-2”天然气管道项目，并着手俄德“北溪-3”项目的可行性研究。俄罗斯这样做能取得“一箭多雕”的功效：既可废弃过境乌克兰的天然气管网，让“仇俄国家”乌克兰失去天然气过境运输收入，又能疏离德美、欧盟内部以及欧盟与乌克兰关系。

俄罗斯巧妙地利用价格政策拉拢欧盟中的“友俄国家”，

压制“仇俄国家”：对德国供气单价仅为对波兰的三分之二。趁欧盟离心离德，英国脱欧之际，与“友俄国家”希腊、匈牙利、斯洛伐克等国发展关系。

（三）“退出无用机构”

英国脱欧尚未完成，俄罗斯“脱欧”即已经开始。俄罗斯通过专家学者之口，宣扬要退出欧洲委员会、欧安组织等“无用机构”。2014年4月俄罗斯已经被剥夺了欧洲议会的投票权，随后决定减少或暂停向欧洲委员会交纳的会费（一年3000万欧元）。[1]2018年9月，俄罗斯议会上院议长马特维延科宣布，俄罗斯考虑退出欧洲委员会。

三、俄日关系：和平条约与“北方四岛”孰先孰后?

2018年9月在符拉迪沃斯托克举行的东方经济论坛上，普京建议安倍，不设任何先决条件，俄日先签和平条约，努力提高信任水平，然后就领土问题继续讨论。安倍后来对普京说，这种思路对日本而言是不可接受的。应该先解决领土这个原则性问题，然后再谈和约。

安倍任内与普京见面20多次，努力制造亲密气氛，为解决领土问题创造条件，力求在任内（2021年前）签订和平条约。安倍现在倾向于“2加α”方案：先拿回264.13平方公里的色丹和95.88平方公里的齿舞这两小岛，签订和平条约，随后再就面积分别为3318.8平方公里和1495.24平方公里的择捉和国后

---

① В Совете Европы испугались Ruxithttps://vz.ru/news/2018/11/8/949846.html.

两大岛的归属举行谈判。

普京的思路相反，先签订和平条约，建立互信气氛，再解决领土问题。普京2018年10月18日在瓦尔代辩论俱乐部年会上说：日本没完没了地提领土问题。我们尽管认为俄日之间并不存在领土争端，但还是不拒绝对话。我们跟中国曾就领土问题谈了40年，最终在解决领土争端之前先签署了友好条约，俄中相互了解达到了前所未有的高水平，为解决领土问题、为达成妥协创造了条件。俄中关系的范例表明，应该先建立信任，再解决领土问题。

俄罗斯希望在签订和平条约和解决领土问题之前，俄日先强化在远东地区的经济合作。日本也在几年前提出过17个对俄经济合作项目，但至今无甚进展。一是由于涉俄经济合作大项目需要美国同意；二是开发远东的主权问题难以解决：俄罗斯要求日本按俄罗斯国内法参与南千岛群岛开发，日本认为这是变相承认“北方领土”属于俄罗斯。在俄罗斯远东投资计划中，日资仅占2%，约10亿美元；中国计划投资300亿美元，占远东外资总额的85%。

尽管日本参与西方对俄经济制裁是象征性的，普京依然不满，曾在2018年瓦尔代年会上气势汹汹地质问日本：“叙利亚和克里米亚跟日本沾边吗？日本却对我们实施制裁。你们这是干什么！是增强互信？”

俄罗斯近年来加强了南千岛群岛军事部署，在两个大岛上部署了“棱堡”和“舞会”反舰导弹系统，意在警示日本——择捉和国后不可能给日本。但在色丹和齿舞两岛上未作新的军事部署，让日本保留有朝一日收回“北方领土”的期望。

四、俄罗斯在中东和非洲：静悄悄地扩大存在

在俄罗斯的军事和政治支持下，叙利亚政府军从“伊斯兰国”和反政府武装手中夺回了本国95%领土。俄罗斯与叙利亚、伊朗和土耳其结成统一战线，击败了美国支持的反对派，在中东稳住了阵脚。俄罗斯实战中检验了新式武器，同时，俄罗斯省下部分军事训练和实兵演习开支，用于叙利亚军事行动，俄军80%的军官、95%的作战飞机飞行员、几乎100%的合同兵，都在叙利亚经受了战火锻炼，增长了军事技能。俄罗斯境外驻军由2014年前的2000名增加到现在的1.5万名。在非洲，俄罗斯以有限的经济实力达到了三大目标。首先，发展与黑非洲国家的军事政治合作。黑非洲国家一年的军事开支达413亿美元，今后10年军费将增长40%，其中相当大比例用于进口武器，35%是俄罗斯武器。在中非共和国，俄罗斯派出5名教官和170名军事专家，1600名私人军事公司雇佣兵。其次，用经济和外交手段挤压英法。俄罗斯能源与矿业公司、银行与南非、尼日利亚、坦桑尼亚和肯尼亚等国合作，排挤英国资本。俄罗斯核能源公司同埃及和津巴布韦签署了核电站协议，同南非、安哥拉、苏丹、埃塞俄比亚、阿尔及利亚、乌干达和纳米比亚等国洽谈建设核电站事宜。最后，维护与新建天然气供货线和天然气输欧基础设施，以利于俄罗斯控制欧洲天然气来源。俄罗斯石油公司和天然气工业公司在莫桑比克、安哥拉、乌干达和利

比亚开采油气。[①]

五、欧亚地区：俄罗斯振兴的地缘政治依托

尽管俄罗斯亲西方自由派依然不放弃“融入”欧洲的幻想，但是主流派的雄心壮志是依托欧亚经济联盟，成为“大欧亚”中心，东连日韩朝鲜和东盟，南联中国、印度、上合、丝绸之路经济带，西联欧盟。[②]

俄罗斯在欧亚地区的目标是守住本国疆土以及前苏联地区除波罗的海国家外的“特殊利益区”,坚定维护在前苏联地区的地缘政治地位。

（一）维持前苏联地区西部各国的领土纠纷，阻挠北约东扩

北约东扩，瞄准了前苏联地区西部三国乌克兰、白俄罗斯和摩尔多瓦，以及西南三国格鲁吉亚、阿塞拜疆和亚美尼亚。然而，存在领土争端的国家不符合入约标准。正是看准了这一点，俄罗斯希望上述国家维持领土争端。乌克兰存在“被俄罗斯暂时侵占的国土”克里米亚，以及“在俄罗斯支持下闹分裂的叛乱地区”顿巴斯；摩尔多瓦有“国中之国”“德涅斯特河沿岸共和国”；占格鲁吉亚五分之一领土的南奥塞梯和阿布哈兹2008年宣布“独立”，并得到俄罗斯承认；阿塞拜疆与亚美

---

① «Независимая газета» 30-10-2018, Энгин Озер «Россия начинает “большую игру” в Африке».

② Сергей Караганов: Мир на вырост. «Россия в глобальном мире» № 1, 2018.

尼亚在纳戈尔诺–卡拉巴赫地区的冲突处于冻结状态，领土争端远远没有解决。白俄罗斯与俄罗斯建立了俄白联盟，又同为独联体集体安全条约组织成员，不会“脱俄入欧”。

（二）俄罗斯与乌克兰敌对加剧

2018年俄乌之间发生了几件大事，加剧了两国对立，坚定了乌克兰“脱俄入欧”的决心。3月份，乌克兰、格鲁吉亚和摩尔多瓦议会提出，希望由北约联系会员国变成北约成员。4月份，乌克兰正式退出独联体，废除乌俄友好条约。5月份，刻赤海峡大桥通车，俄罗斯塔曼半岛与克里米亚之间有了陆路直达交通。10月，乌克兰东正教会宣布脱离俄罗斯宗主教区而独立。11月25日，俄乌在刻赤海峡首次发生直接军事冲突。冲突发生后，乌克兰总统波罗申科请求北约派军舰进入亚速海支持乌克兰，乌克兰海军司令呼吁土耳其对俄罗斯舰船封锁博斯普鲁斯海峡。

调解顿巴斯问题的明斯克协议并未得到切实执行，东乌克兰与基辅的军事对立持续。在东乌克兰自治地位解决前，俄罗斯无意让乌克兰中央政权控制东乌克兰与俄罗斯的边界，而是把东乌克兰作为俄罗斯同北约和欧盟的“缓冲区”。

（三）在中亚政治地位加强，文化渐行渐远

俄罗斯同乌兹别克斯坦的政治和经济关系加强，俄罗斯把乌兹别克斯坦作为与哈萨克斯坦并重的本国在中亚的两大支点。与此同时，中亚国家已全部弃用基里尔字母系统，文字和文化上普遍出现“去俄罗斯化”倾向。

六、中俄：背靠背，肩并肩，手拉手，心连心

遭受西方制裁后，俄罗斯外交“向东走”步伐加快，却心有余而力不足。俄罗斯切望发展对印关系，印度却要在俄美之间保持平衡。俄印贸易额2017年增长21%，但总额仅94亿美元，其中约五分之二是俄罗斯向印度提供的武器。近年来，两国在军工合作上龃龉不断，俄罗斯担心印度在地缘战略上倒向美国。

俄日经贸关系的提升卡在领土问题上。俄朝关系的发展受制于朝鲜的国际处境。受经济实力和地理位置所限，俄罗斯同东盟发展关系依然停留在美好愿望。

俄罗斯外交“向东走”，进展最明显的是对华关系。中俄全面战略协作伙伴关系不断加强，战略上“背靠背”，政治上“肩并肩”，经济上“手拉手”，人文上“心连心”的态势日益显著。中俄关系早已成为不取决于第三国、不受国际风浪左右、自在自为的国家关系。两国关系结伴而不结盟的正确定位，决定了俄罗斯既不会与中国结成“反美统一战线”，更不会“联美制华”。俄罗斯汉学家认为，普京在瓦尔代年会闭幕会上回答中国学者问题时，亮出了共同应对美国压力、发展俄中关系的“底牌”：美国对俄制裁，对中国打贸易战，俄中两国需要应对，保卫本国利益，但不必仓促做出情绪性反应。尽管俄罗斯和中国不想招惹美国，可是“树欲静而风不止”，不过天会变风会停，兴风作浪者（美国）最终会自食其果。

普京的回答没有鼓励中国对抗美国，同时也表明俄罗斯不愿强硬应对美国，无意与中国结成“反美统一战线”。当前中

俄双方无须从概念上升格两国伙伴关系，更无须结盟，只需切实加强双边互利合作。这实际上也是相互策应，应对美国挑战。

两国在经贸和人文领域发展互利共赢的务实合作，天高地阔：一是加强金融合作，防范金融制裁。扩大货币互换和双边贸易中本币结算的规模，同时要做好汇率波动而影响本国利益的准备。二是增加相互投资。俄罗斯遭受西方制裁，融资困难，资金短缺，中国受西方保护主义干扰，对外并购受阻，中俄加强投资合作，互利共赢，机遇难得。三是加快联合生产大飞机。研制大飞机，不宜过于幻想同西方合作。一旦西方联手遏制中俄，新客机和旧飞机零配件的来源都会受限。四是扩大农业合作。共同投资大豆种植，以部分取代中国从美国的进口。放宽粮食、食油、肉奶制品进出口限制，彼此增加优质食品出口。五是扩大农牧业、木材加工业等水资源和能源密集型生产的合作，俄罗斯可向中国供应制成品。六是中国积极参与远东公路、铁路、桥梁、港口、住房、旅游等基础设施建设。七是加强人员交往，吸引更多的学生到对方名牌大学留学。八是共同发展和规范远东旅游，注意避免“野蛮”开发贝加尔湖旅游资源，保护远东生态，让两国人民彼此加深了解，让地方政府有获得感。

欧亚地区总体形势

丁晓星

【内容提要】2018年，欧亚地区总体形势稳定。俄罗斯3月举行总统大选，普京以高票连任，开启了第四任期。乌克兰危机仍处于僵局，乌东地区虽未爆发大规模冲突，但俄乌在亚速海的争端激化。南高加索个别国家政局动荡。欧亚各国经济小幅增长，各国均致力于落实中长期发展规划。欧亚地区安全风险虽有上升，但总体可控。外交方面，欧亚各国分化严重，乌克兰、格鲁吉亚等国继续加大“西向”步伐，俄罗斯在中亚地区的影响有所上升，与西方在欧亚地区的地缘博弈仍在持续。2018年中国与欧亚国家的关系稳步发展，中俄全面战略协作伙伴关系高水平运行，“一带一路”建设在欧亚地区落地生根。

【关键词】欧亚地区　经济低速增长　地区安全稳定　对华合作积极

【作者简介】中国国际问题研究基金会研究员，中国现代国际关系研究院欧亚研究所所长。

一、各国政局总体稳定，南高加索国家出现波动

（一）俄罗斯举行总统大选，普京开启第四任期

2018年3月18日，俄罗斯举行总统大选，普京以76.69%的高得票率毫无悬念地连任总统，开启第四任期，这也有可能是普京的最后一个任期。普京新任期国内的主要任务是推动国内经济发展、改善民生。因此在5月初颁布的总统令中，提出到2024年俄经济进入世界五强、经济增长率高于世界平均水平、贫困人口减少一半、提高人均寿命等指标[①]。为此，俄在一些领域推行“不受欢迎”的改革措施。10月初，俄罗斯出台延长退休年龄的法案，将男性退休年龄延长到65岁，女性延长到60岁，引发了全俄罗斯的社会抗议浪潮。据俄罗斯“经济与政策改革中心”发布的报告称，2018年第一季度，全俄共发生367起抗议事件，而第三季度受延长退休年龄政策的影响，全俄出现了1264起抗议事件，增长了3倍[②]。受此事件影响，“统俄党”支持率下降，在9月中旬举行的地方选举中遇到一些麻烦，个别州的领导职位被其他党派的候选人占据。普京的支持率也因此大幅下降，据“列瓦达”民调显示，普京的支持率从2014年3月克里米亚入俄后，始终在80%以上，个别月份甚至接近90%，但2018年7月下跌到67%左右，回到乌克兰危机之前的水平。这是否意味着在俄罗斯社会意识中“克里米亚共识”

① Майский указ-2018. https://tass.ru/politika/5182019.

② Протесты 2017-2018: рост протестной активности населени,. http://cepr.su/2018/11/08/protests-2017-2018/.

的结束？俄罗斯人逐渐从收复克里米亚的兴奋中冷静下来，不断地体会到复杂的社会经济形势给日常生活所带来的艰难。但总体看，尽管受经济形势的影响，普京未来的执政道路不会平坦，但普京在俄罗斯政坛的地位无人可以挑战，2024年前俄罗斯政局仍有望保持稳定。

（二）乌克兰各派准备大选

2018年，乌克兰危机维持了现状，“明斯克协议”难以执行，乌东地区小冲突不断，但没有升级为大规模冲突。8月底，顿涅茨克地区领导人扎哈尔琴科遭遇炸弹袭击身亡，俄乌相互指责此为对方的“挑衅行为”。11月11日，顿涅茨克和卢甘斯克两个民间政权举行了选举，各自选举出地方领导人，乌克兰当局和西方拒绝承认选举结果，但各方总体保持克制，两地选举没有引爆新一轮冲突。11月底，乌俄在亚速海的争端骤然加剧，俄军动用武力扣押了进入俄领海的乌克兰军舰，乌克兰随后宣布为期30天“战时状态”。2019年3月，乌克兰将举行总统大选，目前各派都在为大选做准备。从最新民调看，波罗申科处于不利地位，俄方指责波罗申科挑起俄乌亚速海争端，意在利用国内民族主义情绪为自己加分。

（三）南高加索三国举行总统选举，亚美尼亚出现“街头革命”

2018年，南高加索三国都举行了总统大选，一些国家政局出现波动。4月11日，阿塞拜疆举行了总统大选，现任总统阿利耶夫以86.2%的高得票率连任。2016年9月，阿塞拜疆举行了宪法公投，取消了对总统候选人年龄的限制，并将总统任期由5年延长至7年，阿利耶夫本届任期至2025年，有可能长期执政。

2018年3月，亚美尼亚宪法修正案生效，根据宪法，亚成为议会制国家，总理握有实权。3月初，人民议会选举出新总统，但总统并不掌握实权。4月，亚美尼亚议会确定原总统萨尔基相出任总理，遭到了民众的大规模抗议。4月中旬，亚美尼亚爆发了全国性抗议，抗议民众与警察爆发了冲突。4月23日，在重压之下，萨尔基相被迫宣布辞职。5月初，亚议会举行总理选举，抗议活动的领导人帕西尼扬当选新总理。亚美尼亚出现了通过"街头政治"推翻政权的"街头革命"，但由于在这一事件中，俄罗斯和西方等外部力量介入较少，因此外界并不称之为"颜色革命"。

格鲁吉亚于2018年10月底举行了最后一次全民投票的总统选举，未来将改为选举委员会投票。在第一轮选举中，没有候选人胜出，排名前两名的是"格鲁吉亚梦想"支持的祖拉比什维利和"统一民族运动"支持的瓦沙泽，两人在第一轮的得票率不相上下，竞争异常激烈，竞争过程中两方相互攻击、诋毁和进行人身威胁，反对派甚至扬言要掀起"街头革命"，此次选举被格鲁吉亚媒体称为格独立后"最肮脏"的一次总统选举[①]。11月28日进行了第二轮选举，祖拉比什维利得票率近60%，成为格鲁吉亚独立后的首位女总统。

（四）中亚各国政局保持稳定

除土库曼斯坦举行了议会选举外，其他中亚国家没有选

① Бои без правил перед вторым туром президентских выборов в Грузии, https://sputnik-georgia.ru/election-2018/20181127/243160477/Boi-bez-pravil-pered-vtorym-turom-prezidentskikh-vyborov-v-Gruzii.html.

举，各国保持稳定。关于纳扎尔巴耶夫布局接班问题，5月底哈萨克斯坦通过法案，纳扎尔巴耶夫可以终身担任国家安全委员会主席一职，并加强了该委员会的职能，以确保纳扎尔巴耶夫对今后政权交接过程的绝对掌控。乌兹别克斯坦总统米尔济约耶夫的执政地位不断巩固，2月初他解除了伊亚纳托夫国家安全局局长职务，并对该部门大幅改革，削减该部门权力，在乌兹别克斯坦国内逐步消除老总统的影响，树立自己的权威。塔吉克斯坦总统拉赫蒙继续巩固总统权力，全力推动罗贡水电站建设，着力培养其儿子鲁斯塔姆接班，整顿戈尔诺—巴达赫尚自治州的秩序。热恩别科夫当选吉尔吉斯斯坦总统后，加大反腐力度。4月中旬，总理伊萨科夫被解职，后因腐败传闻被逮捕，还有一大批原高官因涉贪腐而被调查。2018年年底，热恩别科夫与原总统阿坦巴耶夫分歧扩大，社民党面临分裂。

二、经济低速增长，落实中长期发展战略

在经历了2014—2015年的经济危机后，2018年欧亚各国经济逐步走出危机。俄罗斯经济预计增长1.6%，通货膨胀率控制在4%左右，汇市、股市总体稳定。2018年国际油价对俄相对有利，俄预算出现了盈余。但固定资产投资较低，经济增长乏力，对油气的依赖仍难以摆脱。乌克兰经济实现恢复性增长，全年预计增长3%左右。白俄罗斯经济1—9月增长3.7%（2015年、2016年均为负增长）。中亚各国经济除吉尔吉斯斯坦经济增速受金矿产量影响大幅下滑外，其他国家均保持增长，哈萨克斯坦1—9月增长4.1%，增速与2017年持平，石油开采、煤

炭、铜矿开采均有大幅增长[①]。乌兹别克斯坦增长5.2%，但通货膨胀率较高，对外贸易逆差扩大，属于改革的阵痛期。乌兹别克斯坦近年来推行的“改革开放”措施将有利于国家长远发展。塔吉克斯坦GDP增长7%，土库曼斯坦增长6.2%，但总体形势并不乐观，尤其是土库曼斯坦外汇收入下降，食品供应出现了一些问题。吉尔吉斯斯坦经济仅增长1.2%，主要原因是库姆托尔金矿出口下降了25%。外高加索三国中，1—9月，阿塞拜疆GDP增长0.8%，2017年仅为0.1%。亚美尼亚增长6.6%，格鲁吉亚增长4.9%。与2014—2016年各国经济困难，货币大幅贬值相比，2018年各国货币保持稳定，通货膨胀在预计的范围内，经济虽保持低速增长，但企稳态势明显。

总体来看，欧亚各国经济仍以原料出口为主，俄罗斯、哈萨克斯坦、阿塞拜疆、土库曼斯坦等国的经济对油气产业的依赖程度较深，其他国家的经济发展与俄罗斯经济又密切相关，如白俄罗斯依赖俄的能源供应和市场，吉尔吉斯斯坦和塔吉克斯坦依赖在俄打工者的侨汇收入，在俄罗斯经济低迷的情况下，这些国家的经济增长自然也缺乏动力。当前，欧亚各国均将经济结构转型置于重要位置，落实中长期发展规划，努力实现工业化和经济现代化。俄罗斯政府的重点是落实普京的五月总统令，到2024年俄经济要进入世界五强，经济增速要高于全球经济的平均增速，为此要大力发展非原料产业、数字经济、农业、服务业等。哈萨克斯坦全力落实2050年战略，努力实现

---

① Октябрь 2018. Страны ЕАБР: инфляция и перспективы денежно-кредитной политики, https://eabr.org/analytics/chief-economist-group/monthly-review/oktyabr-2018-strany-eabr-inflyatsiya-i-perspektivy-denezhno-kreditnoy-politiki/.

国家的工业化，落实一大批工业项目和基础设施建设项目。乌兹别克斯坦颁布了到2022年的五年行动纲领，扩大对外开放，加大吸引外资力度。塔吉克斯坦、吉尔吉斯斯坦等国也都推出了中长期发展战略。

三、地区安全保持稳定，潜在风险不容忽视

2018年，欧亚地区安全形势总体稳定，没有出现大规模的恐怖袭击事件。6月中旬至7月中旬，俄罗斯成功举办了为期一个月的世界杯足球赛，俄罗斯国家本身面临较高的安全风险，且世界杯赛事持续时间较长，安保工作难度相当大。但世界杯期间，没有发生一起暴恐事件，治安形势较好，显示出俄安全部门很强的控局能力。据俄安全部门透露，在世界杯期间，俄安全部门曾破获了几起企图用无人机制造暴恐袭击的案件。10月底，俄安全部门抓获了六名试图在莫斯科制造恐怖袭击的恐怖分子，缴获了一批枪支弹药和爆炸物。在俄罗斯的北高加索地区恐怖事件仍时有发生，俄安全部门抓获了不少恐怖分子。10月底，普京公开表扬了俄安全部门，称2018年1—9月，俄安全部门成功地制止了15起恐怖事件，为社会稳定做出贡献①。

中亚地区安全形势总体平稳，暴恐案件不多。塔吉克斯坦发生了两起暴恐案件，7月底塔吉克斯坦发生一起针对外国游客的恐怖袭击事件，恐怖分子驾车冲向正在骑行的外国游客，

① Владимир Путин: За девять месяцев ФСБ предотвратила 15 терактов, https://www.kp.ru/daily/26899/3944179/.

撞倒游客后，下车用武器袭击他们，造成4名外国游客死亡。11月6日，塔北部城市胡占德市的一所监狱发生暴动，造成30人死亡，其中有两名警察，其余均为囚犯。这些暴恐案件表明，受内外形势的影响，塔吉克斯坦的安全形势复杂。9月中旬，塔吉克斯坦总统拉赫蒙视察戈尔诺—巴达赫尚自治州，对当地的治安形势提出严厉批评，指责当地官员不作为，导致该地区有组织犯罪和毒品走私猖獗，解除了包括州长在内的多名高官职务，并责令在一个月内恢复该地的“法律秩序”，否则不排除用武力解决的可能。在中亚国家中，吉尔吉斯斯坦也是薄弱环节之一。恐怖分子不仅在吉大肆招募人员，还通过各种渠道资助中东的“圣战”，一些执法部门的人员居然也参与其中。据吉安全部门统计，近年来涉恐犯罪人数不断增加，2010年全年共逮捕79名涉恐怖极端主义犯罪分子，2017年这一数字增加到422人①。

尽管2018年中亚安全形势平稳可控，但潜在的风险仍不容忽视。中亚地区面临的安全威胁来自三方面：一是“回流”问题。中亚各国均有大量的人员在中东参加“圣战”，有不少人员将设法返回中亚，在当地制造暴恐活动，对当地安全构成威胁。2018年吉尔吉斯斯坦安全部门抓获了多名从中东返回的恐怖分子，企图在吉制造恐怖活动。二是本土极端思想传播问题。中亚国家均不同程度的存在腐败、民生、就业等问题，人口增长速度较快，青年人就业难，年轻人容易受到网上极端思想传播的影响。萨拉菲、伊扎布特等极端思想在中亚都有传播。三是阿富汗局势的影响。在影响中亚安全形势的因素中，

① В Киргизии террористы требуют выдать мультиварки, https://regnum.ru/news/society/2429851.html.

阿富汗局势尤被关注。2018年阿富汗局势并未好转，尤其是阿富汗北部地区动荡对中亚各国形成威胁。据塔安全部门称，有大量的中东恐怖分子已转移至阿富汗北部，俄对此也十分担忧，称“伊斯兰国”在阿北部不断壮大势力。

四、俄与西方关系僵局难解，与乌克兰渐行渐远

俄罗斯与西方关系持续恶化。2018年3月初，因“特工中毒案”俄与西方相互驱逐多名外交官。7月中旬，普京与特朗普在芬兰举行了会晤，但对恢复俄美关系于事无补，8月初美对俄实行了新一轮制裁。10月，美国宣布计划退出《中导条约》，引起俄强烈不满。观察一年来的俄美关系，尽管普京与特朗普都有改善关系的意愿，但俄美关系难有实质性变化。近年来，俄美合作点不断减少，冲突点却不断增加。在维护战略平衡方面，如果美国退出《中导条约》将引发严重后果，俄美之间削减战略武器协议也将到期，双方有可能陷入新的军备竞争之中;在叙利亚问题上，俄美之间的不信任导致双方难以开展实质性的反恐合作，甚至有发生正面冲突的危险;美向乌克兰出售武器，也引发俄强烈不满。同时，俄美关系缺乏大规模贸易支撑，2017年俄美贸易额仅有230亿美元，在能源领域两国的竞争关系还将逐步增强，美不断向欧盟施压，要求放弃与俄罗斯在“北溪-2”天然气管道方面的合作。

俄欧互为近邻，历史关系错综复杂，现实利益相互交织。相比对美关系，俄改善对欧关系的意愿更加强烈，乌克兰危机前，俄欧贸易占俄外贸的一半，俄70%的外资来自欧盟，欧盟的制裁对俄经济影响较大。2018年以来，俄采取了一系列措施

试图改善对欧关系，普京访问奥地利、德国、法国等，俄欧关系有一定缓和，但改善的幅度并不大。受乌克兰危机的制约和东欧国家对俄态度的影响，欧盟对俄制裁短期内不会取消，俄欧关系改善的步伐将会十分缓慢。

2018年，俄罗斯与乌克兰之间矛盾持续激化，裂痕不断扩大。1月中旬，乌克兰通过“顿巴斯再一体化”法案，将俄罗斯认定为“侵略国”，顿巴斯地区为“被占领区”。3月初，北约正式承认乌克兰的“申请国”地位，乌克兰加入北约“迈出关键一步”。4月中旬，乌克兰正式宣布退出独联体，成为继格鲁吉亚之后，又一个退出独联体的国家。对俄乌关系影响更大的是教会分裂事件。10月中旬，君士坦丁堡普世牧首区教区会议取消了一份1686年颁布的命令，规定基辅都主教区将不再由莫斯科大牧首管辖，这意味着乌克兰的东正教会将获得自主地位，乌克兰开始从宗教文化上与俄进行切割。此事引发俄罗斯的愤怒，俄东正教会宣布与君士坦丁堡普世牧首断绝所有关系。11月初，俄罗斯对乌克兰68家企业和322个公民实行“经济制裁”。[①] 11月底，俄乌关系再起波澜，俄动用武力扣押了三艘进入俄领海的乌克兰军舰，乌克兰宣布多个地区进入“战时状态”，俄乌之间一时剑拔弩张。乌克兰危机爆发五年来，俄乌“反目成仇”，关系彻底破裂，尽管俄罗斯希望乌克兰在2019年大选后，能与乌新政权开展对话，但只要仇俄派继续掌权，俄乌关系难以转圜。

鉴于欧亚地区国家对外政策分化严重，乌克兰、格鲁吉亚等国已坚定地走上“西向”的道路，俄不得不通过“放大抓小”

---

① Список 322. Что нужно знать о санкциях России против Украины, https://ukraina.ru/exclusive/20181101/1021631427.html.

的做法，整合欧亚地区，即重视发展欧亚经济联盟和集体安全条约组织框架下的合作，对独联体已不抱过高的期望。一年来，俄在此方面也取得了一定成果。俄白关系得到加强，双方解决了双边关系中的一些棘手问题，尤其是石油出口和贸易等问题。亚美尼亚虽更换了政府，但仍强调继续加强对俄合作。2018年俄在中亚地区的影响明显提升，与乌兹别克斯坦的关系大幅升温。10月中旬，普京访问乌兹别克斯坦，随团访问的有俄20多个地方官员和600多名商界代表，与乌签署了涉及经贸、能源、科技及人文等领域的多个协议，总金额达270亿美元，俄投资上百亿美元在乌建第一个核电站[①]。此外，俄在集安组织框架下，向塔吉克斯坦、吉尔吉斯斯坦等提供武器装备，举行联合反恐演习，共同应对地区安全风险。

五、欧亚国家对华合作积极，“一带一路”建设顺利推进

2018年，中国与欧亚国家的关系不断深化，“一带一路”建设在欧亚地区取得重要进展。中俄关系继续在高水平运行，战略沟通日益密切。2018年6月中旬，普京访华并出席上合组织青岛峰会，9月中旬习近平主席赴远东参加东方经济论坛。两国领导人还在“金砖峰会”、二十国集团峰会等多边外交场合举行会晤。11月初，俄总理梅德韦杰夫访华并出席首届中国国际进口博览会。中俄两国建立了多个政府间合作委员会，各层级会晤频繁，有力推动了两国务实合作深入发展。中国连续

---

① Государственный визит Владимира Путина в Узбекистан, https://www.putin-today.ru/archives/70171.

八年是俄最大的贸易伙伴国，2018年中俄贸易额有望突破1000亿美元，具有标志性意义。1–10月，中俄贸易达872亿美元，同比增长28.2%。其中，中国对俄出口392.7亿美元，同比增长13%，自俄进口479.7亿美元，同比增长44%。[①] 能源合作不断扩大。2018年1月1日，中俄原油管道二线正式投入商业运营，每年从该管道进口的俄原油将从1500万吨增加到3000万吨。2018年前10个月，俄对华原油供应同比增长33%，俄已超过沙特，成为中国原油第一大进口来源国。中俄东线天然气管道项目按计划顺利施工，预计2019年年底开始对华供气。中俄两国正就“西线”天然气管道进行磋商，有望达成协议。7月中旬，亚马尔项目向中国供应的液化天然气，通过油轮由北极航道运抵中国，开启了亚马尔项目向中国供应液化天然气的新篇章。2018—2019年，中俄共同决定举办地方合作交流年，两国地方合作呈现出强劲的发展势头。2017年，中国同俄罗斯远东联邦区贸易额超过77亿美元。中方参与远东跨越式发展区和自由港项目30余个，规划投资超过40亿美元。中国已经成为俄罗斯远东地区第一大贸易伙伴国和第一大外资来源国。农业合作成为中俄务实合作的亮点。俄罗斯近年来农业持续发展，已成为全球最大的小麦出口国，俄农产品对华出口也逐年增加。

中国与中亚五国的合作也持续扩大。2018年中国与中亚国家贸易额快速增长，据中方统计，前三季度，中哈贸易额为145亿美元，同比增长17.4%；中土贸易62.3亿美元，同比增长15.6%；中乌贸易44.6亿美元，同比增长54.8%；中吉贸

① 2018年10月进出口商品主要国别（地区）总值表（美元值），http://www.customs.gov.cn/customs/302249/302274/302275/2081075/index.html。

易41.5亿美元，同比下降2.1%；中塔贸易10亿美元，同比增长10.4%[①]。中哈达成了50多个产能合作项目意向，总投资达到265亿美元，已在建或启动项目12个，涉及金额40亿美元，其中包括阿斯塔纳机场轻轨、巴甫洛达尔电解铝厂、中石油大口径钢管厂等项目。中国是乌兹别克斯坦第一大投资来源国和贸易伙伴，并连续多年保持乌棉花、天然气主要出口国地位。在乌经营的中国企业约700家，涵盖能源、化工、基础设施、工业园区、农业、电信、纺织、水利灌溉等众多产业。截至2017年年底，在吉运营的中资企业574家，其中合资企业177家，独资企业397家。中资企业数量在吉外资企业中仅次于俄罗斯，居第二位。中亚五国都积极参与了中国首届进博会，力图扩大对中国的农产品出口。

① 2018年9月进出口商品国别（地区）总值表（美元值），http://www.customs.gov.cn/customs/302249/302274/302276/2050232/index.htm。

第四章

欧洲乱局有所发展 经济乏力困境凸现

2018年欧洲形势特点和中欧关系展望

梅兆荣

【内容提要】2018年欧洲内忧外困的乱局进一步发展，结构性问题更趋复杂，群龙无首的困境凸显。欧盟现面临经济增长乏力，英国脱欧深陷僵局，默克尔难民政策的负面影响显现，政党生态的深刻变化导致国家治理的难度陡增，法德合作的“轴心作用”有名无实，美欧盟友关系变味，欧俄关系因乌克兰问题进一步恶化等诸多问题。欧洲国家对华态度的多样性和两面性进一步突出，但中欧关系总体上发展势头仍得以保持，合作共赢仍是主流。中欧关系的总体态势将是合作与竞争并进，合作中有竞争，竞争中推进合作。

【关键词】内忧外困　欧洲视角　中欧关系

【作者简介】中国国际问题研究基金会高级研究员，前驻德国大使。

2018年，欧洲形势延续并进一步彰显了2017年乱象丛生、内忧外困的特点，从一个侧面印证了习总书记关于“世界处于百年未有之大变局”的深刻论断。

一年来欧洲内外困境的主要表现，可作如下概括：一是东西欧之间和南北欧之间经济发展不平衡，各国利益诉求和政策理念差异进一步显现，一些国家社会动荡、政局不稳，特别令人瞩目的是法国“黄背心”暴力抗议运动凶猛持久，英国围绕脱欧问题内斗激化；二是随着法、意、德等国传统执政党在选举中纷纷落败失势，欧洲政党结构发生深刻变化，右翼民粹主义政党快速崛起，政党碎片化现象凸显，治国理政难度增加；三是2015年德国难民政策造成的后遗症继续发酵，导致社会不安定因素增加、政党间的争斗加剧、欧盟内部分裂和民粹主义思潮得势；四是“本国利益优先”的民族利己主义压倒“团结互助”走一体化道路的理想信念，德法合作重塑欧洲或推进一体化建设难有作为；五是欧洲外部环境进一步恶化，除中东、北非局势动荡之外，尤其突出的是欧俄关系紧张升级，特朗普在贸易、防务和“北溪-2”天然气管道等问题上对欧打压，欧洲认识到“完全依赖美国”的时代行将结束，提出要以“联合自强”应对，但说易行难；六是欧洲缺少一个既有国家实力作后盾、又有国际战略眼光并孚众望的政治领袖人物，群龙无首的困境凸显。

对欧洲的乱局，奥地利前国防部长、现任欧洲安全政策研究所主席法斯阿本特2018年6月曾向笔者做了如下解读：面对全球政治迅速变迁，欧洲难以快速决策应对，处于无所适从状态。原因是内部协调耗时很长，且难以达成共识。主要反映出如下问题：一是结构性问题凸显。欧盟决策程序烦琐，不仅与中、美、俄不同，而且特朗普的“无情打压”、俄罗斯的“安全威胁”和中国日益成为“竞争者”又加剧了欧盟决策的复杂性；二是领导危机。默克尔本可以充当“欧洲总理”，但其地位已受到质疑，而欧洲传统大党普遍失势和政党碎片化，使国家治理愈发困难；三是内部矛盾重重。不仅成员国对欧盟委员会不满，成员国之间的分歧也错综复杂，导致政治不安全感突出；四是西方民主制度陷入危机。建立多数决策机制和加强决策力的最佳时机已错过，难民政策和英国脱欧即是例证。

据笔者观察，当前欧洲面临的挑战和困境，主要有以下表现：

一、经济上，欧元区增长率2017年为2.5%，是近年来复苏最好的一年，但从2018年第三季度开始已明显放缓。专家们预测，2018年的增幅是2%，而2019年的预期增长率将降至1.8%。增幅下行的主要原因，是英国脱欧的不确定性和特朗普发动的贸易战。此外，意大利新政府提出的2019年预算赤字原先占GDP2.4%，欧盟委员会拒绝批准后降至2.04%。鉴于意主权债务基数较大，人们担心明年意的实际赤字将远远超出此数，存在着引发欧元区新的债务危机，殃及整个欧元区的危险。最近又传出，法国明年的预算赤字超过欧盟《稳定公约》规定的3%限度，已引起德国批评。与此同时，希腊的沉重债务包袱并未解决，欧元“使强者愈强、弱者愈弱”的先天性缺陷仍在起作用。专家们普遍认为，明年欧洲经济的增长前景不容乐观。

二、英国脱欧协议深陷僵局，不确定性再度凸显。特蕾莎·梅费了九牛二虎之力与欧盟达成的协议不为英国议会多数接受，迫使这位首相推迟表决至2019年1月中举行，她想争取时间谋求欧盟同意修改协议，却遭欧盟断然拒绝。而要求举行第二次公投的民意再度上升。在此情况下，是“协议脱欧”还是“无协议脱欧”，或是通过第二次公投“留欧”，成了谁也说不准的事，而特蕾莎·梅的首相地位也系于其结局。不管英国以何种方式脱欧，对欧盟无疑是个沉重打击，而英国也将受损不浅。主要后果将是:(一)欧盟的体量和影响力将因英国退欧而削弱;(二)英国虽将致力于"全球英国",与各国签订自贸协定,但失去欧盟统一大市场的巨大经济利益,对英国将是失大于得;(三)英国脱欧开创了一个成员国退出的先例,目前虽无连锁反应的征兆,但不无负面影响。如果举行第二次公投依然"留欧",英国脱欧将落为历史笑柄。

三、默克尔难民政策的后续影响深远。虽然新进入的难民人数已大大减少,但已进入德国和其他欧洲国家的大量难民不好"消化"。难民问题依然是搅动德国政坛的热门话题。德国基社盟前主席、现任联邦内政部长泽霍夫甚至惊呼,难民问题已成了"一切问题的根源"。德国《国际政治与社会》网站2018年8月7日发表英国牛津大学经济学和公共政策教授保罗·科利尔的访谈录指出:"人们正在争论错误的事情","这是欧洲核心人物令人无法想象不负责任的短视政策造成的";不按惯例在战乱国家的邻近地区帮助收容难民或动员欧洲企业去非洲邻近地区建立工厂提供就业机会,而是用"欢迎来到欧洲"的口号诱惑有才华的年轻人放弃他们在非洲的真正义务和机会,是"非常不负责任和不道德的行为"。这位英国教授对默克尔当时这样做的动机所作的分析与一位意大利前政要和一些德国知情人士在私下谈话中表达的观点吻合,即:一是显示她崇高、伟大的人道主义精神并载入史册;二是获取廉价劳动力以实现德国历史上第二个"经济奇迹"。现在人民看到的实际后果却是:一是具有不同宗教信仰和生活习俗的大量难民涌入,不仅短时间内难以融入主流社会,而且已成为危及社会安全稳定的重要因素;二是耗资巨大,引发本国低收入群体的强烈不满,并转化为民粹主义政党崛起的土壤;三是事先未与欧盟成员国商议,事后却要其他成员国接受"公平分摊"难民,导致东欧维谢格拉德集团四国的强烈反对；四是意大利和希腊因地理上靠近非洲，作为接受难民的第一站不得不承受沉重负担，对未能得到欧盟成员国的足够支援而强烈不满。凡此种种，都成为欧盟内部产生矛盾和裂痕的重要原因。

四、政党生态的深刻变化导致国家治理的难度陡增。随着欧洲政治、社会、经济、科技、环境的变迁，欧洲传统政党的老一套理念已越来越不能适应广大民众的需求，选民开始寻找能对急迫问题给出清晰答案的政党，导致法、意、德、奥等国的社会党和基民党等老牌政党纷纷落选或失势，意大利新政府已由极右的北方联盟和反建制的五星运动接管，法国社会党在总统选举中一败涂地，奥地利极右的自由党重新参政。德国联盟党和社民党在去年大选中的得票率创历史最低，而民粹主义选择党一举跃居议会第三大党，全国政党数量由原先的三个增至七个。由于政治理念不合，默克尔花了半年时间才勉强重拾换汤不换药的“大联合政府”，而这个新瓶装旧酒的“大联合政府”成立半年之后，民意支持率又降了十个百分点。之后默克尔又连遭三次选举失利：一是默克尔的亲信在联盟党议会党团主席选举中被一个名不见经传的挑战者击败；二是基民盟的姐妹党基社盟在巴伐利亚州议会选举中失去绝对多数；三是基民盟在黑森州议会选举中与社民党一起双双丢票。而这些失败的主要原因，都是选民发泄对大联合政府的不满。面对这一系列打击，默克尔不得不宣布12月党代会上不再竞选主席、不争取连任下届总理、不在欧洲层面上谋求领导职务，只求作为总理坚持到任期届满。这一切表明，默克尔已成为“跛脚鸭”，德国政局的不确定性上升。

五、法德合作的“轴心作用”有名无实。马克龙当选法国总统使欧盟避免了被民粹主义国民阵线上台颠覆的危险，但马克龙为树立个人形象和争夺欧盟主导地位而提出的重塑欧洲的建议对欧盟秩序也构成很大冲击。马克龙关于欧元区改革的建议，包括设立欧元区财长和议会、实行欧元区共同财政预算和欧元区债务一体化以及建立银行业联盟等，其核心思想是通过“转移支付”分享德国的财富为南欧国家谋利。德国对此心知肚明，迄今不是明言不赞成，就是不予具体回应，或提条件改变其实质，因此迄今无一项得以实现。两国仅在加强欧洲防务方面有共识，主要是指统一装备标准和协调生产的“永久结构性合作”和建立“欧洲干预”部队，但双方对这支干预部队的方案和意图也有分歧，法国基于其战略重点倾向于针对地中海和中东北非，德国则更多是着眼于安抚波兰和波罗的海三国并针对俄罗斯的威胁。最近，默克尔响应马克龙建立“欧洲军队”的主张，但更多是对特朗普藐视欧洲的一种姿态，实际上难以实现。

六、美欧盟友关系变味。法德等欧洲大国扬言要“反制”特朗普的严酷打压，骨子里却仍寻求妥协。其中，马克龙的独立调门比德国高。德国倡议建立独立于美国国际支付系统（Swift）的欧洲支付系统（SPV），并明确反对美国“完全瘫痪世贸组织”，但种种迹象表明，德法都难以同美抗衡决裂，因为欧洲无论在安全防务上还是在经济贸易方面以及在科技领域，都难以完全摆脱美国的控制。值得注意的是，欧盟和德国曾有借助特朗普这股祸水，遏制中国成为欧洲强劲竞争者的迹象，担心中美合作或妥协有可能损害欧洲利益。2018年7月欧盟委员会主席容克访美与特朗普达成休战协议时，欧盟和德国都允诺购买美国页岩气和大豆即是一个佐证。但欧盟和德国也不敢公开支持美国打压中国，因在维护经济全球化、贸易自由化和多边主义等方面，欧洲需要借助中国的支持，特别是不能失去对欧洲独一无二的中国大市场。

七、欧俄关系因乌克兰问题进一步恶化。德国作为西方在此问题上同俄打交道的首席代表，不仅受制于美国，而且被波兰和波罗的海三国绑架。乌克兰危机源于美国想把乌纳入北约，欧盟想把乌融入欧盟，美欧为挤压俄战略空间而联手在乌策划和支持颜色革命，推翻乌亲俄政权，导致普京反击，把克里米亚重新收归俄版图，并支持乌东部两个自治地区的亲俄力量，以抗衡乌中央政府并牵制西方。在此情况下，西方以俄"侵占"乌领土为由对俄实行"制裁"，压俄终止对乌东部亲俄力量的支持，而俄不能接受西方挤压俄战略空间的"成果"，双方激烈的争夺不仅导致乌克兰危机成为"死结"，而且引发双方军备竞赛升级，剑拔弩张。这是美国希望看到的结果，但对欧洲特别是对德国来说却极为不利，因为俄是军事实力强大的邻国，是欧洲需要的天然气的重要供应者，也是潜在的巨大市场，同这样一个重量级邻国长期交恶不符合欧洲特别是德国的战略利益。最近，波兰总统要求特朗普在波兰建立"永久性军事基地"，如搞成，将削弱德国作为美国在欧洲的主要军事基地和重要盟国的地位，波兰凭借美国撑腰将对德国和欧盟更加自行其是。

八、欧洲国家对华态度的多样性和两面性进一步突出。这是因为，欧盟不是一个单一的"欧洲合众国"，而是主权国家的联合体，除对外贸易政策由欧盟总部统一掌管外，各成员国仍可自主决定对外政策和对外关系。虽然欧盟制定了一些要求各成员国共同遵守的"规矩"，但各成员国的处境和对华利益不尽相同，甚至执政理念也有差异。另外，不容忽视的是，欧盟的决策在很大程度上受德、法两大国左右或影响，这又增加了中欧关系的复杂性。所有这些特点，在2018年表现得更加明显。

综观一年来的中欧关系，总体上保持了发展势头，合作共赢仍是主流。其突出的表现是：高层互访频密，反映出相互重视度较高；各种磋商机制和对话机制运转正常，对沟通相互立场起了积极作用；经贸成果显著，欧洲保持为中国最大贸易伙伴、最大进口来源地、第二大出口市场、累计最大的技术引进来源地。但负面因素特别是摩擦和竞争明显上升。主要表现在：（1）欧方频频散布“中国威胁论”，强调中国越来越成为强劲的“竞争对手”；（2）对中国的指责增多，如称中国从“不公平”的贸易中得益，中国“强制”外企合资和转让技术，中欧投资环境“不对等”；（3）打着“安全”旗号制定保护主义措施，限制中国企业并购欧洲高新技术和关键性基础设施企业；（4）攻击“16+1合作”“分裂”欧盟，要求中国像坚持“一中原则”那样奉行所谓的“一欧政策”；（5）对“一带一路”倡议既想利用，又散布流言蜚语，称中国只让本国企业得益，推行“中国式的全球化”，甚至质疑“一带一路”倡议具有地缘政治战略考虑等。

展望中欧关系的未来发展，龃龉和摩擦会增多，主要源于三个根源：一是欧方习惯于以意识形态和政治制度的异同画线，把中国定位为“异质”国家。据此，把中国的快速发展特别是科技水平的提高和中国社会政治制度越来越得到国际社会的认可视为是对西方民主制度和价值观的威胁；二是固守零和思维的利益观。虽承认中国的发展对欧洲是“机遇”，但他们不认可这是人类进步的表现。不仅在经济实力和科技水平上，而且在政治制度上，将其看作为严峻的“挑战”；三是欧洲一些大国的政治精英普遍有浓重的大西洋情结，在欧洲安全问题上须依靠北约，在重大国际问题上要同美国保持一致。

尽管有上述负面因素，放眼世界，纵观全局，欧洲仍是我可团结争取的合作伙伴。这是因为：中欧之间没有地缘政治上的直接冲突，也不存在历史遗留下来的纠葛；经济结构上互补性强，各有优势，互有需求，相互补益的潜力和空间巨大，存在着互利合作的强劲动力；特别是中国经济平稳快速发展，购买力不断提升的13亿人口的市场对欧洲国家是不可放弃甚至是不可或缺的；中欧都需要一个和平稳定的国际环境，都主张和平解决国际争端，都是经济全球化的推动者和贸易自由化的维护者，都主张多边主义而反对单边主义，都认识到层出不穷的全球性挑战需要全球治理，任何一国都不能独善其身或单靠一国力量应对。此外，中国的改革开放不会停步，大门将越开越大，对欧洲的吸引力不会枯竭。这些都是推动中欧发展互利共赢关系的有利因素。可以预料，未来中欧关系将是合作与竞争并进，合作中有竞争，竞争中推进合作。只要双方共同努力，不断地增进相互了解，管控好分歧，一起为打造中欧“和平、增长、改革、文明”的四大伙伴关系奋斗，对中欧关系的前景仍可保持谨慎的乐观。

处于战略彷徨期的欧盟
——现状与前景

孙海潮

【内容提要】出席二十国集团（G20）第十三次领导人峰会的欧盟大国德、法、英、意、荷都面临共同而又各具特点的困难和危机，不仅难以发挥欧盟心心念念的“全球性作用”，反而再次向外界展现出欧盟所处的多重危机窘境。美俄争夺使欧洲局势难以缓解。欧盟成员国将于2019年5月举行欧洲议会直接选举，欧洲政治思潮极端右倾化和民粹主义极端膨胀，将会在选举中得到充分反映。欧洲议会组成状况将会对欧盟走向产生重要影响。法国“黄背心”运动折射出欧盟各国普遍存在贫富差距持续拉大、社会不公日益严重等现象，普通民众不满情绪聚积，从而引爆社会的问题。欧盟仍是国际关系格局的主要力量之一，中欧关系的战略性并未减弱。

【关键词】欧盟内外环境　欧美俄关系　民粹主义　战略彷徨期　中欧关系

【作者简介】中国国际问题研究基金会副理事长兼欧洲中心主任，高级研究员，前驻外大使。

一、从G20峰会看欧盟面临的国际环境

2018年11月30日至12月1日，第十三届G20峰会在阿根廷首都布宜诺斯艾利斯举行，欧盟成员国德、法、英、意、荷和欧洲理事会主席图斯克出席。欧盟作为世界上最大和最为成功的主权国家联合体，五个成员国“总统”联袂出席当今世界最具影响力的国际经济与金融峰会，本是一个发挥欧盟反复强调的“全球性作用”的绝佳机会，却再次向世人展示了欧盟面临的政治经济社会危机等多重窘境。

德国总理默克尔乘坐的空客专机因技术故障中途返航，只能改乘普通班机，因而错过了第一次会议和拍摄G20领导人“全家福”的机会。法国总统马克龙的专机平稳降落，但舱门打开后却无人接机，茫然四顾，既不见先期抵达的外长等人，也不见阿根廷方面来人，只好与站在舱门边的地勤人员握手，然后牵着夫人的手走下舷梯，悻悻地上车。英国首相特雷莎·梅专机刚一落地，便传来内政大臣辞职的消息。这是英国达成脱欧协议引发政府危机后辞职的第五位内阁大臣。英国脱欧既是英国自身各种矛盾和危机集中爆发的表现，也是欧盟各种矛盾和危机的体现。英国脱欧使欧盟面临有史以来的最严酷考验。意大利深陷金融危机，因坚决不执行欧盟制定的紧缩政策而遭“纪律制裁”，又因拒绝接收难民与法国爆发严重冲突，恶语相向。意大利总理孔特与法国总统马克龙在集体合照时打了照面仍互不理睬，形同陌路。荷兰与德、法、意同为欧盟前身欧共体创始国，现也与意大利民族主义政府一样，执行本国利益优先的欧洲政策。荷兰首相马克吕特公开申明欧盟若要对匈牙

利、波兰、意大利等国的“违纪行为”进行制裁，荷兰不会投赞成票，离心倾向十分明显。与会的欧盟成员国为显示团结，举行了集体会晤，重申《巴黎气候协议》的重要性，但并未让外界产生“欧洲团结”的印象。

马克龙人虽在布宜诺斯艾利斯，国内愈演愈烈的“黄背心”抗议运动仍如一块巨石压在心头。马克龙不得不面对电视屏幕上横飞的石块、燃烧的汽车和多个城市特别是巴黎凯旋门星形广场弥漫的催泪弹烟雾，以及数百人被捕和受伤、数十名军警受伤的情况。舆论已以“起义”称呼这场自1968年“五月风暴”以来从未有的举国抗议浪潮。法国工商和交通各界在打砸抢烧的抗议中损失巨大，强烈要求不能再有“第三个黑色星期六了”！2017年被选民寄予厚望高票当选的马克龙，民调骤降为历史新低。抗议者直呼马克龙为“富人总统”，要求马克龙辞职。马克龙在回答记者提问时，仍强调税改不能取消，只能“允许和平合法抗议但坚决谴责暴力和呼吁对话”。

欧洲理事会主席图斯克甫一抵达布宜诺斯艾利斯，便宣布因俄罗斯与乌克兰在刻赤海峡发生军事冲突，欧盟将继续延长对俄制裁，俄总统普京当即做出反应，称之为“单方面非法制裁的恶劣行径和保护主义举措”，“乌克兰若再挑衅俄必将更强硬回击”。2014年乌克兰危机以来，美国拉上欧盟对俄实施全面制裁，欧盟每半年延长一次。默克尔和马克龙在峰会期间与普京会晤，普京的回答是乌克兰总统波罗申科必须下台。报道称俄已在与乌边境集结了8000名士兵和900辆坦克。美俄战略冲突使欧洲安全环境持续恶化。欧盟深感“沮丧和无奈”。

美国总统特朗普抵达布宜诺斯艾利斯之后，第一件事便是与加拿大总理特鲁多和墨西哥总统涅托联合签署重新谈判的《美墨加协议》，以取代1994年的《北美自贸区协议》。由于涅托将在出席G20峰会后次日（12月2日）向新任总统洛佩斯交权，特朗普威逼两个重要邻国赶在“坚决捍卫本国利益的墨西哥特朗普”洛佩斯就任前签署协议，就是怕“夜长梦多”。地点选在出席G20峰会的各国领导人抵达但会议尚未召开之际，是特意做给其他国家看的。协议虽需要三国议会通过后才能生效，特朗普仍称之为“具有历史意义”，“有利于美国就业回归”。对加墨两国要求取消先前加征的钢铝关税，特朗普拒绝让步。

特朗普在登上前往布宜诺斯艾利斯的专机之前发表推文，威胁向欧盟和日本的汽车加征关税，使欧日特别是德国总理默克尔的神经再次绷紧。特朗普虽与欧盟委员会主席容克于2018年7月底达成“贸易休战”协议，仍对欧盟（主要是德国）最为担忧的汽车贸易高悬“达摩克利斯剑”，因为“德国虽然进口了美国汽车，购买却不踊跃”。欧盟对与美贸易冲突前景仍然忧心忡忡，重申汽车是国际贸易的最重要组成部分之一，美国对欧盟和日本汽车征税将严重影响世界经济增长。

鉴于2018年加拿大七国领导人峰会和巴布亚新几内亚亚太经合组织峰会因美国阻挠未能签署联合声明而归于失败的教训，马克龙在接受阿根廷《民族报》采访时指出，与会各国必须共同面对中美单独对话可能的失败和即将爆发的毁灭性贸易战的风险。国际关系中的裂痕、敌对意识、进攻性和孤立主义同时显现。孤立主义就是要重新关闭边界，发展前景令人担忧。评论指出，马克龙没有点美国的名，但读者心知肚明。马克龙曾是与特朗普关系最好的西方国家领导人，却在提议建立“欧洲部队”问题上遭到特朗普的激烈抨击，称之为是对美国的“侮辱”。特朗普指称法国在两次世界大战中向德国投降，在“美军赶来之前已开始学习德语”。特朗普强调是美国给予北约大量补贴保护欧洲，要求法国尽快“还钱”，还说“法国虽然也进口美国葡萄酒，消费者仍无意购买”，与对德国人不愿购买美国汽车的批评如出一辙。

G20峰会期间，传来美前总统老布什逝世的消息。与会各方都表示了哀悼之情，马克龙特别加了一句“欧美联盟的坚定支持者”，暗示特朗普唱衰欧盟甚至认为欧洲建设和推出欧元就是为了同美国竞争的有关言论。欧洲盟国对美国的不满情绪，随时都会表现出来。这从一个侧面显示出欧盟所处的国际环境。

二、欧盟前途严重受制于民粹主义

欧盟成员国将于2019年5月举行欧洲议会直接选举。世界和欧洲舆论普遍认为，欧洲政治思潮极端右倾化和民粹主义极端膨胀，将会在选举中得到充分反映。欧洲议会选举不会影响成员国内政格局，但却是一次对欧盟现状与发展前景的重大民意测验，而议会的组成状况将会对欧盟走向产生重要影响。德法两国作为欧盟主要领导力量，欧委会作为欧盟领导机构，都对欧洲议会选举前景感到担心。欧盟再次处于重要历史关头。

欧委会主席容克到欧洲议会发表政策讲话，认为欧盟各国的民粹主义和反欧倾向日益突出，民众并没有看到欧洲建设的直接成果，看到的仅是无法落实的“半截措施”。“今天的联盟或许将不再是明天的联盟。”容克承认欧盟成员国在接收难民问题上的分歧持续扩大，匈牙利和波兰在司法改革等问题上背离欧盟价值观，强调“欧盟太小了，不能分裂”，“在议会选举之前，应该证明欧盟能够克服南北和东西差别”。容克所说的欧盟南北与东西差别，即欧盟成员国间的南北经济发展差异和东西政治分歧。

特朗普一再唱衰欧盟，把欧盟定位为美国的“经济敌人”。特朗普曾当面向马克龙提议要求法国退出欧盟，“以便建立法美特殊关系”。美国破坏欧洲一体化的举动使欧盟危机感愈甚。容克因而提出“欧洲主权受到了威胁”，“今天的世界需要一个强大的欧盟”，欧盟不能只满足于“全球性付款者”即只提供发展援助，“我们应该更多地担负起全球性角色”，呼吁成员国快速行动起来，建设欧洲防务，提升行动能力，在国际舞台上发出一致声音，欧盟再也不能陷入各国外交相互竞争和各自为是的不协调中去了。欧委会提议从强化经货联盟开始，强化欧元作为全球性货币的地位。欧盟每年进口3000亿欧元的能源，仅有2%的能源进口自美国，80%却要用美元计价支付，这一情况“极不正常”。

美俄战略争夺和激烈冲突使欧洲安全态势难有改善，欧盟追随美国对俄制裁经济损失巨大。美坚持退出中导条约，欧盟难以反对，但面对美俄军备竞赛欧洲遭殃的前景，内心极为慌恐。

继德国总理默克尔多次要求欧盟自己掌握命运之后，法国总统马克龙在使节会议讲话中强调“欧洲不能再依靠美国”，必须建立主权和团结的欧盟。欧盟作为中小国家联合体，多边主义是其在国际格局和大国博弈中安身立命的资本。马克龙在本届联大讲话的基本指导思想便是为多边主义辩护。慷慨激昂的马克龙实际上是为捍卫法国和欧盟的国际地位大声疾呼。“主权、统一、团结”六字真言，成为近年来欧盟用语中最为频繁的字眼。面对当前困境，欧盟最缺乏的恰是这几个字。

法国本是欧洲建设的总设计师和主要推动力量，近年却被德国抢了风头。默克尔因难民政策备受诟病和执政地位持续下降。在欧盟领导权遭到削弱，在某种程度上让位于发誓要重振欧盟的法国总统马克龙。德国执政党联盟在2018年10月的地方选举中严重失利。默克尔在选后宣布将不在2020年谋求担任基民盟党首，即不再竞选总理。

马克龙当选后即宣布了雄心勃勃的欧盟复兴计划，在去年的巴黎大学演讲中予以细化，在2018年的使节会议上再度提起，并将之列为法国外交的四大目标之一。随着世界经济转暖，欧盟经济也有起色，马克龙好像更加有了底气。马克龙当选一度被视为欧盟重新振兴的强烈信号。但近来发生的一系列事件说明，并不尽然。

欧盟面临的多重危机仍然无解，而且还在恶化。难民危机使欧盟分裂进一步加剧，安全形势难有好转，疑欧反欧情绪持续高涨，意大利产生了最为激进的反欧政府，英国脱欧谈判争执不下，后果难料。马克龙在国内推进的“革命性”改革阻力极大，去年以来抗议浪潮不断。法德在欧盟和欧元区改革问题上各有打算，同床异梦，相互掣肘。 马克龙担任欧盟领袖的努力阻力不小。马克龙在欧盟非正式峰会上打断匈牙利总理奥尔班讲话，称匈要对司法退步和控制媒体承担后果，扬言要减少对匈发展援助，反而激怒了未出席会议的意大利财政部长萨尔维尼。马克龙说奥尔班不接收中东难民是凶残，那么马克龙要凶残15倍。因为法国接收的难民不到承诺的1/15。波捷等维谢格拉德集团五国和意大利等国已明确表示将否决欧盟可能对匈牙利实施的任何制裁。萨尔维尼批评“马克龙和默克尔的难民政策不协调”，意大利拒绝设立难民安置中心。

2008年全球性金融危机10年来，引发危机的因素一个也没有解决。金融市场还是那么繁荣，经济体系还是那么债如山积，相当部分已成死账，只是暗箱操作换了手法。银行仍然是最大的赢家，国家和纳税人依旧是最大的输家。普通人看到和感受到的全是全球化的不良后果。保护主义和排外主义在所有国家蔓延。葡意希西“欧猪国家”（PIGS）作为主权债务危机受损最重者，至今仍未缓过气来，意大利有可能再次陷入金融动荡。按照全球性金融危机每10年发生一次的频率，世界经济发生严重动荡的情况不能排除，而本次危机的引爆点将是民粹主义。欧盟已调低近年的经济增速，民众担忧情绪上升。意大利领导人已威胁说不会支付违约债务，因为德国掠夺了他们经济的20%—30%。

特朗普首席顾问班农从白宫离任后在布鲁塞尔成立“运动”基金会，明确表明就是要鼓励欧盟的极右势力和极端民族主义，帮助民粹主义政党在明年的欧洲议会选举中夺取更多席位。强烈反欧的意大利政府把班农奉为座上宾，意大利因之成为班农的重点经营国家。班农在出席意大利兄弟党年会讲话中指称，英国脱欧，特朗普当选，意大利成立反欧政府，都是相互联系的。精英强加给西方文明的一切都必须摒弃，意大利现已成为世界政治的中心。班农已俨然成为欧盟各国极右政党的共同的领袖。

欧盟形势与当前的国际关系格局有颇多相似之处，即极端思潮持续膨胀，政治极端化倾向日趋突出，“反体制”的极右和极左党派影响力交替上升，传统政党则日趋边缘化。法国因柴油价格提升0.065欧元（约合人民币0.5元），激发起全国50年来最激烈的抗议浪潮，所造成的社会冲击和经济损失难以估量，实际上是民众郁积心头的怒气和怨气的总爆发。自马克龙上任以来，72%法国民众认为生活水平下降了。抗议群众挥舞旗帜，高唱《马赛曲》，高呼“陷入困境的人们，让我们杀死资产阶级”！欧盟成员内顾倾向日趋明显，在不同议题上组成不同类型的利益联盟。“一致性”正在从世界通用词汇中消失。英国脱欧本身是对欧洲的致命打击。双方由于联系太多太密而实难彻底切割，结果必然是两败俱伤。欧盟正面临有史以来最严峻的考验，加之领导核心缺失，欧洲一体化建设困难加剧，或将在某种程度上出现逆转。“松散化”将会是一段时间内欧盟走向的基本趋势。

三、欧盟仍将在较长时间内处于战略彷徨期

欧洲始终处于美国的盟友与战略对手的中间地带，处境尴尬，往往不得不屈从美国的全球战略并付出代价，但又心有不甘。

当前的国际形势是冷战后最为混乱的时期，这种大动荡大变动大改组的局面还将延续相当长时间。美西方主导建立的所谓自由世界秩序难以为继，符合世界发展趋势的新秩序尚未建立且极难建立。英国脱欧公投和特朗普当选成为震惊世界的“黑天鹅”事件，是英美民众对国家地位和自身困境陷入绝望情绪的表现。当前的乱局是数十年来国际力量对比变化的必然结果。特朗普企图以“非传统”的方式重建美国的世界霸权，却使世界更加混乱。美实力和领导力双方下降的趋势难以改变，更需通过强硬手法显示力量。美欧联手制裁俄罗斯效果不彰，俄振兴进程没有停步，普京再度高票当选。中共十九大进一步明确中国强国目标，中国的发展强大不可阻挡。美最新战略安全报告把中俄列为战略竞争对手和第一威胁，朝鲜和伊朗等“流氓国家”为第二威胁，恐怖主义由最大威胁退居第三。

美国家战略目标大转变，组成历史上最右政府，焦虑感急剧上升。美国企图通过在地缘政治和军事上的对抗搞垮俄罗斯，在地缘经济和经贸金融上压中国做出重大让步，达到战胜战略对手的目的。

美国利用乌克兰事件迫使欧盟追随美国对俄制裁，英国蓄意制造俄前特工“中毒”事件，迫使欧盟成员国集体驱逐俄外交官，使欧美与俄关系进一步恶化。由于“中毒”事件极可能会不了了之，美又通过叙利亚“化武”事件拉上法英与俄作对，以便彻底击碎欧盟与俄改善关系的设想，阻止欧盟发展强大和一体化进程，继续把欧盟绑在美战车上。美俄关系短期内已无转圜可能，在叙利亚更呈短兵相接态势，欧盟只能予以配合，再次成为美战略棋子。在对华经贸问题上，欧盟在美对其要求有所照顾后加以呼应，也希望中国对美让步后能从对华经贸中捞取更多好处。

欧盟面临的所有问题在短期内都无望获得解决，而且还会继续发酵。欧盟虽反复强调要以“团结”应对“美国优先”等外部挑战，实在难以如愿。

欧洲既是两次世界大战的策源地，也是两个超级大国争夺世界霸权进行冷战的主战场，现在也是美俄争相施加影响的首要场所。控制欧洲是美国称霸世界战略的第一需要。欧洲国家推进一体化建设、设立单一货币欧元、建立欧洲独立防务，目的都是为了争取在大国博弈格局中争取较为有利的地位。特朗普称建立欧盟的目的就是与美国竞争，是说出了美国许久以来的心里话。美国一直对欧洲建设持怀疑态度并进行破坏，手法不断转换，但绝不让欧洲“脱轨”的战略目标始终未变。

美国通过北约东扩控制欧洲，通过制造乌克兰危机拉上欧盟对俄全面制裁，制造中东危机使欧盟更加依赖美安全保护。

北约在欧军事部署东移，西欧安全状况获得改善，波罗的海三国以及波兰罗马尼亚等国在获得美军事保护后与欧盟独立意识增强。美达到了离间欧盟的目的。罗马尼亚接受美导弹防御系统，波兰总统杜达当面“恳请”特朗普在波建立名为“特朗普堡”的大型军事基地，以及西欧各国应美要求在中东欧派驻军队，在美强夺下答允至2022年将军费增至占GDP 2%，都使美通过北约在军事上更加牢固地控制欧洲。特朗普又希望在贸易上压欧盟屈服，既要求欧盟交“保护费”，还要阻止欧盟继续对美进行“经济盘剥”，德国（也包括日本）的支柱产业汽车对美出口首当其冲。

俄为在美欧强势战略挤压下突围而占领克里米亚，在加里宁格勒部署反导系统，在叙利亚倾力抵御美军事扩张，与北约针锋相对举行陆海空天大规模军事演习，并在远东举行近代史上最大规模“东方—2018”军演。英国一手导演的所谓俄叛逃前特工“中毒”后，欧盟追随美大量驱逐俄外交人员，为国际关系史上罕见。美俄关系进入冷战后最紧张对峙时期。欧洲大国虽与美保持一致对俄制裁，但又根据自身需要执行对俄政策。法德均与俄实现了领导人互访，马克龙在重大国际和地区问题上与普京随时沟通，默克尔因坚持与俄天然气管道项目被特朗普讥为俄国“俘虏”。特朗普当政两年来数度赴欧，每次都不欢而散。美俄关系持续恶化的同时，美欧战略同盟关系也遭受重大冲击，欧俄关系则趋于平稳。

在大国冲突趋势加剧和国际关系格局加速变化的总体环境下，欧盟处于美俄中三方角逐的旋涡之中，艰难地寻找自身定位，短期任务是加强危机管控，远期目标是加强能力建设。欧盟作为中小国家联合体的本质，必须走多边主义的路线，规则和秩序高于一切，这也是欧盟的生存之道。欧盟对特朗普唱衰和拆散欧盟的言行深感惊惧。欧盟领导人强调要发挥全球性作用，加强战略自主性，对美妥协和与俄接触并行，对华政策投机性和实用性并存，力图在美俄中之间找到“舒服的位置”。欧盟的政治属性和战略处境，决定了其机会主义的政策取向。

改革开放40年来，欧洲始终是我国主要的外资和技术来源地，对我国发展的重要性不逊于美国，在某些方面和某种意义上甚至强于美国。欧盟的本质和属性决定了其对华政策具有投机性和实用性的双重特征，不愿看到中国崛起，对中国的发展壮大极度不适和不服，时常配合美国在几乎所有问题上对华施压，同时又不会放弃中国的广阔市场，希图通过经贸投资谋取更大利益与和平接触影响我发展进程。欧盟实难取消所谓的对华军售禁令，不会承认中国的市场经济地位，欧盟虽对美国肆意挑起贸易战持反对态度，却又企图“祸水东引”而只针对中国，最近又通过了美日欧贸易三方联合声明 ，甚至企图借世贸组织改革排挤和打击中国，都说明欧盟在任何情况下都不会放弃配合美国遏制中国发展的战略取向。欧盟不会在中美之间选边。欧盟国家特别是西欧大国对亚投行前倨后恭，对“一带一路”倡议由质疑批评到逐步接受，再到考虑“有条件和警惕性参与”，还出台欧式“一带一路”设想，对华政策的投机性暴露无遗。

美欧并非在所有问题上都持相同立场。特朗普退出《巴黎气候协定》后，马克龙高举全球反气变旗帜，现则成为全球多边主义捍卫者，在联大讲话中矛头直指特朗普单边主义。欧盟就与伊朗关系建立单独支付系统以规避美国制裁，迈出了反对单边主义的实际步伐。

欧盟既是我主要的竞争对手，又是重要的合作伙伴，在对欧关系中趋利避害是一项重大的综合工程。应把对欧工作置于国际关系格局深刻变化和中华民族伟大复兴的大战略环境之中进行考量，避免使欧盟产生我欲借对欧关系平衡美国的印象，更不能使之认为每当中美关系出了问题才想起欧洲的错觉。还应避免使欧盟把对华关系与对俄关系等同。中欧关系的战略性还应进一步加强。

第五章

半岛变化前所未有
东盟合作前景广阔

重返对话　进展可期

——2018年朝鲜半岛无核化进程与形势发展

虞少华

【内容提要】2018年朝鲜半岛形势发生前所未有的重大变化，朝核问题解决进程重回对话轨道，朝美、朝韩关系取得突破性进展，中朝关系重趋活跃。首脑外交的强势引领作用突出、朝韩两国“民族自决”主动性凸显、大国博弈对半岛无核化进程影响复杂成为本地区此轮形势变化新特点。未来形势发展面临挑战，包括有关国家对半岛无核化概念分歧仍存，对实现无核化的行动方式及其原则立场相左。但各国对维持对话势头和坚持无核化方向各有所需，形势向好仍可期待。

【关键词】朝鲜半岛无核化　首脑外交　民族自决　大国博弈

【作者简介】中国国际问题研究基金会高级研究员。

2018年朝鲜半岛形势发生多年来未有的重大变化，朝核问题解决进程重回对话轨道，朝美、朝韩关系取得突破性进展，中朝关系重趋活跃，各方对解决地区安全问题的诉求共识增加。但有关国家政策调整的程度不一，在解决地区热点问题的具体目标及方式原则上分歧仍存。推动对话取得实质性成果的进程难免坎坷曲折，但维持对话势头的前景有理由期待。

一、2018年朝鲜半岛形势的积极变化

2018年初始，朝鲜半岛就连续发生一系列互相关联的新情况或新变化，其主要表现集中在以下两方面。

其一，朝核问题形势在走到空前危险之际迎来转机，各方就无核化问题表态取得近年来最积极、共识度最大的进展，与推进无核化问题相关的对话再次启动。

朝鲜领导人金正恩2018年3月25日至28日访问中国，在同习近平总书记会晤中表示，按照金日成主席和金正日总书记的遗训，致力于实现半岛无核化，是朝鲜始终不变的立场。我们决心将北南关系转变为和解合作的关系，举行北南首脑会晤，愿意同美方对话，举行朝美首脑会晤。如果南朝鲜和美国以善意回应我们的努力，营造和平稳定的氛围，为实现和平采取阶段性、同步的措施，半岛无核化问题是能够得到解决的。[①]

4月21日，朝鲜发布劳动党第七届中央委员会第三次全体会议决定，宣布即日起将中止核试验与洲际弹道导弹发射试验。为保证中止核试验的透明性，将废弃北部核试验场。[②]

① “习近平同金正恩举行会谈”，http://www.xinhuanet.com/politics/2018-03/28/c_1122600292.htm。

② “朝鲜宣布停止核导试验 各方表态来了”，https://baijiahao.baidu.com/s?id=1598316538851845642&wfr=spider&for=pc。

4月27日，朝鲜国务委员会委员长金正恩跨过军事分界线与韩国总统文在寅在韩朝边境板门店“和平之家”举行首脑会谈，会谈后发表的《板门店共同宣言》中，韩朝确认“通过完全弃核实现半岛无核化的共同目标”。①

5月24日，在中美俄英韩五国记者的见证下，朝鲜废弃了位于东北部的丰溪里核试验场。

6月12日，美国总统特朗普和朝鲜领导人金正恩在新加坡举行会谈并发表联合声明，其中第三条宣称，朝鲜重申了2018年4月27日签署的板门店宣言，承诺努力实现朝鲜半岛的完全无核化。②

此后，在朝鲜已经停止核导试验，并炸毁丰溪里核试验场的背景下，美朝关于朝鲜弃核的工作层协商开始进行。虽然时至2018年年底也没有明显进展，但各方面迹象显示谈判并未中断。

总之，2018年中朝鲜半岛无核化进程取得了确实的进展，虽然有舆论还对朝鲜的弃核可能表示怀疑，也有评论认为各方对无核化概念差距甚大，但不能否定的是，朝鲜对无核化的表态较前明确清晰，且是迄今以来与外界期待最为接近的，中止核导试验的承诺也未有违反，就无核化采取的一些具体措施如炸毁核试验场、拆除导弹发射引擎等也具有不可逆性质。此外更有必要强调的是，朝美、朝韩之间关于无核化进程的相关协商，也达到了近年来最深入程度。

其二，2018年年内中朝、朝美、朝韩等双边关系都得到新

---

① “朝韩板门店宣言全文公布：半岛不再有战争”，https://baijiahao.baidu.com/s?id=1598906182294706399&wfr=spider&for=pc。

② “美朝联合声明全文公布”，http://www.sohu.com/a/235359588_313745。

发展或实现突破。

中朝关系因为在朝核问题上立场分歧加大，几年来不同程度影响到各领域合作，民意方面的不和谐音也通过媒体有所表现，特别是一贯引领全局的中朝首脑互访中断近七年，难免给复杂的地区形势再添一分不定因素。在此背景下，3月25日朝鲜领导人金正恩首次出访中国，两国首脑再次确认“双方都从战略高度和国际地区格局把握运作两国关系”，中朝传统友好合作不会因一时一事的影响中断发展步伐。同时金正恩就无核化问题的积极表态，也成为此次中朝首脑会晤给地区乃至世界带来的最瞩目信息。此后，中朝首脑还分别于5月9日在大连、6月21日在北京进行了两次会晤，双方的话题不仅涉及地区形势和无核化问题，也深入探讨了两党高层交往、交流互鉴，以及加强两国人民交流往来、夯实民意基础等问题。中朝交流重趋活跃，凸显出双方关系对地区形势影响的正面、积极，也为接下来朝韩、朝美首脑外交铺垫了基础。

朝韩关系在年内取得突破性进展。4月27日，金正恩和文在寅在板门店韩国一侧的“和平之家”举行首次会晤，发表《板门店宣言》。宣言宣称将“划时代地全面改善并发展双边关系”，“确认民族命运自决的自主原则”，“尽快促成高级别会谈等各领域对话和谈判”。[①]5月26日，朝韩首脑再次相聚于板门店朝方一侧的统一阁，就履行《板门店宣言》和有关朝美领导人会晤等事宜开诚布公交换意见。当时正值拟议中的朝美首脑会晤一波三折，朝韩首脑这一次“闪电会晤”，无疑有针对美国的考量，媒体的评论也都肯定了其对之后“特金会”的推动。

---

① “朝韩今日联合发表板门店宣言”，https://baijiahao.baidu.com/s?id=1598896987733715574&wfr=spider&for=pc。

9月19日，文在寅回访朝鲜，双方在百花园签署《平壤共同宣言》。宣言提出“从根本上解除敌对关系”，“基于互惠互利共赢原则扩大交流合作”，“让半岛成为没有核武器威胁的和平地带”。[①] 显然，与《板门店宣言》相比，《平壤共同宣言》对无核化问题的表态进一步确凿，对双方关系定位更加积极，对合作目标与措施的设定也更具体。

朝美关系以6月12日“特金会”为标志，也记下了历史性的一笔。当天美国总统特朗普和朝鲜最高领导人金正恩择址新加坡举行会谈，成为两国在任首脑的首次会面。同时，双方发表联合声明，提出四点共识，包括双方致力于建立与两国人民和平与繁荣愿望相符的新型美朝关系；将共同努力建立半岛的持久、稳定和平机制；朝鲜重申2018年4月27日《板门店宣言》，并致力于半岛完全无核化。[②]2018年年内，美国国务卿蓬佩奥两度访朝，美朝工作层断续接触，虽然有关磋商进展艰难，但双方均希望保持接触的姿态仍可谓积极。另外，根据朝美联合声明共识，停滞11年后，朝鲜再次向美国移交美军遗骸。继7月27日朝鲜向美国送还55具遗骸后，12月美朝再次就2019年继续此项工作交换文件。

---

① “朝韩9月平壤共同宣言全文”，http://news.sina.com.cn/w/2018-09-19/doc-ifxeuwwr5949214.shtml。

② “重磅！美朝领导人签署联合公报”，http://www.globalview.cn/html/global/info_25145.html。

二、新一轮形势转圜与变化特点

2018年年中，朝鲜半岛形势变化特点鲜明。

第一，首脑外交的强势引领作用突出。近几年来，地区形势在“朝核问题导向”背景下不断向险发展，有关方对立严重，对抗性举措逐步升级，转圜余地越来越小。这使得扭转形势单靠隔空喊话与工作层探索难度极大。在此局面下，2018年年内朝鲜半岛发生的迅速、大幅变化，得益于举世瞩目的几对首脑会谈，包括中朝三次“习金会”、韩朝三次“文金会”，以及美朝间一次“特金会”。通过首脑会谈，各国向世界传递出明确立场信息，例如中朝首脑第一次会谈展示了朝鲜调整核导政策的重要动向，也就中朝关系走向发出清晰信号。这次会谈对整体形势的引领作用非常突出，显示的两个重要信息为之后的地区形势转圜奠定了基础。另外，首脑外交给了相关国家更多公信压力。以朝美会谈为例，尽管舆论对双方在改善关系和解决朝核问题方面的决心多持质疑，但毕竟双方是在任的最高首脑首次会晤，而且以非常公开透明的形式进行。对金正恩而言，再次在世界面前表示“致力于完全无核化”立场，其后朝鲜的行动无疑直接涉及其在国际政治和外交领域的信誉，也与朝鲜内政走势和身为最高领导人的执政地位相关。对特朗普而言，在朝美联合声明中写入“建立新型美朝关系”，虽然未有更具体界定，但也可视作对之前敌对关系的否定，这在美国对朝政策历史上无疑是空前的。同时，美国公开承诺将同朝鲜“共同努力，建立持久稳定的朝鲜半岛和平机制”，这也就向外界表明了美国的目标不仅限于解决朝核问题，也对朝鲜做出了解决其安全关切的允诺。对于不确定性极大的朝鲜半岛形势，这些以首脑共识为基础的政策宣示，显然给国际社会带来了更多信心与可预测性。总之，首脑外交的突破力、引领力、公信力确实在一定程度上加大了此次半岛形势转圜的持续可能；而为防止形势逆转，各国也会尽量避免首脑会谈共识被毁弃的负面影响。

第二，朝韩两国的“民族自决”主动性凸显并对形势带来积极影响。长期以来，受大国地缘政治影响，半岛南北结构性矛盾困扰双方关系，各自内政外交也难以摆脱由此带来的制约。这种情况在前两年聚焦于朝核问题的各方博弈背景下，朝韩面临的压力都几近承受极限，迫使两国不得不向缓解紧张寻求和解的方向调整政策。一方面，朝韩两国相向而行的和解合作姿态成为这一轮半岛形势转圜的重要推动力。从年初举行的平昌冬奥会开始，朝韩就默契地抓住了时机，以在开幕式上同举“朝鲜半岛旗”共同入场、联合组团参加部分比赛项目等行动，掀起了一场缓和热潮。而朝方派出劳动党中央委员会第一副部长金与正以金正恩特使身份任团长的代表团赴韩，向韩国总统文在寅递交金正恩亲笔信，文在寅会见朝高级代表团并表示愿创造条件回访朝鲜，双方共同表示“努力以平昌冬奥会为契机，将半岛和平和解氛围延续下去”，① 以及此后不久即实现的“4·27文金会”，都使沉闷危殆的半岛迅速显现生机。另一方面，在整体形势回归对话但却进展艰难时，朝韩均坚持释放善意并持续有关履行协议的磋商，成为维护缓和势头的积极因素。如前所述，在美朝会谈遭遇阻力前景迷离时，朝韩首脑再

① “文在寅会见朝高级别代表团”，http://www.chinanews.com/gj/2018/02-10/8446132.shtml。

次聚首发出坚持无核化方向明确信息，对特朗普金正恩新加坡会面最终成行影响积极。而在朝美落实“特金会”联合声明的工作层磋商困难重重时，半岛南北双方进行离散家属会面、设立南北共同联络事务所、推进朝韩铁路公路连接、启动撤除非军事区哨所的兵力和武器，都是防止形势反复甚至逆转的一份支撑力量，也确实起到了双方共同强调的“民族自决”导向性积极作用。

第三，当前国际形势包括大国博弈大背景对朝鲜半岛无核化进程的影响空前复杂。自第一次朝核危机爆发以来，这一地区热点问题的解决就伴随着大国利益纠葛与合作。中美就朝核问题的合作解决立场曾经不仅是双边关系亮点，也确实为危机的可控和协商解决发挥了积极作用。但随着朝核形势的逐步恶化及中美综合国力消长微妙起变，两国围绕朝核问题合作的不和谐音增加。2017年朝鲜核导计划迅速推进，美国不断指责中国在解决朝核问题方面“没有尽到责任”，合作氛围公开失和。责任显然不在中方，因为“朝核问题的矛盾焦点不是中国”“解决半岛核问题的关键也不在中国”。[①]2018年朝核问题形势转圜，其背景是相关国家在只按自身利益量身打造的政策屡屡碰壁后，不能不考虑向中国原则靠拢，即中国始终一贯的“坚持无核化、维护半岛和平稳定、通过对话协商解决问题”立场。然而即便如此，半岛无核化进程仍不顺畅。2018年8月美朝磋商未如美期待取得成果，特朗普再次发推文称“中国没有为朝鲜半岛无核化做出努力”。这不仅被中国斥为“违背基本事实”和“不负责任的”，也被一些国际舆论解析为“华盛顿无

① “中方回应朝核问题“中国责任论”，https://news.qq.com/a/20170712/006424.htm。

法强迫朝鲜接受自己条件，试图把失败责任转嫁给中国”。[①]事实上与此同时，特朗普政府的甩锅和犯众行为还远不只此：在热点问题国际合作上，美国一意孤行退出伊核协议；在全球军备控制问题上，特朗普单方面宣布退出“冷战时期最成功的军控协议”中导条约，带来的不仅是美俄碰撞，还有两国背后与此相关的军备影响的不确定性；在经济全球化问题上，美国大范围挑起贸易战，罔顾国际规则而追求单边利益、遏制其他国家发展；在传统安全博弈方面，美国将中国和俄罗斯都正式宣告为“挑战美国权势、影响和利益”的短期、中期和长期主要对手，[②]美国与俄罗斯在叙利亚、乌克兰等问题上的过招角力不断，与中国的贸易战更是超出经济利益盘算，损人害己。特朗普的“美国第一”还伤及大批盟友，在本地区，美国同日韩在贸易保护、军费分摊甚至对朝政策等问题上的摩擦也显然超过了以往。总之，上述种种违和事态不可能不对地区安全合作产生负面影响，无核化进程虽然重新进入对话轨道，但半岛整体环境也比以往任何时候更为复杂，尤其是中美两国在无核化进程的最终目标和推进方式上素有分歧差异，当前两国关系的走向也会更多投射至地区形势发展。

---

① “朝核问题想甩锅中国？中方批美违背基本事实”，http://www.cankaoxiaoxi.com/china/20180827/2316466_3.shtml。

② 时殷弘：“中美关系全面紧张与朝鲜问题”，http://wemedia.ifeng.com/86717606/wemedia.shtml。

三、进展可期但仍艰难曲折

2018年半岛缓和局面虽开局积极而迅猛，但其后进展仍阻力困扰不断。主要表现和症结有三方面。

其一，对形势变化焦点“半岛无核化”问题的实质判定仍有很大差异。中国等一些国家认为该问题的本质是安全关切，只有相互照顾安全关切才能从根本上解决问题。但将朝鲜核导计划视为地区安全威胁之源、将地区安全问题的根本解决归结为朝鲜弃核的观点也还在主导一些国家政策。例如美国对半岛无核化的认定就是朝鲜去核化，并且在2018年年中还提出了较CIVD（即完全、可验证、不可逆的弃核）原则更为强硬的PIVD（即永久性的、可验证、不可逆的弃核）作为标准。类似的单方面坚持使得对话协商难以在最终目标和切入点上形成更多共识，各说各话、互不信任、甚至根本否定半岛无核化可能性的看法还在制约合力合作。

其二，美朝对推进半岛无核化进程的行动方式及其原则立场相左。朝鲜主张实现无核化要“分阶段”和“同步走”，这也与中国和俄罗斯的立场相近。美国则寻求以“利比亚模式”根除朝鲜核威胁，强调设定最后期限，并坚持要朝鲜先采取“实质性行动”。美国务卿蓬佩奥在“特金会”后的两次访朝或屡被推迟，或无实质进展，都表明朝美落实首脑联合声明的事务层磋商未能消除分歧。而一度已由美官方宣布正在准备的年内第二次首脑会谈最终未能举行，也给国际社会对稳定半岛缓和势头的期待蒙上阴影。

其三，美国按自身需要控制缓和势头，制约相关国家加速改善关系。此次半岛形势转圜，很大程度上是朝韩分别调整政策的结果。但这种政策调整效应越凸显、双方加速推动政策落实的意向越积极，来自美国的牵制就越大。例如，对朝韩双方都有意推动由包括美国在内的相关国家签署“终战宣言”，以显示和平和解意志，为停和机制转换打下基础。而美国明确表示“实现朝鲜半岛无核化应先于终战宣言发表”[①]“现在谈论终战宣言问题还为时尚早”。[②] 再如11月20日，美韩涉朝工作组正式成立，这是两国历史上第一次就涉朝决议执行情况和韩朝经济合作等事宜成立专门沟通机制，美国务卿蓬佩奥在会上公开宣称，“美韩不要各说各话，朝韩关系不要超速”。[③] 上述美国态度与举措不仅对韩国政策形成掣肘，也是试图对整体形势发展减速增压。

但展望前景的积极因素也依然存在。

一方面，朝鲜在4月举行的劳动党中央第七届第三次全体会议决议中宣布，朝鲜不再进行任何核试验和洲际弹道导弹发射，将集中全部力量发展经济，提高人民生活水平。[④] 这应视为朝鲜的战略调整，从其之后就无核化和发展经济采取的一系列实际措施看，无论从公信压力还是技术角度，再推进或重启

---

① “美国务院谈半岛终战宣言：朝鲜应首先实现无核化”，http://www.takungpao.com/news/232111/2018/0830/210230.html。

② “美驻韩大使：谈终战宣言为时尚早”，https://baijiahao.baidu.com/s?id=1608671972459498129&wfr=spider&for=pc。

③ “蓬佩奥公开警告：美韩不能各说各话 韩朝关系不要超速”，https://baijiahao.baidu.com/s?id=1617801173886893903&wfr=spider&for=pc。

④ “朝鲜召开劳动党七届三中全会 金正恩宣布新战略路线”，http://news.sina.com.cn/o/2018-04-21/doc-ifznefkf9696215.shtml。

核导计划都极其困难，何况从稳定国内需要看，金正恩也必须考虑国民对反复调整政策的承受能力。总体看朝鲜坚持当前政策的压力最大，可能性相对确定。

另一方面，韩国文在寅政府同样面临继续推进当前对外政策的压力。因为韩国内政治环境正处于前所未有的分裂局面，经济形势也低迷不振，文在寅初期支持率多得益于对朝政策收获良好效应，但在朝核问题进展遇阻、竞选时改善经济民生的承诺效果不彰背景下，支持率已由2017年最高时的85%跌至2018年12月的47%。由于党争已与对朝政策成败紧密关联，经济重振也无速效良方，文在寅政府要稳定执政地位，坚持推进对朝和解合作政策并促进无核化步骤走实，是虽然险阻但别无选择的方向。

最后对特朗普政府而言，虽然同朝鲜的对话与接触只是策略调整而非实质改变政策，但不对朝做任何松动甚至不惜退出对话也非易事。因为只要朝鲜不重启核导试射，美国就很难在拒谈方面占据道义制高点。同时，继续推动相关国家加大制裁力度迫朝妥协也很难随心所欲。在全球性难题负担空前、国内外对美国现行政策批评声不断的情况下，朝核问题进展几乎已是特朗普政府唯一“政绩”，只要特朗普不能承受朝核问题重回原点的失败指责，就不会轻易叫停对话协商。

2018年12月26日，朝韩在军事分界线附近举行了铁路公路对接及升级改造项目启动仪式。与此同时，也传来美方同意对朝韩跨境铁路和公路对接项目予以制裁豁免、并将重新研究禁止美国公民赴朝旅游，以保障对朝人道主义援助不受限制的报道。临近年末的这些信息或许预示，新的一年里半岛缓和及无核化进程虽有阻力但仍可期待。

战略伙伴关系框架下的中国—东盟合作：经验、挑战与前景

许利平　吴汪世琦

【内容提要】2018年是中国与东盟建立战略伙伴关系15周年。这15年间，中国与东盟合作积累了丰富经验，牵引力、凝聚力、获得感、舒适感等全方位推动了中国与东盟合作。东盟国家自身的转型、民粹主义上升和狭隘的大国平衡战略等成为未来中国与东盟合作中要应对的挑战。展望未来，中国与东盟合作将在动力、模式等方面发生转型升级，并将成为亚洲命运共同体典范。

【关键词】中国—东盟合作战略伙伴关系　命运共同体

【作者简介】许利平，中国社会科学院亚太与全球战略研究院研究员，博士生导师，亚太社会文化研究室主任兼东南亚研究中心主任，中国国际问题研究基金会研究员。吴汪世琦，中国社会科学院研究生院亚太系博士生。

当今世界正处在大发展大变革大调整时期，和平与发展仍然是时代主题，但世界面临的不稳定性不确定性增加，和平赤字、发展赤字和治理赤字问题突出。在此背景下，认真总结中

国与东盟战略伙伴关系15年的经验，有助于立足当前、谋划长远，更好地推动地区合作，为人类命运共同体建设注入新动力。

一、战略伙伴关系框架下中国—东盟合作的经验

合作是衡量战略伙伴关系水平的关键指标。合作的数量体现了战略伙伴关系的广度，而合作的质量则体现了战略伙伴关系的深度。作为中国与世界、东盟与大国最重要的双边伙伴关系之一，中国—东盟战略伙伴关系在地区合作乃至全球合作方面做出了很好的示范，带来了诸多经验。这些经验对未来提升中国—东盟战略伙伴关系水平具有重要的现实意义。

（一）牵引力保证合作方向

中国与东盟建立的各种机制，就像列车的火车头，担负着牵引力作用，保证合作的方向。无论是中国—东盟峰会，外长会，还是高官会、工作组会等，都为中国—东盟合作规划了蓝图，指明了方向，制订了行动计划，推动了中国—东盟合作不断迈上新的台阶。

2017年，在菲律宾马尼拉举行的中国—东盟外长会议上，中方提出了包括制定“中国—东盟战略伙伴关系2030年愿景”在内的七点合作倡议，得到东盟方面的积极回应。东盟各国领导人表示，东盟和中国将继续通过切实执行“2016—2020年行动计划”，在广泛的政治、经济和社会文化领域加强战略伙伴关系，以执行东盟与中国的战略伙伴关系，并同意将2018年定

为东盟—中国创新年，在技术创新和数字化等领域加强合作。[①]

2018年，在第21次中国—东盟领导人会议上，中方总结了过去15年中国—东盟合作的经验与成果，并为中国—东盟合作的未来指明了方向。中方从加强战略规划、深化经贸合作、培育创新亮点、夯实人文支柱以及拓展安全合作五个方面对中国—东盟合作的愿景做了详细的阐述。与会的东盟国家领导人对此给予了积极的肯定，表示本次会议具有里程碑的意义。[②]多边共赢成了此次会议的主旋律。

（二）凝聚力提升合作质量

中国—东盟合作，需要各方达成共识，增强凝聚力，才能提高质量。比如2010年启动的中国—东盟自贸区就是各方逐步达成共识的结果。从“早期收获”到“全面启动”，从“部分成员零关税”到“全部成员零关税”，体现了中国与东盟各国对自贸区实施共识的形成过程。

2015年，中国与东盟还签订了“中国—东盟自贸区升级版”议定书，涵盖货物贸易、服务贸易、投资、经济技术合作等领域，体现了双方深化和拓展经贸合作关系的共同愿望和现实需求。

从自贸区的经验可以看出，共识越多，凝聚力就越强，其合作的质量也随之提高。此外，中国—东盟博览会的不断扩展

① “中国—东盟（10+1）外长会在菲律宾马尼拉举行”，中国新闻网，2017年8月6日，http://www.chinanews.com/gn/2017/08-06/8297209.shtml，2018年11月27日登录。

② “李克强出席第21次中国—东盟领导人会议”，中国政府网，2018年11月15日，http://www.gov.cn/premier/2018-11/15/content_5340613.htm，2018年11月27日登录。

壮大也彰显了这一道理。在共建命运共同体的倡议下，中国—东盟博览会共办共赢的理念更加深入。自2004年首届中国—东盟博览会在南宁成功举办，连续15年以来，东博会在经贸往来、设施联通、文化交流等方面不断迈上新台阶，生动展现了“10+1＞11”的巨大效应。[①]

（三）获得感夯实合作基础

中国—东盟的15年务实合作取得了巨大进步。贸易、投资合作是推动中国—东盟双边关系稳步向前发展的重要基础。中国与东盟的双方贸易额由2003年的782亿美元增长到2017年的5148亿美元，双向投资从2002年年底的301亿美元上升到2017年的超过1600亿美元，中国已经连续九年成为东盟最大贸易伙伴,而东盟则是连续七年成为中国第三大贸易伙伴。[②]

此外，中国与东盟的人文合作也蒸蒸日上，成功地举办了旅游、教育、文化等主题年活动。中国与东盟双向人员往来人次由2003年的387万人次增至2017年的近5000万人次。目前中国已成为东盟旅游市场的第一大客源国，中国和东盟互为主要的旅游目的地。与此同时，当下双方互派留学生超过20万，中国在东盟国家设立的文化中心已增至六个，并在东盟国家建

① “一个展会，改变一座城”，中国—东盟博览会官方网站，2018年11月28日，http://www.caexpo.org/html/2018/trends_1128/231167.html。

② “2003年、2017年我国对亚洲国家贸易统计”，中华人民共和国商务部亚洲司官网，http://yzs.mofcom.gov.cn/article/g/。

立了33个孔子学院和35个孔子课堂。[①]

贸易、投资的大幅度提高，增加了双方的就业机会，提高了从业人员的收入，使得双方的老百姓的获得感增强了。国之交，在于民相通；民相通，在于民相亲。双方人员往来的愈发频繁，教育合作的愈发密切，增进了双方人民之间的沟通与了解，从而建立国与国之间友谊的桥梁，这些都进一步夯实了中国—东盟合作的社会基础与民意基础。

（四）舒适度推动合作进程

中国与东盟11国，国情差异加大，工作和生活节奏不一。对接中国—东盟合作项目，需要照顾各方舒适度，把握合作节奏，使得合作项目行稳致远。

中国—东盟合作的舒适度原则体现了相互尊重、平等相待的区域合作精神，也是协商一致东盟原则的具体体现。舒适度并不意味着听天由命，而是循序渐进、先易后难、适度进取。实践证明，凡是把握舒适度原则较好的项目，其进展一般都比较顺利，反之亦然。

中国—东盟自贸区的成功经验便可以充分说明这一点。中国与东盟国家在自贸区谈判时，便充分地考虑了东盟国家的发展需求，以独特的早期收获方式开放东盟优势农产品进口，让东盟国家得到实惠；此外，在构建经贸规则方面也充分考虑这些国家的舒适度，比如在自贸区原产地规则方面以40%增加值为标准，以适应当地东亚价值链生产网络的实际需要；同时，

---

① “重视人文交流，打造中国—东盟关系新支柱”，中华人民共和国驻泰王国大使馆经济商务参赞处，https://news.china.com/shendu/13000808/20171112/31654537_1.html，2018年12月3日登录。

还根据东盟成员发展程度差异安排消减关税水平的不同过渡期，以适应这些国家产业竞争力培育的需要。[①]

二、战略伙伴关系框架下未来中国—东盟合作面临的挑战

人类进入21世纪，世界多极化、经济全球化、社会信息化、文化多样化深入发展，贸易保护主义、逆全球化、地缘政治干涉等势力有所抬头。在此背景下，未来10—15年，中国—东盟合作将面临以下挑战。

（一）转型带来的冲击

东盟一些国家正在面临政治转型、社会转型和经济转型之中。在转型之中，旧有的传统结构没有完全打破，而新的现代结构还没有建立起来；有的即便是已经建立起新的结构，但还不稳固。这就使得这些国家面临着不稳定性和不确定性，在一些国家还出现了两极对立，社会分裂势头上升，这给中国—东盟合作也带来冲击。

泰国的君主立宪制现在面临严峻考验。近年来，经过军事政变的泰国政局，进入政治纷争的暂停期。随着新宪法的制定与通过，2019年泰国即将迎来政治动荡以来的首次大选。大选之后，泰国新政府是否能够凝聚社会共识，推动泰国社会向前发展，充满诸多不确定因素。

菲律宾在民主化进程中出现强人政治的回潮，杜特尔特总

① 全毅、尹竹："中国—东盟区域次区域合作机制与合作模式创新"，《东南亚研究》，2017年第6期，第13页。

统积极推动反毒和反腐，取得了一定成效。现在菲律宾正在推行修宪改革。修宪是否成功，未来菲律宾政局在杜特尔特总统之后。如何发展还是一个未知数。

2018年5月，马来西亚反对派希望联盟一举推翻了执政61年的国民阵线，迎来了马来西亚建国以来的首次政治变局。这场政治变局将对马来西亚固有种族政治带来冲击，并将对原有的利益结构带来改变。

进入政治转型、社会转型与经济转型三重转型的缅甸，固有社会矛盾难以在短时间解决。近期，在罗兴亚问题上，国际社会对缅甸民盟政府的压力难以缓解。在各种矛盾叠加的背景下，缅甸未来转型之路是否顺畅还存在不少障碍。

此外，柬埔寨、老挝、越南这些新东盟成员国家在政治经济转型的过程中也存在一些问题，政府治理能力不足、法律不健全、国内一些地区治安环境不佳等，也对中国与这些国家在经贸等领域开展深度合作产生一定影响。

（二）民粹主义上升带来的挑战

伴随着转型，在互联网日益普及的时代，民粹主义开始极速上升。在选举政治日益激烈的今天，民粹主义往往借助社交媒体，就可以轻易绑架政党、政客，甚至绑架整个国家。民粹主义上升对于中国—东盟合作的危害在于，加大了合作的成本与风险，阻碍了地区一体化的进度。

2014年，越南某些政治势力利用社交媒体操弄民意，当地发生了多起大规模反华游行，并在其后失控演变成为对包含日本、中国台湾地区在内的外资企业的打、砸、抢、烧的暴力攻击；[①]2016年，印尼网络上有谣言称“佐科总理呼吁所有商人使用人民币”，这令很多印尼人对不断增加的中国投资深感忧虑；[②]2018年，马来西亚总理府发布了一份媒体声明，指责中国政府在柔佛州投资“森林城市”，认为马国政府将最宝贵的土地给了外国人，称中资“抢走本地人饭碗”。这种“经济殖民主义”的论调极易煽动民族主义情绪。[③]

除了激发反华情绪，危害中国在东盟国家的投资之外，一些民粹主义的行为和言论还将对东盟的一体化建设产生冲击。东盟国家领导人可能将更加注重本国经济发展或国内政治斗争，而对东盟一体化投入减少。

（三）狭隘的大国平衡战略带来的制约

大国平衡战略是东盟一贯的外交政策，保证东盟在东亚区域合作的中心地位，符合东盟自身利益。东盟通过设立东盟地区论坛、“10+1”“10+3”、东亚峰会、东盟防长扩大会议等多边合作机制，不断加强与中美日印澳等大国在各功能领域的合作，建立起以东盟为中心的复杂的地区合作机制网络，并在上述机制中发挥主导作用。但如果奉行狭隘的大国平衡战略，将会制约中国—东盟合作，对东盟自身共同体建设也带来消极

① “越南反华事件已致1名中国公民死亡，上百人受伤”，腾讯网，2014年5月15日，https://new.qq.com/cmsn/20140515/20140515050335。

② “印尼网络谣言莫名缠上中国：1000万中国人在印尼打黑工”，环球网，2016年12月16日，http://world.huanqiu.com/exclusive/2016-12/9859304.html。

③ “碧桂园森林城市在马来西亚引争议，柔佛州：总理言论属于歧视”，新浪财经，2018年8月28日，http://finance.sina.com.cn/roll/2018-08-28/doc-ihiixyeu0731447.shtml。

影响。

中国不同于其他大国，在地理、人文、经贸等领域，中国与东盟天然相连，中国—东盟合作多于东盟与其他大国伙伴合作既是现实选择，也是历史必然。正如缅甸国务资政昂山素季曾经说过："我们可以选择朋友，但不能选择邻居"。中国奉行的是和平发展的外交政策，视东盟为周边外交的优先方向。中国与东盟的合作是"共同做蛋糕"，不是去"抢别人的蛋糕"。中国与东盟合作的"蛋糕"，也欢迎其他大国共同分享，但不是掠夺。在亚太地区，中国的快速发展与中美日印等大国的博弈已经成为既定的事实，大国间应当认识到相互间的博弈并非是零和博弈，唯有合作才能实现共赢。而东盟也应充当好大国之间合作的纽带，防止大国博弈演变成对抗，否则将可能会出现东盟内部成员选边站的局面。这样不仅会威胁到东盟国家内部的团结，还将会危害到东南亚地区的和平与稳定。

三、战略伙伴关系框架下未来中国—东盟合作的前景

面向中国—东盟关系2030年愿景，在战略伙伴关系框架下，中国—东盟合作将具有以下几个趋势。

（一）从危机驱动向发展驱动转变

历史上中国—东盟合作危机驱动特征十分明显。无论是金融危机，还是非典危机，都大大推动了中国与东盟的金融和卫生领域的合作。鉴于南海局势朝着稳中向好的方向发展，实现工业化、现代化是中国与东盟共同面临的紧迫任务，未来中国—东盟合作将朝向发展驱动方向转变。

中国和东盟应当认识到发展是双方共同的诉求与目标，东盟成立50年来不断发展，并在2015年建成东盟共同体，而中国改革开放40年也取得了伟大成就。在当前贸易保护主义和反全球化思潮日趋严重的背景下，中国—东盟经贸关系对促进东亚经济发展和稳定更具重要意义。中国和东盟国家在经济发展上具有很强互补性，是天然的合作伙伴。双方应当继续将发展作为第一要务，并尊重各国依据本国国情独立选择自身发展道路，为建设开放包容、持久和平、普遍安全、共同繁荣和可持续发展的世界做出贡献。①

（二）从单轮主要推动向三轮共同推动转变

中国—东盟合作的15年，政治安全、经济贸易和社会人文三轮马车取得不少成效，但从统计数据和实际效果来看，经济贸易还是主要推动力。随着中国—东盟合作进一步深入，突出的经济贸易合作将面临更加复杂的政治安全与社会人文环境，迫切需要深化政治安全合作，增进政治互信，深化人文交流，夯实社会与民意基础。因此，未来三轮共同推动，将是中国—东盟合作行稳致远的坚强保证。

在经贸合作方面，中国—东盟双方应当继续加强贸易、投资和旅游往来，积极探讨促进贸易投资往来的新倡议，提升营商环境；此外，双方还应致力于加快完成现代、全面、高质量和互利的《区域全面经济伙伴关系协定》谈判，大力促进全球贸易，提升经济增长，以包容性方式提高地区人民生活水平。

---

① “中国—东盟战略伙伴关系2030年愿景”，中华人民共和国外交部官网，2018年11月25日，https://www.fmprc.gov.cn/web/zyxw/t1613344.shtml，2018年12月3日登录。

在政治安全合作方面，中国—东盟双方应当在防务、安全、非传统安全和应对跨境威胁等领域通过开展对话、建立信任措施和加强合作，增进双方互信与理解；同时，双方还应当加强高层往来和政策沟通，拓展各层级交往，促进治国理政经验交流；此外，双方需要致力于全面有效完整落实《南海各方行为宣言》，在协商一致基础上争取早日达成和通过一个实质和有效的“南海行为准则”。

在人文交流方面，中国—东盟双方可以通过中国—东盟教育交流周等平台，加强教育创新和学术交流；同时继续在语言、文化、艺术和遗产等领域促进青年交流，增进相互理解，深化友谊，通过相关教育机构在各层级、不同领域为青年学者举办培训。

（三）从二维合作向四维合作转变

以往的合作，大都表现为陆地和海洋的二维合作，比如基础设施合作，海上联合搜救等。未来合作将转向陆地、海洋、天空、网络四维合作格局，推动中国—东盟合作朝着无缝连接的网状化方向发展，进一步夯实中国—东盟合作的利益基础。

在陆地上，中国—东盟将继续在“一带一路”倡议的推动下，并借力于亚洲基础设施投资银行，进一步改善区域基础设施，从而促进双方的互联互通。

在海洋上，中国—东盟已经成功举办首次联合军演，未来双方将通过更多的联合军演来增进双方海军的互信；同时，在中国—东盟蓝色经济伙伴关系的框架下，促进海洋生态系统保护和海洋及其资源可持续利用，开展海洋科技、海洋观测及减少破坏合作，以促进海洋经济发展。

在天空中，双方应致力于鼓励东盟国家和中国航空公司挖掘潜力，用好《中国—东盟航空运输协定》及其第一、第二议定书，实现区域更大范围联通，努力实现中国和东盟航空服务全面自由化的终极目标。

在网络上，中国—东盟应当积极落实《东盟信息通信技术总体规划2020》，提升数字互联互通；双方还应当积极开展数字与科技创新，抓住数字经济和技术创新机遇，应对潜在的新技术挑战，在电信、电子商务和智慧城市发展等领域实现创新驱动发展，以建成“东盟智慧城市网络”。

（四）从 10+1 合作向 X+1 与 10+1 合作相结合转变

中国—东盟依赖10+1机制开展合作。未来该机制合作要与其他相关次区域机制合作结合起来，深化中国—东盟合作。比如通过澜湄合作机制（5+1），深化中国—东盟基础设施与减贫等方面合作；通过中国与东盟东部增长区合作机制（4+1），深化中国—东盟电子商务、农业发展与中小企业等方面合作。以5+1和4+1合作的示范效应推动10+1合作更加深入。

此外，X+1与10+1合作相结合还能够保证区域合作的持续性和灵活性。当10+1合作机制因域内国家领土纷争停滞不前时，X+1合作机制可以继续发挥作用。

未来，中国与东盟需要继续健全各类X+1与10+1合作机制的制度化水平，唯有这样，才能保证区域合作的稳步与深入发展。

四、未来打造亚洲命运共同体典范

中国—东盟战略伙伴关系框架下的合作，是构建中国—东盟命运共同体的具体路径，未来将为亚洲命运共同体构建提供示范。

（一）发展共同体典范

中国—东盟命运共同体聚焦发展。发展是中国与东盟第一要务。通过合作，特别是“一带一路”合作，推动中国—东盟的基础设施的互联互通，经济走廊建设，产业链条建设等，构建上下联动、相互支撑的发展共同体典范。

近年来，中国—东盟在“一带一路”的框架下取得了丰硕的合作成果，为地区的均衡发展、产业升级做出了巨大的贡献。未来，中国—东盟将进一步深化发展战略的对接，将中方“一带一路”倡议、十三五规划、国际产能合作规划等与《东盟共同体蓝图2025》《东盟互联互通总体规划2025》及其他各领域的未来五年合作规划进行有效对接，互补优势，共谋发展，成为构建亚洲发展共同体的基石。

（二）安全共同体典范

安全共同体是中国—东盟命运共同体的保障。以共同安全、综合安全、合作安全与可持续发展理念为引领，以湄公河四国联合巡航、南海非传统安全合作、网络安全合作等为抓手，构建相互信任、相互推动的安全共同体典范。

中国作为崛起大国，难免会令东盟国家在安全上感到忧虑。但近年来，双方一直利用既有的双边和多边安全合作机制加强对话，逐步增进了双方的政治互信，在军事防务等传统安全领域的互动不断增多；在非传统安全领域，双方建立了打击跨国犯罪年度高官会机制和两年一度的部长会议机制，就打击跨国犯罪、毒品走私、贩卖人口、海盗、洗钱、网络犯罪以及其他非传统安全事务开展了政策对话与务实合作。①

未来，中国—东盟双方还将继续致力于增强政治互信，在安全领域开展更加深入的合作，为亚洲安全共同体的构建提供一个良好的蓝本。

（三）人文共同体典范

人文共同体是中国—东盟命运共同体的基础。以文明交流超越文明隔阂，文明互鉴超越文明冲突，文明共存超越文明优越，通过文化、教育、旅游、媒体、宗教、体育等路径，深化中国—东盟人文交流，构建相互友爱、密切交流的人文共同体典范。

中国与东盟建立了中国—东盟文化部长会议、中国—东盟文化论坛、10+3文化人力资源培训等多个人文合作机制。近年来，双方通过这些机制在人文交流的各个领域开展密切的互动，增进了双方民众的相互理解与认同。未来，中国—东盟应当加强政治引领和顶层设计，继续推动双方在教育、文化、青年等领域的交流合作，增进民心相通。中国与东盟的故事，最终的结局便是抵达民心。

总之，中国—东盟战略伙伴关系具有深厚的政治基础，经济

① “中国—东盟合作（1991—2011）”，外交部官网，http: //www.mfa.gov.cn/chn//gxh/xsb/wjzs/t877316. htm。

基础与人文基础。在战略伙伴关系框架下，15年的中国—东盟合作夯实了中国与东盟关系稳固的基础，推动了中国与东盟关系迈入成熟期。尽管还面临不少现实挑战，未来中国—东盟战略伙伴关系，将立足当前，面向长远，不断为地区合作创造一个个奇迹，并将建设更为紧密的中国—东盟命运共同体，为亚洲命运共同体树立典范。

第六章

中东局势总体趋缓
大国争夺热点持续

中东安全局势与中国的治理理念

吴思科

【内容提要】2018年，中东各方为谋求稳定和转型发展持续发力，推动地区局势出现一些积极的发展势头。但导致地区动荡不安的不确定因素持续发酵，一些国家和地区的安全形势仍复杂严峻，传统与非传统安全问题复杂交织，局部战争、恐怖暴力活动等问题依然突出，谋求和平稳定任重道远，其走向为国际社会普遍关注。而在这一年，中国与中东地区各国的合作关系稳定发展，并呈现良好的前景，堪称当今世界诸多不确定因素中的一个稳定因素。面对中东热点问题，中国遵循《联合国宪章》宗旨和原则，秉持客观公正，积极推进地区热点问题政治解决进程，为维护地区和国际和平继续发挥重要作用。作为联合国安理会常任理事国，中国坚持多边主义，维护并主张加强联合国作用，符合时代潮流，是人心所向。2018年的11月中国是安理会的轮值主席。在这个月，中方主持举行了20多场会议，中东占重要地位，包括审议叙利亚、伊拉克、也门、利比亚、中东和平进程等中东热点问题，以及南苏丹联合国部队等问题，并通过多份相关决议，对促进中东热点问题走向缓和与解决发挥了积极作用。

【关键词】中东安全　转型发展　恐怖暴力　中国智慧　“一带一路”　世界和平

【作者简介】前中国中东问题特使，前驻埃及、沙特大使。

一、当前中东地区面临的安全威胁与挑战

第一，巴以冲突再起。2017年12月6日，美国总统特朗普高调宣布美国承认耶路撒冷是以色列首都并将立即启动美国驻以使馆的搬迁工程，这对长期停滞的巴以和平进程无疑是雪上加霜。2018年3月底，巴勒斯坦居民在加沙地带开启“回归大游行”，与以色列发生持续冲突，导致巴勒斯坦人死伤人数不断上升。仅5月14日美国正式将驻以色列使馆从特拉维夫迁往耶路撒冷的当天，至少有55名巴勒斯坦人在与以色列武装部队的冲突中死亡，3000多人受伤。2018年下半年来，连连发生约旦河西岸犹太定居点以色列人遭暴力袭击造成伤亡事件，以色列武装人员则频频闯入包括拉姆安拉在内的约旦河西岸城市采取抓捕行动，更加剧了巴以间的对抗和仇恨情绪，特朗普宣称将提出替代“两国方案”的“世纪交易”也成为悬在巴人头上的一把剑。持续的巴以冲突增添了地区安全局势的复杂性，对本已脆弱的地区稳定环境无疑是雪上加霜。巴勒斯坦总统马哈茂德·阿巴斯在12月13日发表声明，对暴力行动进行了谴责，同时强调以方“制造的氛围”导致局势恶化，巴以和平“见不到希望”，是构成近期一系列暴力事件的诱因。

第二，叙利亚问题解决仍不见穷期。叙利亚战争已进入第八年，期间既有叙利亚政府军与得到域内外势力支持的叙反对派武装冲突，又有“伊斯兰国”等极端势力乘乱肆虐以及外部

力量借反恐的名义直接介入叙利亚战争。2018年1月，就在“伊斯兰国”极端组织实体遭到摧毁性打击之时，美国宣布要在叙利亚北部和东部的“叙利亚民主军”控制区组建一支主要由库尔德人组成的“边境安全部队”，为干预叙利亚未来政治进程埋下伏笔。这不仅引起叙利亚政府的强烈反对，而早就对叙利亚库尔德人崛起高度紧张的土耳其的反应更加激烈，不惜发兵进入美支持的库尔德武装控制区。尽管在叙驻有重兵的俄罗斯与土耳其就伊德利卜安排达成妥协，但该地区仍军事对峙严重，东部地区的“伊斯兰国”恐怖组织残余势力也有重新活跃之势。据联合国统计，叙利亚危机和战争爆发以来，已造成严重的人道主义灾难，有超过1 200万的叙利亚人背井离乡，其中560万人成为难民，形成了第二次世界大战以来全球最大规模的难民潮，叙问题仍是中东地区安全治理的一大难题。

第三，《伊核协议》再添变数。2018年5月8日，美国总统特朗普宣布美国退出伊核协议，并重启因伊核协议而豁免的对伊朗制裁。随着美对伊朗“极限制裁”的实施和伊朗威胁必要时封锁霍尔姆斯海峡，国际社会对地区紧张局势加剧的担忧也在加大。与此同时，沙特领导的多国联军加大了对也门胡塞武装的攻势，导致也门人道主义危机加剧，联合国被迫加大斡旋力度。各方普遍认为，当前中东多处冲突加剧都与美国的中东政策相关，特朗普政府利用一些地区国家对伊朗崛起的担忧，组建反伊联盟，包括着力打造“阿拉伯版北约”，加剧了地区的紧张和对立。

第四，极端恐怖分子的流散给中东地区国家造成新的安全隐患，成为中东乃至全球安全的最大挑战。在国际社会的联合打击之下，“伊斯兰国”的形体被击溃，但是它对中东安全的威胁并没有消除。溃败中的“伊斯兰国”残余势力化整为零，分散转移到埃及西奈半岛、利比亚南部沙漠、阿富汗以及中亚和东南亚等地，不时制造事端，严重威胁这些地区的安全。

第五，难民问题继续困扰有关各方。巴以冲突产生的巴勒斯坦难民问题成为世纪之痛，此后伊拉克战争和叙利亚内战造成的汹涌的难民潮更让地区各国不堪重负。2016年，联合国难民署关于叙利亚难民的统计数据为480万人。“伊斯兰国”在其控制地区的恐怖活动也逼迫一些族群外逃成为难民。庞大的难民队伍对地区及周边国家的社会安全与稳定产生重大影响，也对欧洲产生了极大的冲击，成为一个全球性的问题。

二、中东安全局势的新特点

中东安全问题是内外矛盾和多种因素长期作用的结果。进入21世纪以来，阿富汗战争和伊拉克战争严重损害了原本就十分脆弱的中东安全结构，催生了一系列新的安全问题。此后，2010年爆发的西亚北非地区的局势动荡又从整体上加剧了中东安全危机，致使中东安全问题更加复杂、多变，出现了许多新现象。

安全问题呈现“多样化”。中东安全问题几乎涵盖了中东社会的各个层面，所涉领域之广泛、类型之繁杂、形态之多样都是世界其他地区难以相比的。2010年年末中东大变局以来，各领域的安全问题出现新态势，使得中东安全形势更加严峻。

（一）宗教安全和文化安全问题恶化

一方面，中东地区宗教极端主义、恐怖主义泛滥，其主要手段是歪曲伊斯兰教教义，尤其是曲解伊斯兰教中的“圣战”

思想，号召对异教徒和所谓“叛教者”展开“圣战”，将普通穆斯林引向极端化，极大地破坏了正常的宗教文化生态。当今宗教极端主义猖獗，是对伊斯兰社会的宗教发展和社会安全构成前所未有的挑战，引起不少伊斯兰国家对去极端化必要性的思考。

（二）生态安全困境日益严峻

生态环境恶化和干旱问题一直困扰中东地区。近年来，严重的干旱席卷中东多国，沉重打击了许多国家脆弱的农业生产，造成粮食减产和歉收，推高粮食价格，引发粮食安全问题。

（三）社会安全问题更加复杂

一方面，中东国家内部的贫富分化加剧，社会矛盾不断积累，在一定程度上引发了局势动荡；另一方面，在绝大多数中东国家中，青年人口所占比例极高，但由于经济发展水平低，就业机会有限，中东国家青年的失业率高达30%以上。

传统安全和非传统安全问题交织，相互作用，形成了极其复杂的“复合型”安全问题：传统安全威胁并未减弱，非传统安全威胁又节节攀升；传统安全和非传统安全问题相互激荡，推动地区国家政治和社会转型进入了一个新的阶段。当前，中东各国已渐次进入持续和全面的转型期，这在很大程度上也是各种政治力量和社会思潮相互较量和磨合的过程，矛盾和冲突不可避免，但尝试了多年动荡苦果的民众对暴风骤雨般的变革总体持谨慎态度。当下，许多中东国家政府都在试图主动采取某些改革举措，同时又竭力避免出现社会失控，确保民生不受影响。如何管控转型过程中出现的各种政治、经济、社会乃至宗教矛盾，将是各国统治者面临的重大挑战。

三、中国为解决中东热点问题贡献中国智慧

中东地区民族宗教问题极为复杂，由于历史原因遗留的各种矛盾盘根错节，导致战乱频仍，解决中东热点问题成为世界难题。中国作为联合国安理会常任理事国和中东各方的友好国家，为解决中东热点问题不懈努力，贡献了中国智慧，可归结如下几点：

一是在坚持不干涉内政基础上，积极参与推动中东热点问题的解决。中方多次强调，中东的多样性应该成为地区活力之源，要尊重每个国家的国情差异和自主选择，坚持平等相待、求同存异。中国与地区国家始终平等相待，中国支持中东国家探索符合自身国情的发展道路，特别是反对外来势力强行颠覆一国的合法政权。这与一些西方国家形成鲜明对照，体现了中国特有的担当和作为。道路选择，关键要符合国情。一个国家的发展道路，只能由这个国家的人民，依据自己的历史传承、文化传统、经济社会发展水平来决定。中国在叙利亚问题上坚持原则，在联合国安理会讨论叙利亚问题时仗义执言，伸张正义，捍卫了联合国宪章宗旨原则和国际关系基本准则，赢得了国际社会的理解和赞誉。正如叙利亚问题专家、埃及艾因夏姆斯大学政治学教授穆罕默德·萨耶德所说，“中国智慧对于推动中东地区走出一条全面振兴的新路、推动中东和平发展发挥着独特作用。”中国始终遵循尊重彼此重大利益和核心关切，支持彼此的正当要求与合理主张的原则，坚定维护国际公平正义和广大发展中国家的共同利益。作为阿拉伯民族的强大支持者，中国在解决中东地区事务方面发挥着重要作用，是“阿拉

伯国家真正的伙伴”，赢得了阿方的尊重和支持。

二是始终坚持倡导政治解决地区热点问题，致力于维护中东和平与安全。武力不是解决问题之道，零和思维无法带来持久安全。推动热点问题政治解决，是中国特色中东外交的核心内涵。中国既是倡导者，更是实践者，中国中东问题特使多年来频繁在地区国家间穿梭斡旋，致力于化解分歧，促进对话。通过对话解决争端虽然过程可能漫长，甚至会出现反复，但后遗症最小，结果也最可持续。中国总是努力推动争端各方开启对话，把最大公约数找出来，在推进政治解决上形成聚焦，同时呼吁国际社会应该尊重当事方、周边国家、地区组织意愿和作用，而非强加解决方案，要为对话保持最大耐心，留出最大空间。中国遵照习近平主席提出的推动巴勒斯坦问题政治解决的“四点主张”，坚持不懈致力于推进中东和平进程，支持巴勒斯坦人民恢复行使合法民族权利的正义事业，支持建立以1967年边界为基础、以东耶路撒冷为首都、拥有完全主权的、独立的巴勒斯坦国。中国在联合国等多种国际舞台呼吁国际社会加大对联合国近东巴勒斯坦难民救济和工程处的支持，为实现中东和平发挥积极和建设性作用。在叙利亚问题上，中国是推动政治解决、促进和平的坚定力量。在伊朗核问题上，中方以建设性姿态为全面协议达成作出了积极贡献。面对美国退出伊核协议的局面，中国同协议其他各方一道坚定维护并执行这份得到联合国安理会认可的协议。由于历史和现实的原因，热点问题的解决非一日之功，中方的努力一时也难以见到成效，但有利于推动热点问题降温、促进地区局势进一步缓和则是有目共睹的。

三是坚持“以发展促安全”的基本方略。中东动荡，重要的根源出在发展，出路最终也要靠发展。发展事关人民生活和尊严。从长远看，安全治理需要依托于可持续发展和自主型发展。习近平主席曾经指出：“贫瘠的土地上长不成和平的大树，连天的烽火中结不出发展的硕果。”发展是中东国家最大的安全，只有发展才能消除产生极端和恐怖主义的土壤，从根本上解决安全问题。当前中国同中东国家共建“一带一路”合作全面走向深入。中方本着共商、共建、共享原则和平等相待、互利共赢的精神，加强同中东国家发展战略对接，不断深化在经贸、投资、产能、互联互通、能源、金融等领域的合作，使双方高水平政治互信和经济互补优势转化为更多务实合作成果。

2018年，中国同阿拉伯国家关系的提升令人鼓舞。这对中东地区谋求和平发展的势头无疑是利好因素。在7月10日召开的中阿合作论坛第八届部长级会议上，中阿双方一致同意把双边关系提升为面向未来的全面战略伙伴关系，签署了《中阿合作共建“一带一路”行动宣言》，包括合作原则与目标以及合作重点与前景。这是中国与区域组织和地区国家集体签署的第一份共建“一带一路”合作文件，为双方进一步合作注入了新的强劲动力，使双方合作迈上了一个新起点。目前，中国已经同9个阿拉伯国家签署“一带一路”合作文件，落地了埃及市郊铁路等一系列大项目，建设了埃及苏伊士、沙特吉赞、阿联酋阿布扎比、阿曼布库姆等多个产业园区，未来还将使“一带一路”建设更切实对接地区国家改革转型趋势，推动更多新项目、好项目落地，通过发展促进中东地区安全发展的进程。中方积极推动油气合作、低碳能源合作“双轮”转动，推进“油气+”合作模式，深化石油、天然气勘探、开采、炼化、储运等全产业链合作，顺应全球能源革命、绿色低碳产业蓬勃发展，加强和平利用核能、太阳能、风能、水电等领域合作，共同构建油气牵引、核能跟进、清洁能源提速的中阿能源合作格局，打造互惠互利、长期友好的中阿能源战略合作关系。另外，建立产能合作金融平台已成为中阿合作的新领域，围绕工业园建设拓展多元化投融资渠道，推进园区服务、企业成长、金融支持三位一体发展。中方支持中国有关金融证券机构同阿拉伯国家主权财富基金和管理机构合作，建立立足海湾、辐射中东北非、吸收全球投资者的国际交易平台，争取实现要素自由流动、资源高效配置、市场深度融合，服务“一带一路”建设。为推动金融同业交流合作，成立“中国—阿拉伯国家银行联合体”已被双方提上议事日程。

同样令人欣慰的是，在过去一年多的时间内，笔者也访问了中东地区三个重要的国家伊朗、土耳其和以色列，考察了基础设施和园区建设的现场，看到中国同三国的务实合作深入发展，共建“一带一路”为中国与这些国家的友好合作带来勃勃生机。

四是坚持维护联合国的权威和主导作用。作为规模最大、最具广泛性和代表性的全球性组织，联合国具备动员、协调、整合全球不同行为体参与和平与安全事务的条件。联合国提供了一个最大、最包容的平台，并以一个国际组织的身份扮演着全球安全伙伴关系的倡导者、推动者和组织者的角色，这种努力对维持和平与安全，无论在冲突解决方面还是在应对全球威胁方面，都是非常重要的。

中国是联合国的创始会员国和安理会常任理事国,是现行国际体系的参与者、建设者、贡献者，一直维护以联合国为核心、以联合国宪章宗旨和原则为基础的国际秩序和国际体系。中方坚持认为，在联合国的框架下，中东地区的冲突与安全问题才能更好地得到解决。

在联合国框架下，中国军人较早参与了中东战乱地区的维和行动，并作出了牺牲。进入新时期，中国参与联合国中东维和行动的力度和范围在不断扩大，显示了中国军队始终是维护世界和平的坚定力量，以及同各国加强军事合作、增进军事互信，参与地区和国际安全事务的信念。中国组建完成的8000人维和待命部队不久前通过联合国考核评估，随时准备奔赴包括中东在内的世界各地执行任务。中国作为负责任的大国，正同世界各方一道，为世界的和平与正义承担大国应尽的责任。

中东地区国家作为发展中国家的重要组成部分，是我国外交的重要基础，也是构建新型国际关系和人类命运共同体的重要伙伴。2018年，中国同中东各国的友好交往与务实合作，在充满不确定性的国际形势中展示了满满的正能量，也标志着中国愿与世界各国携手共建持久和平、普遍安全、共同繁荣、开放包容、清洁美丽的世界和构建人类命运共同体。

中东地区局势的几个看点

刘宝莱

【内容提要】2018年，中东局势总体相对平稳，局部动荡。埃及总统大选赢得连任。热点继续发酵。5月，美国迁馆耶路撒冷，巴以冲突升温；叙利亚危机仍难化解；也门、利比亚乱而无序；卡塔尔断交风波呈现长期化趋势，“卡舒吉案”给沙特带来较大负面影响。基于地缘政治和各自利益，美俄争夺激烈，美分别同伊朗、土耳其交恶，影响地区安宁。地区大国力量此消彼长，互争雄长。“伊斯兰国”衰而难除，流窜各地，不时闹事生乱。

【关键词】中东局势　美俄角逐　“伊斯兰国”

【作者简介】中国国际问题研究基金会中东研究中心主任，中国人民外交学会前副会长，中国前驻阿联酋、约旦大使。

2018年，中东地区局势总体走向缓和，乱而可控，未再发生波及地区的大乱。地区多数国家政府顺应民意，积极致力于稳定政局、振兴经济、改善民生，并取得了一定成果。世界银行预测，2018年中东地区经济增长率将达3%。然而地区内外多种矛盾叠加，积重难返，政治生态脆弱，安全局势依然严峻，往往一触即发，不可收拾。对此，中东局势不容乐观，突发事件在所难免，随时都可能发生。纵观一年来地区局势变化，人们不难发现有几个值得关注的看点。

一、埃及总统赢得大选

2018年伊始，埃及举国上下忙碌的头等大事是总统大选。3月26—28日，埃及全国举行总统大选。现任总统塞西和埃及明日党领导人穆萨进行角逐。4月2日，埃及全国选举委员会宣布，现任总统塞西在选举中赢得97.08%的选票，成功获得连任。[①]塞西执政四年，励精图治，积极转型，确有建树，引人注目。第一，政局相对稳定。塞西执政后，注重平衡各主要政治力量，委以重任，重用各领域的精英；引领舆论导向，营造支持政府氛围；强化军警等强力部门工作，使之充分发挥社会稳定压舱石的作用。对各类极端势力，特别是穆斯林兄弟会严厉打击，绝不手软；推进宗教改革，弘扬中道、温和的宗教理念；制定新宪法、举行议会选举，完成"政治过渡路线图"，促使社会秩序恢复正常，实现由乱到治，提高了政府的可信度和权威性。第二，经济明显好转。2016年埃及GDP达3170亿美元，2017年GDP升至3360亿美元。[②]2018年，埃及运河收入预计将突破53亿美元。随着埃及投资环境改善，吸引外资也在增加，西方陆续恢复对埃援助。国际货币基金组织已批准向

---

① "埃及现任总统塞西成功获得连任"，《北京日报》，2018年4月3日。

② 中国外交部网站："埃及国家概况"，"国家和组织"，2018年8月，访问自 www.mfa.gov.cn。

埃提供120亿美元贷款。第三，埃及国内民心凝聚力有所增强。广大选民普遍认为，塞西是埃及的未来。第四，地区影响力正逐步恢复。埃及促成了巴勒斯坦内部法塔赫和哈马斯两大主要力量之间的和解；坚决反恐，重拳打击“伊斯兰国”等极端势力；支持叙利亚问题的政治解决。第五，埃及国内反对党“风光不再”。曾一度活跃在埃及政坛上的穆兄会实力大跌，社会影响力明显下降。

塞西总统的第二任期将主要面临三大挑战：一是民生问题。埃及人口已超过1亿。人口增长过快带来一系列问题。埃经济虽有发展，但广大民众“获得感”不强。当前人们关心的热点有二：其一，通胀问题；其二，就业问题。二是经济发展问题。埃及“输血功能大于造血功能”。政府往往寄托于外援和石油、侨汇、旅游及苏伊士运河四大外汇收入上，对实体经济的发展抓得不够紧、不够实、不够全面。三是社会治安问题。安全是埃及吸引外资和游客的关键所在。埃及反恐一直在路上。穆兄会仍与政府分庭抗礼，伺机而动；“伊斯兰国”等极端势力，不时发难，扰乱社会治安。埃及政府仅采取强硬手段是远远不够的，还需要改善民生，以便使政治生态环境形成良性循环。这将进一步考验塞西的执政智慧和能力。

二、地区热点起伏不定、难见曙光

（一）巴勒斯坦问题更为复杂

美国特朗普政府，一味偏袒以色列。2018年5月14日，美国将其驻以使馆迁至耶路撒冷，更引起巴民众公愤。当日他们在巴各地举行大规模游行示威，予以抗议，在加沙地带与以色列交界地区与以色列军警发生冲突，造成37名巴勒斯坦人丧生，1700多人受伤。[①]9月10日，美国决定关闭巴解组织驻华盛顿办事处，引起巴方强烈不满。27日，巴领导人阿巴斯在联大发言中对特朗普调停说不。他说："耶路撒冷是非卖品，巴勒斯坦人民的权利不容讨价还价。"[②]11月27日，以色列常驻联合国代表丹尼·达农告诉媒体记者，美国方面可能明年初公布为巴勒斯坦和以色列打造的和平方案。[③]巴方担心该方案将会给巴人民带来重大损害。但在阿拉伯国家四分五裂的情况下，难以团结一致，维护巴民族权益。

（二）叙利亚危机解决尚需时日

眼下叙政府已控制局势，政权得到巩固，反恐取得了决定性胜利。叙政府军准备发动强大攻势，力争一举歼灭盘踞在伊德利卜省的包括叙极端组织"征服阵线"在内的反对派武装。对此，俄罗斯和伊朗大力支持，土耳其强烈反对。9月17日，俄罗斯总统普京同土耳其总统埃尔多安在俄索契会晤，讨论该问题。双方达成一致，决定设伊德利卜非军事区，即在2018年10月15日以前，沿反对派武装与政府军的隔离线，设立纵深15公里至20公里的非军事区，分别由土军的机动巡逻队和俄军事警察控制。故决战阴云暂时消退。9月29日，叙外长瓦利德·穆阿利姆在联大发言称叙"国内局势变得更为安全稳定，反恐斗争已基本结束"。今后叙政府将面临两大任务，一是政

① "美国迁馆耶路撒冷，巴以矛盾火上浇油"，《北京日报》，2018年5月15日。

② 美联社："联合国"，2018年9月27日电。

③ "美明年初公布巴以和平方案"（新华社微特稿），《解放日报》，2018年11月29日。

治解决，实现全国和解，重新选举议会、制定新宪法和总统大选等事宜。二是重建。关于政治解决，涉及俄、美、伊（朗）、土（耳其）和沙特等有关国家在叙利益，如何摆平绝非易事。俄罗斯当仁不让，一定要牢牢掌握主导权；美国强调在叙“军事存在和外交努力”，不会让俄“独占鳌头”，必定与之加紧争夺。叙众多反对派皆有背景，受后台指使。他们能否重回日内瓦，要看有关各方达成妥协情况。关于重建，步履艰难。七年战乱，使叙满目疮痍，到处废墟。据报道，叙重建约需5000亿美元。这对在战乱中苦苦挣扎了七年的叙政府来说，确实是一天文数字。

（三）也门战乱不已

2018年6月，沙特联军聚集重兵强攻胡塞武装占领的港口城市荷台达，力争一举拿下，切断胡塞武装的外援，遭到对方的顽强抗击。双方争夺激烈，互有攻守。战场呈现胶着状态。这场战火直接影响了联合国等国际组织大批救援物资运抵也门，使数百万人陷入困境，造成了人道主义危机。轰动世界的沙特记者卡舒吉遇害事件增强了美国国内反战声音，故美要求沙特结束也门战争。10月30日晚，美国务卿蓬佩奥在国务院网站上发表声明说：“是时候结束这场冲突了，应以妥协取代冲突，让也门人民通过和平与重建来实现和解。”[①] 然而，沙方不仅未予置理，反而加大对荷台达的攻势，以图逼迫胡塞武装重返联合国发起和谈。12月6日，也门政府和胡塞武装在瑞典小镇林布参加由联合国发起的和平谈判。联合国也门问题特使格里菲思称，双方同意进行战俘交换，以此作为建立信任第一

① “美要求沙特结束也门战争”，《纽约时报》，2018年10月31日。

步。最近双方就此达成了协议。

（四）利比亚仍处于东西割据的局面

利比亚的两大权力机构在争夺权力，一个是以首都的黎波里为基地并得到国际社会承认的民族团结政府，另一个是得到强势的军事指挥官哈利法·哈夫塔尔支持并且在国家东部行使权力的并行政府。两大势力台上握手，台下踢脚，致使国内乱象丛生，混乱不堪。联合国秘书长利比亚问题特别代表加桑·萨拉迈自2017年上任以来，积极推动利和平进程，并制定了路线图。眼下，他正推动2018年利新总统、议会选举。选民登记工作已启动。目前，利比亚已组建制宪委员会，但制宪进程缓慢，新宪法草案尚未完成。

（五）卡塔尔断交风波一时难已化解

沙特等四国对卡示强未果后，已降低复交条件，但卡方不予置理，并要求无条件谈判。美国政要一度穿梭沙、卡之间积极斡旋，也未见实效。美国同伊朗、土耳其交恶后，曾促卡站在美一边，遭后者婉拒。卡塔尔埃米尔塔米姆甚至访问土耳其，会晤埃尔多安总统，并提供150亿美元的援助。这使美处境尴尬。目前断交双方敌意依旧，均付出了代价。沙特力阻卡塔尔购俄防空导弹系统S-400。萨勒曼国王曾致信法国总统马克龙，扬言如卡购俄导弹，沙将对卡“动武”。看来，断交危机呈现长期化趋势。12月3日，卡塔尔能源大臣萨阿德在多哈表示，卡塔尔将于2019年1月退出石油输出国组织（欧佩克）。卡此举被媒体称之为“分裂欧佩克”，是要给欧佩克的实际“老大”沙特一点颜色看看。[1]另外，震惊世界的“卡舒吉案”给沙特带来了较大负面影响。

三、美俄博弈加剧

俄罗斯加大对中东战略力度，投入明显增加，影响力提高，以至于连美国盟友以色列和沙特也在美俄之间搞些平衡，注意发展同俄关系。对此，美焦虑感增加。为确保在地区的主导地位，美俄角逐日益激烈，正在形成以美国为首的地区逊尼派国家和以俄罗斯为首的一些什叶派国家的两大阵营对垒。在叙利亚问题上，俄正主导叙局势走向，并同伊朗、土耳其联合，推进叙和平进程。对此，美则通过支持叙库尔德和反对派武装及派遣特种兵扩建在叙军事基地，提高同俄争夺的筹码，甚至不惜对叙动武。2018年4月14日，美国联合英、法悍然对叙动武，向大马士革和霍姆斯等城市有关设施发射103枚导弹，[2]给当地一些设施带来了损失。表面上看，此举是为了“警告叙政府”，而深层次原因主要有三：一是同俄较量，警告俄不要将“手伸得太长”；二是联合盟国，一致对外；三是给予其地区盟国以色列、沙特和叙反对派有力支持，使他们受到鼓舞。

2018年8月，围绕叙政府军欲收复被叙反对派盘踞的伊德利卜省之战，俄美立场对立。俄方大力支持该军事行动；美英法等西方国家坚决反对。8月21日，美英法三国发表联合声明，

---

① “卡塔尔‘退群’有玄机”（新华社北京），《解放日报》，2018年12月4日。

② “美英法军事打击叙利亚”，《北京日报》，2018年4月15日。

对此表示“严重关切”。与此同时，美英法三国在地中海部署了空基巡航导弹、核潜艇等进行威胁。9月1日—8日，俄罗斯也在地中海进行了大规模军演。一时地中海上空战云密布，大有一触即发之势。9月4日，不顾西方反对，俄空天部队对伊省的反对派武装据点进行了空袭。

在伊朗问题上，美国退出伊核协议，恢复对伊制裁，遭俄反对。俄公开表示继续加强同伊朗全面合作。美便通过以色列和沙特掣肘伊朗，间接对俄报复。5月10日，以色列军方发射约20枚导弹袭击伊朗在叙境内的军事设施。9月22日，在靠近伊拉克边界的阿瓦士市，伊军方举行阅兵活动时，突遭枪手袭击，造成至少29死亡。伊方指控美、以参与了此次袭击事件。哈梅内伊说，袭击者“收了沙特和阿联酋的钱”。同月25日，特朗普在联大发言中声称，将帮助沙特阿拉伯为首的海湾国家以及约旦、埃及建立一个地区战略联盟，以抗衡伊朗在中东的影响。[①] 对土耳其，美对其实施制裁，俄则增进同土耳其合作，并同意售土防空导弹系统S-400。为了拉住土耳其，俄在叙伊德利卜问题上做出妥协，接受了土耳其的方案。

四、美伊交恶日益严重

美国同伊朗的矛盾根深蒂固，难以调和。特朗普执政后，首访中东，将矛头直指伊朗，鼓吹组建针对伊朗的“阿拉伯版北约”。2018年5月8日，特朗普正式宣布退出伊核条约，重启

① 王宏彬：“特朗普鲁哈尼联大互呛”（新华社专特稿），《北京日报》，2018年9月27日。

对伊制裁。伊方反映强烈，鲁哈尼总统公开表示反对美制裁。

特朗普“退群”引起了国际社会的强烈反响和轩然大波。其目的主要有：1.特朗普要履行“承诺”，力争中期选举胜出。特朗普决定退出该协议，以体现他“说话算数”“敢作敢为”。2.得到美国共和党鹰派和犹太院外集团的大力支持。他们一贯反对奥巴马的对伊朗政策和伊核协议，并力促政府向伊朗示强，逼其就范。3.遏制伊朗崛起。特朗普对伊下“狠招”是着眼于现实，体现“美国利益至上”。美国对伊朗有四怕：一怕该政教合一政权在地区势力坐大，成为什叶派国家的发展楷模，尤其是在逊尼派国家处于四分五裂的情况下，使美深为忧虑；二怕伊朗利用伊核协议红利发展壮大自己，继续研发弹道导弹等新式武器，进而发展核武器；三怕伊朗同俄罗斯、伊拉克、叙利亚和黎巴嫩真主党“抱团”联合，形成国际反美统一战线，同美分庭抗礼；四怕伊朗与以色列、沙特等美盟国关系进一步恶化，致使发生军事摩擦，使美陷入其中，不能自拔。故加大对伊制裁，力阻其经济发展，伤其筋骨，使其难以在地区争雄。4.怂恿地区大国争斗，以减少投入。表面上，特朗普气势汹汹，摆出“深耕中东”架势，实际上，他采取“当地人打当地人”战略，以便其离岸遥控指挥。比如，以色列同美国一唱一和。内塔尼亚胡抛出伊朗继续研发核武器的“文件”，为特朗普退出核协议造势；沙特主导伊斯兰联盟，声称要派兵赴叙利亚打击“伊斯兰国”残余势力；埃及、约旦和阿联酋等阿拉伯国家也表示组织阿拉伯联军前往作战，进行代理人战争，以保持美国在叙利亚的存在；美国力促“以沙”联盟，对付伊朗等。5.转移国际社会对巴勒斯坦问题的注意力。特朗普此举正是美国驻以色列使馆迁至耶路撒冷前夕。在巴勒斯坦问题面临被边缘化的情况下，人们更关注伊核协议，而不是巴勒斯坦问题。

特朗普在中东放的这把火，致使美伊进一步交恶。2018年8月13日，伊朗最高领袖哈梅内伊在德黑兰出席一场集会时表示，美国退出伊核协议表明美国“既霸道又无诚信”，只想着迫使伊朗让步。伊朗不会与这样的国家谈判。[①]9月25日，在联大发言中，特朗普将主要矛头对准伊朗，批评伊朗破坏中东地区稳定、怀揣“核野心”。他说：“伊朗领导人散布混乱、死亡和毁灭。他们不尊重邻居、边界或其他国家主权。”鲁哈尼不甘示弱，予以还击。他强调：“伊朗的主张很明确：不要战争、制裁、威胁和欺凌，只要根据法律行事，履行义务。”[②]他说：“我们得依据什么样的基础和标准才能与这样一个胡闹的政府谈判？讽刺的是，美国政府一边邀请伊朗对话，一边打算颠覆伊朗政府，甚至都不隐藏一下。”11月5日，美对伊能源业和石油交易等领域的新一轮制裁开始全面生效。当日，鲁哈尼总统说，伊朗将以“适当”方式打破美国对伊朗的经济制裁。12月5日，他威胁切断海湾石油运输。他说：“美国应该知道……它无法阻止伊朗的出口。”他还说：“如果它试图这样做……将不会有从波斯湾出口（至国际市场）。”今后，双方将展开制裁与反制裁的斗争，不排除在海湾地区发生军事摩擦的可能。

① “哈梅内伊后悔与美国核谈判”（新华社电），《北京日报》，2018年8月17日。

② 王宏彬：“特朗普鲁哈尼联大互呛”（新华社专特稿），《北京日报》，2018年9月27日。

五、土美矛盾激化

土耳其与美国是传统盟友。但从意识形态上看，土是伊斯兰大国，与美国和西方迥异。埃尔多安总统执政后，民族主义倾向上升，大力推行伊斯兰化，实施总统制，与美西方价值观背道而驰，遭到西方社会批评。2016年7月土发生未遂政变后，埃尔多安指责美西方支持“居兰运动”制造政变，对美拒不向土引渡居兰大为不满，土美关系急转直下。近年来，随着美中东政策的调整，土美矛盾逐渐升温。土在巴勒斯坦、叙利亚、伊朗和与穆兄会关系等问题上与美政策分歧明显，特别是美支持叙库尔德武装，触及土安全底线。2016年未遂政变后，土大幅调整对外关系，转而向俄罗斯、伊朗靠拢，也触犯了美在中东的根本利益。此次造成双方关系紧张的导火索是美国要求土耳其政府释放在土拘留的美国牧师布伦森，遭土方拒绝。美遂对土两位部长实施制裁。同时，美借土货币里拉大幅贬值，对进口土的钢铝产品加收关税，致使里拉“狂泻”。对此，埃尔多安总统十分震怒，指责美“背后捅刀子”，对土发动“经济战”。在美中期选举前夕，土释放了布伦森，美对土制裁有所缓解。

当前美土关系主要是控制与反控制、霸凌与反霸凌、单边主义与多边主义之争。美要求土做美“驯服工具”，土欲谋求独立自主的外交政策，不愿对美唯命是从。土美现状仍将持续一段时间。但基于共同利益和互有需要，双方不会彻底闹翻，仍将寻求妥协，缓和关系。从中东地缘政治角度考虑，土是美“用得上”的盟友。美不会将土推向俄罗斯。对欧洲来说，土与欧洲经济依存度高，也是屏蔽中东动荡冲击欧洲的前沿，尤其是在阻止欧难民潮方面发挥着重要作用。因此，欧洲不会弃土，会寻求同土一道应对美单边主义和贸易保护主义做法。另外，土对美依赖较深，难以承担与美分道扬镳的代价，需要同美妥协，维护自身利益。

六、“伊斯兰国”（IS）继续生乱

2017年，“伊斯兰国”武装遭受灭顶之灾，在伊拉克和叙利亚边界建立的“哈里发国”作为建制实体已消亡。但残余势力转入地下，甚至流窜世界各地，继续制造暴恐，扰乱社会治安。2018年5月2日，两名IS武装分子袭击了利比亚首都的黎波里的最高选举委员会总部，造成至少12人死亡。[①] 近来IS又在阿富汗各地制造多起恐袭事件。11月24日，IS在叙利亚东部连续发动袭击，造成叙民主军武装多人伤亡。另外，IS在印尼活动猖獗。据BBC报道，目前已知有多达30个印尼团体宣誓效忠IS，其中部分曾表示要在东南亚建立一个IS的正式省区。[②] 9月22日，阿根廷布宜诺斯艾利斯《经济新闻网》报道，撒哈拉沙漠成为IS新战场…… IS的主力部队在利比亚和埃及西奈半岛活动。在叙利亚和伊拉克建立哈里发国失败后，不少久经沙场

① “利比亚最高选举委员会遭IS袭击”，法新社（的黎波里），2018年5月2日。

② 陆依斐：“IS在东南亚死灰复燃？”，《解放日报》，2018年5月15日。

的IS战士就转移到这里。[①]

总之只要地区存在宗教、部落矛盾、经济困难和欧美民粹主义泛滥，该极端势力就会有市场，并将继续存在下去。因此，国际社会对IS的破坏性、危害性、极端性、顽固性，不可低估。

① “撒哈拉沙漠成为“伊斯兰国”组织和“基地”组织的新战场”，《经济新闻网》，阿根廷布宜诺斯艾利斯，2018年9月22日。

风云变幻的叙利亚危机

唐继赞

【内容提要】叙利亚已被蹂躏得满目疮痍、破败不堪，成了世界大国博弈、地区列强争雄的平台。在俄罗斯、伊朗和黎巴嫩真主党的帮助下，巴沙尔政权起死回生，赢得了战场的主动权，逐渐从弱势走向强势，迫使美国等西方国家和地区反叙势力放弃“巴沙尔必须下台的”的幻想。然而，今天的叙利亚从战争状态转入政治进程的条件尚未成熟。内战余火尚未被扑灭，叙利亚开启和平重建时代尚需时日。

【关键词】风云变幻　破败不堪　美俄博弈　和平重建　难以转圜

【作者简介】新华社世界问题中心研究员、新华社高级编辑、新华社中东总分社前社长，中国国际问题研究基金会研究员。

光阴荏苒，日月如梭。转眼之间，叙利亚危机即将进入第八个年头。笔者曾经工作和生活过三年之久的那个风光旖旎、社会祥和的中东国家，被连年战乱蹂躏得满目疮痍、破败不堪。昔日被我们称为“杏花村”的著名景点东古塔已是废墟一片，曾经的世界级古迹古城帕尔米拉已剩断壁残垣。令人陶醉的西亚美景，恐怕再难回到人们的视野之中。不过，风云变幻的叙利亚局势已有新的发展，巴沙尔政权日益巩固，有望得以延续，众多的叙反对派夺权梦想必将落空。然而，世界大国继续博弈，地区列强加紧纷争，叙利亚危机短期难以转圜。叙利亚由战争状态转向和平阶段的曙光尚未展现。

一、叙利亚危机的由来和现状

在西方国家极力推动的“阿拉伯之春”大潮中，中东国家叙利亚也受到了严重波及。中东强人巴沙尔，虽然未像突尼斯的本·阿里、埃及的穆巴拉克、也门的萨利赫和利比亚的卡扎菲那样应声陨落，但叙利亚政权的合法性也曾一度摇摇欲坠。

2011年3月15日，叙利亚南部城市德拉发生的小学生涂鸦事件，引爆了全国动乱。在西方“民主”“自由”口号鼓惑下，叙反对派犹如雨后春笋，出现在叙利亚广袤的大地上，令中央政府无力招架。大部分地区出现的反对派武装割据，与政府军形成直接对抗；极端组织“伊斯兰国”“征服阵线”也摧城拔寨，嚣张一时。当时的叙利亚三分天下，巴沙尔政府控制的地盘不足40%，形势岌岌可危。

在叙利亚拥有塔尔图斯海军基地和赫梅米姆空军基地的俄罗斯，2015年9月30日应巴沙尔的要求毅然出兵叙利亚，帮助叙政府军顺利拿下阿勒颇等大城市，收复了全国70%以上的土地，挽狂澜于既倒，巴沙尔政权重获新生。连以色列总理内塔尼亚胡都不得不承认，巴沙尔在国内已经站稳脚跟；美国等西方国家以及反对派的地区支持者也不再重谈“巴沙尔必须下台”的老调。巴沙尔虽然还面临重重困难，但大马士革政权不会更迭。巴沙尔在叙利亚仍然拥有强势统治。

叙利亚内战规模日趋缩小，目前战火依然在伊德利卜省以及一小部分边远地区燃烧。位于叙利亚西北部的伊德利卜省，被认为是除北部库尔德人占领区外被反政府武装占领的最后据点。那里集中了后台各异的叙利亚反对派武装和极端组织的武装残余，与政府军对抗。对于巴沙尔政权来说，战场形势可谓一片大好。日渐式微的反对派武装，已完全处于被动挨打的守势，连它们的后台甚至都失去了信心。

这一切，自然与俄罗斯的出兵相救分不开。2018年10月19日，俄罗斯总统普京在俄南部城市索契举行的俄智库瓦尔代国际辩论俱乐部年会上回答记者提问时说，俄罗斯在叙利亚的军事行动总体上达到了既定目标。他说，俄罗斯在叙利亚开展军事行动之初就设定了避免使叙领土完全“索马里化”等目标。几年来，在俄罗斯努力下，叙境内大部分恐怖分子被消灭，95%的领土被解放，该国国家体制得以保留，地区局势趋于稳定。下一阶段叙利亚问题应该在联合国框架内展开政治解决进程。

二、2018年两大事件惊天动地

2018年叙利亚内战规模大大缩小。但是，除了政府军与反政府武装的持续缠斗外，叙利亚还发生了两大惊天动地的事件。其一，美英法三国联手空袭叙利亚，险酿美俄直接对抗。2018年4月13日晚，美国总统特朗普宣布，他已下令美军联合英国、法国对叙利亚政府军事设施进行“精准打击”，作为对之前叙东古塔地区发生“化学武器袭击”的回应。14日凌晨，美英法三国从空中和海上同时向叙军事和民用设施发射103枚巡航导弹和空对地导弹。叙政府军防空系统进行了拦截和反击。据当地媒体消息，在此次攻击过程中，没有一枚导弹进入防护驻叙塔尔图斯海军基地和赫迈米姆空军基地的俄防空分队责任区内，俄反导弹打击的防空分队“未采取行动”。因此，人们担心的俄美直接军事对抗没有发生。

美英法三国发动军事行动的借口，是叙政府军对平民发动了化武袭击。但后经证实，所谓“化武袭击”，是西方支持的叙反对派组织白头盔嫁祸于叙政府军的伪证。“化武袭击”的视频，也是白头盔策划和导演的。

美英法的侵略行为，遭到了国际社会的强烈谴责。中国外交部发言人华春莹4月14日表示，中方一贯反对在国际关系中使用武力，主张尊重各国的主权、独立和领土完整。任何绕开安理会采取的单边军事行动都有悖《联合国宪章》的宗旨和原则，违反国际法原则和基本准则，也将给叙利亚问题的解决增添新的复杂因素。联合国秘书长古特雷斯也发表声明，呼吁安理会所有成员保持克制，避免任何可能使局势升级并使叙利亚人民遭受苦难的行为。同日，俄罗斯总统普京表示，美国及其盟友对叙利亚进行军事打击是侵略行为，俄罗斯对此予以强烈谴责；伊朗外交部发表声明，强烈谴责美、英、法对叙发动军事打击。声明称，“这一侵略行为显然违犯国际法，侵犯了叙利亚主权和领土完整”，“他们要为自己的冒险行径负责”；欧盟委员会主席容克在声明中，敦促各方尊重持久停火，为通过日内瓦进程政治解决叙利亚问题、进而实现永久和平铺平道路。

西方三国通过空袭，显示了对叙问题的影响力，从而在与俄罗斯的博弈中拿回一局，但俄、叙也得了分。事件发生后，俄罗斯找到完成向叙交付S-300导弹防空系统的冠冕堂皇的理由，顺利做成了这笔武器交易；叙防空力量得以大大提升。俄罗斯国防部长介绍说，2013年，俄曾应以色列请求暂停向叙供应S–300，但如今局势发生了变化。

另一重大事件，是以色列和伊朗的军事较量突然升温。5月8日特朗普宣布退出伊核协议并重启对伊制裁；5月14日又将美国驻以使馆由特拉维夫迁至耶路撒冷。这两大动作给以色列总理内塔尼亚胡壮了胆，使其在与伊朗的对抗中底气十足。就在美国宣布"退群"两天后的5月10日，以色列国防军对伊朗在叙军事设施发动了突然袭击。以色列军方发布消息称，以军发射导弹攻击了数十个伊朗在叙利亚的军事目标，以回应此前以方戈兰高地前沿阵地遭受的火箭弹袭击。这是自1973年阿以"十月战争"以来，以色列对叙境内发动的最大规模的军事行动，也是迄今针对伊朗目标的最大一次空袭。以色列军方指控称，当日稍早时候，驻叙伊朗革命卫队对叙境内戈兰高地的以军基地，发动了火箭弹袭击。以伊军事较量加剧，险些酿成一场新的中东战争，曾经引起国际社会的担忧。虽然因种种因素制约而未酿成一场战祸，但显然加剧了中东乱局。

以色列和伊朗是中东地区的一对老冤家，互视对方为死敌。2011年3月叙利亚危机爆发以来，伊朗在叙的军事存在，一直是以色列的心腹大患。以色列总理内塔尼亚胡多次警告，伊朗必须从叙利亚全境撤军。以色列长期指认伊朗在中东地区扩张势力，强调不能容忍伊朗把叙利亚变成对抗以色列的前沿阵地。以方称，目前在叙利亚境内，由伊朗军官指挥的士兵多达1.8万。这一说法遭到了伊朗方面的断然否认，称伊在叙只有为数不多的伊斯兰革命卫队将领担任叙政府军的顾问。以伊关系持续紧张，以叙利亚为平台的冲突时有发生。据西方媒体报道，自2013年以来，以色列就对叙利亚进行了100多次空袭，主要针对目标是伊朗资助的黎巴嫩民兵组织真主党运送武器的军车，也造成在叙伊朗军事设施受损和人员伤亡。2018年4月初的一次导弹袭击事件，就造成了在叙霍姆斯的7名来自伊朗精英部队“圣城旅”的军事顾问死亡。

两大事件的发生，无疑给风云变幻的叙利亚危机增添了新的猛料，也在叙利亚人民的苦难伤口上又撒了一把盐。

三、叙利亚危机中的列强争霸

如今的叙利亚，已经成为美国、俄罗斯、以色列、伊朗、土耳其和沙特等外部势力表演的舞台，列强争霸的角斗场。为了维护和争取自身利益的最大化，各方都在展示自己的角色。

俄罗斯是叙利亚的传统盟友，是巴沙尔政权的维护者；美国等西方国家和以色列则视巴沙尔政权为眼中钉；基于教派矛盾，沙特等海湾阿拉伯国家历来与叙利亚不和，土耳其也与叙利亚关系不睦；而伊朗则是叙利亚的坚定盟友，伊朗的军事和财政支持也是保住巴沙尔政权的重要因素。

在叙利亚危机中，美俄博弈、地区列强争雄，从来没有停止过。在危机爆发后的初期，美国等西方国家唆使叙反政府势力推翻巴沙尔政权；海湾国家和土耳其不惜重金支持形形色色的叙反对派。在巴沙尔政权岌岌可危之时，俄罗斯和伊朗及其资助的黎巴嫩真主党武装出兵力挺叙利亚。俄罗斯在助叙扭转战局的同时，也彻底改变了自身同美国及其地区盟友博弈的劣势。俄在叙占了上风。特朗普随即改变退出叙的打算，并以白头盔捏造的“化武袭击”为借口，联合英法对叙实施了军事打击，意在向俄秀肌肉，表明美国的存在。

当前美俄博弈，主要体现在可能成为关键之战的伊德利卜决战。在俄罗斯看来，不解决伊德利卜问题就无法实现叙利亚局势正常化。在俄叙加紧向这一地区调兵遣将之际，西方国家呼吁通过和平手段解决伊德利卜问题。俄罗斯专家认为，西方国家不希望失去影响叙利亚局势的最后一张王牌，因此千方百计地阻止叙政府军收复伊德利卜。

土耳其在叙危机中显示了自己中东强国的存在。2018年1月，土对叙北部阿夫林地区发起代号为“橄榄枝”的军事行动，以清除叙北部的库尔德武装，遏制土境内库尔德分离势力。叙利亚与伊拉克境内的库尔德势力不断壮大，是土最担忧的问题之一。而伊朗与以色列和沙特之间的纷争以及美俄博弈，给了土施展拳脚的空间。

在土耳其看来，叙问题的最终解决，必须照顾其核心利益。叙北部与土南部交界，生活在那里的库尔德人，一直在闹独立。作为叙反对派的库尔德民主联盟党，就是被土政府定性为恐怖组织库工党的叙利亚分支。在美武器和财政支持下，该党领导的库尔德民主军在打击极端组织“伊斯兰国”和“征服阵线”的战斗中，取得辉煌战果，并在叙北部地区占据了大片领土。土耳其坚信，如果这支武装在叙境内宣布自治或独立，必将构成对土安全的巨大威胁，土必须将这支库尔德力量拒之门外。因此，土派兵进入叙境内与之进行殊死搏斗。土耳其还与俄罗斯联手提出在叙境内建立15到20公里纵深的伊德利卜非军事区，以提高自己在叙问题上的话语权。土示强，虽然受到叙政府抵制，也遭到已在叙北部地区曼比季一带站稳脚跟的美国的阻拦，但打击库尔德人的军事行动取得了一定成果，无疑有助于巩固埃尔多安在国内的地位。

随着叙局势发展，地区列强在叙博弈加剧。各方都想在叙问题的解决中分得一杯羹。

四、叙利亚危机转圜仍需时日

叙利亚危机要彻底转圜仍需时日。三大原因值得关注。

首先，叙战火尚未完全扑灭。伊德利卜决战，无疑将成为叙内战的终点。目前该决战还在酝酿之中。叙政府军和俄罗斯军队正在加紧调兵遣将，进行战前部署；美国等西方国家也在调动叙反政府武装，极力阻止战争爆发。所以如此，是因为伊德利卜决战爆发，就意味着叙内战余火被彻底扑灭，从而加速叙利亚危机的化解。叙利亚问题的最终解决，获益者无疑会是俄罗斯、巴沙尔和伊朗。这是西方国家、以色列和叙利亚反对派绝对不愿看到的。当然最不甘心的还是美国。开口闭口“美国优先”的特朗普，怎么能将如此丰厚的利益拱手让给俄罗斯呢？美国未来可能会有进一步的动作，比如通过其领导的国际联军以打击极端组织“伊斯兰国”残余势力为名不断在叙发动空袭，扰乱叙局势，或是利用自己控制的库尔德武装制造事端，让叙危机不能顺利转圜。

土耳其也不会旁观。2018年12月12日，土耳其总统埃尔多安放言，土耳其计划“数日内”再次出兵，对叙东北部的库尔德武装进行打击。这无疑也会对叙局势产生一定影响，牵制叙政府军备战伊德利卜决战的精力。

据英国广播公司（BBC）评论称，伊德利卜即使被叙军收复，也并不意味着叙噩梦的终结。巴沙尔对叙控制依然不稳，很多地方都在政府控制之外，而且重建工作代价昂贵而艰巨。最重要的是，叙利亚已经成为国际紧张局势外在表现的舞台。俄罗斯、土耳其、伊朗、以色列、海湾国家以及美国都在寻求自己的利益。这些外部压力不会因为巴沙尔获胜而消失，叙利亚局势可能会变得更加糟糕。

其次，政治解决进程尚未取得突破。该进程虽早已开启，但因各方立场迥异、后台博弈掣肘，多次和谈均未取得实质性进展。目前，这三大渠道前景都不乐观。其一，联合国主持召开的日内瓦和谈，已经走入死胡同。其二，俄罗斯、伊朗和土耳其三国发起的阿斯塔纳和谈进程，虽然在停火监督和设立缓冲区等问题上取得过一定进展，但因美国并不热心，其成果无法落实。美国要么派出低级官员敷衍与会，要么根本不派人参加。其三，俄罗斯独家推动的索契对话会，虽然总算把叙政府和反对派代表硬拢到了一起，但和谈也是无果而终。

最后，恐怖主义仍存死灰复燃危险。成建制的极端组织“伊斯兰国”已在叙被打败，但并未销声匿迹，其残余势力化整为零流窜到了叙边远地区。恐怖火种犹在，仍有死灰复燃的危险。目前，他们在叙各地大搞恐怖袭击，便是对叙政府的一种示威。这表明他们人还在、心不死。几个月前曾有消息曝料，去年被多国情报机构确认已经被击毙的“伊斯兰国”头目巴格达迪最近又有出现，除了向外界发布他的录音以外，据信在伊拉克和叙利亚边境地区还出现了他的踪迹。

另一极端组织“征服阵线”的武装人员，目前在伊德利卜省与政府军对峙，叙伊边境地区也常有活动，其战斗力仍不可小觑。

中东地区的恐怖主义隐患未除，威胁犹在。这必定会给叙利亚危机转圜和安全稳定，带来许多麻烦。

五、叙利亚国土“碎片化”或难免

目前叙国土“碎片化”的危险日益迫近。叙政府占据大片土地，美国支持的叙库尔德武装占了北部地区超过10%的国土，土耳其则实际占领的叙土地不少于10%。此外，沙特等海湾国家支持的叙反对派武装以及极端组织武装残余，也还占据着零星地盘，一时难以清除。看来，叙政府军要完全收复失地绝非易事，昔日完整的叙利亚可能很难再现。

目前，巴沙尔政权已经站稳脚跟，国内形势总体向好，但仍面临相当严峻的挑战。继续收复失地、管控安全局势以及至少耗资数千亿美元的重建必须展开，这些可是一个不小的负担。强人巴沙尔能否挺住，值得关注。

土耳其对外政策新变化

姚匡乙

【内容提要】2018年，土耳其外交十分活跃，对外关系发生重要变化。在当前国际和地区形势经历大动荡、大分化、大调整的背景下，土正重新审视其国际和地区定位，积极调整外交政策，以国家利益为导向，利用其连接欧亚两大洲独特的战略优势，推行积极而有重点的平衡外交政策，在东西两端保持一定平衡的同时，东向势头明显增强，并将外交重点移至中东，力图把土打造成中东头号强国和全球有一定影响力的国家。土对外政策的调整，有重要的积极意义，土在地区格局演变中将扮演更为重要角色。

【关键词】土耳其　对外关系　外交政策调整

【作者简介】中国国际问题研究基金会高级研究员，中国前驻土耳其大使。

2018年土耳其外交保持活跃态势，对外关系发生一系列重大变化。土与美国矛盾凸显,双方同盟关系面临考验；土加入欧盟遥遥无期，土与欧洲国家龃龉不断；土与俄罗斯关系全面回暖，双方相互借力，维护各自在中东的利益；土积极介入中东事务，努力塑造“中东大佬”形象；土“向东看”势头发展，中土关系发展面临良好机遇。上述情况表明，在当前国际和地区形势经历重大变化的背景下，土正重新界定自己国际和地区定位，积极调整外交政策。

一、土美矛盾凸显，双方同盟关系面临考验

2018年8月，土耳其与美国围绕布伦森牧师案，双边关系经历重大危机。布伦森是来自美国北卡罗来纳州的牧师，2016年10月被土耳其以从事恐怖主义和间谍活动为由关押。土指责布伦森帮助居伦建立组织，参加2016年反对总统埃尔多安的未遂政变。美国总统特朗普、副总统彭斯多次威胁，如土不立即采取行动释放这名无辜的信教者，并把他送回美国，美就会对土进行大规模的制裁。土态度强硬，称“不会容忍威胁”。8月10日，美不仅宣布制裁土司法和内政两名政府部长，还对土钢铝产品的进口关税提升至50%和20%。土货币里拉应声暴跌，美元等外资急剧撤离，土国内经济陷入空前困境。作为对美制裁的回应，土宣布对美产品（包括汽车、酒精、烟草、大米、煤炭和化妆品）征收双倍关税。土美关系陷入前所未有的低谷。经历数月僵持，2018年10月，土法院宣布释放布伦森，双方撤销相应制裁，土美外交危机暂告平息。

布伦森案只是土美闹翻的一根导火索。从深层次看，土美公开翻脸，反映出近年来土和西方整体关系日益疏远、战略分歧加大的现实。正如埃尔多安总统在美国《纽约时报》撰文所说：过去60年，土美在地区热点问题和国际政治舞台上“肩并肩”，但美国一直不能理解土耳其的关切，双方在居伦案、美

国支持叙利亚库尔德武装、布伦森案、制裁土耳其等问题上矛盾重重。除非美国开始尊重土耳其主权，同时证明其理解我们国家所处困境，否则将置双边伙伴关系于危险境地。

土耳其与美国矛盾主要集中在以下方面：

（一）土不满美和西方以“民主”“人权”和“人道主义”为借口，干涉其内政。2016年7月15日，土发生未遂军事政变，随后土在全国范围内对政变份子进行大规模清洗，并指责侨居美国的伊斯兰精神领袖居伦是政变主谋，要求美将其引渡，遭美拒绝。美和西方不仅不支持土挫败政变的行动，相反指责土清洗运动“侵犯人权”，严重伤害土人民的感情。

（二）美大力扶持叙利亚北部库尔德人，触犯了土核心利益，加剧土美矛盾发展。叙利亚库尔德人崛起，成了土心腹大患。土对美大力支持以库尔德人民保卫军为主要力量的叙利亚民主联军十分不满，认为叙库尔德人民保卫军与土国内反政府的恐怖组织库尔德工人党关系密切，是土库工党的一个分支，而美将其作为攻打“伊斯兰国”的主要力量，对其大力扶植。2017年1月，美国在叙利亚与土耳其边境的阿夫林地区组建以叙利亚库尔德人民保卫部队为主体的三万人的边境安全部队。同年5月，特朗普总统授权美国防部向库尔德武装提供武器装备，导致叙库族势力迅速坐大，引发土对自身安全的担心。土美围绕库尔德问题关系紧张。

（三）土谋求独立自主外交政策，其政策取向逐渐脱离美设定的轨道，引起美不满。土与俄罗斯关系不断升温。土不顾美和其他北约盟国反对，已向俄国交付25亿美元定金，决心从俄采购S-400型防空导弹系统。若S-400交易成功，不仅使北约针对俄的战略体系形同虚设，而且还有可能使俄获得有关美最新战机F-35的机密数据。此外，土以伊斯兰合作组织轮值主席身份召开该组织特别首脑会议，谴责美承认耶路撒冷为以色列首都，反对美迁馆耶路撒冷。对美退出伊朗核协定，并对伊重新实行制裁，土也持反对立场。美对土特立独行的政策和日趋严重的离心倾向十分不满。美借布伦森牧师案对土制裁，实际上是对土敲打，目的是要加强对土控制，努力使其政策不致过于偏离美轨道。上述情况表明，土美分歧是在一系列重大原则问题上的分歧，一定程度上是控制与反控制的斗争。

二、土加入欧盟遥遥无期，土与欧盟龃龉不断

土耳其加入欧盟之路经历近半个世纪坎坷。1963年土耳其与欧盟（前身为欧共体）签署了联合协定，并于1987年递交了加入欧盟成员国申请。然而直到2005年土耳其入欧谈判才正式开始。西亚北非地区大动荡爆发后，大批难民借道土耳其涌向欧洲。欧盟认识到土是它阻截难民潮、防止难民危机继续恶化的关键。为此，欧盟于2015年11月29日召开土耳其—欧盟特别峰会，除就一份价值30亿欧元的联合行动计划达成协议外，欧盟还宣布将重启土入盟谈判，用以换取土在阻截难民潮上的配合。2016年3月，土与欧盟经过艰苦谈判，就难民问题达成六项基本原则。双方重申落实2015年11月协议的承诺；同意加快土居民进入欧盟国家的签证自由化进程；欧盟加快向土发放30亿欧元资金，并于2018年年底前启动额外的30亿欧元资助资金。但此后欧盟对土在未遂政变后大规模清洗运动严重不满，欧洲议会还通过决议，冻结土入盟谈判。目前土入盟所需35项谈判中，至今仅启动13项，完成1项。更主要的是，土入盟的身份认同问题尚未解决，让一个伊斯兰国家加入一个由基

督教国家组成的联合体，欧洲民众包括一些政治精英，在心理和感情上尚无准备，土入盟困难重重。对此，土强硬应对，埃尔多安扬言加入欧盟不是土的唯一选择，“上合组织”可以作为欧盟的替代。

此外，欧洲国家普遍指责土2017年4月举行的修宪公投是违反民主、推行独裁政治，双方就土修宪公投大打口水战。目前在德国居住约300万土耳其裔居民中，约有140万人在土拥有选举权。这些人成为土政府拉票的对象。于是土政府把德国作为重点对象，欲派高官去德造势宣传，引起了德一些政党和组织的不满，不少州相继颁布禁令，禁止土政治家来德进行政治活动。土政府对此进行强烈谴责，埃尔多安甚至将德国政府比作纳粹，并扬言要退出北约，双方矛盾升级。2017年7月德国以土禁止德议员访问设在土耳其因切利克的空军基地为由，把驻扎在该基地的260名军人和军用设备迁往约旦。2018年9月，埃尔多安访问德国，试图缓和两国关系，使之回归正常，但未能达到预期结果。德总理默克尔与其共同会见记者时坦言双方存在“深层次分歧”，德敦促土尽快解决被关押在该国公民问题；土坚持德应引渡一批藏匿在德的库尔德工人党恐怖分子。双方冰释前嫌步履艰难。

三、土与俄罗斯关系全面回暖，双方相互借力，维护各自在中东的利益

2015年土耳其F-16战机击落一架俄罗斯苏-24战机。俄对土实施严厉制裁措施，两国关系遭受极大冲击。为改变外交上四面树敌、孤立被动局面，2016年6月起，土开始调整外交

政策，重点改善与俄关系。自2016年8月以来，埃尔多安在不同场合与普京已有近十余次双边会晤，土俄双边关系得以持续深化和发展。在政治领域，普京则强调支持土在宪法框架内处理未遂政变，以及支持修宪公投和祝贺埃尔多安修宪后当选总统，受到了土赞扬和欢迎。在经贸领域，俄全面解除对土经济制裁，签署了“土耳其流”天然气以及俄在土援建首座核电站等大型项目等协议。在军事领域，双方就俄向土出售S-400导弹达成协议。在叙利亚等地区问题，双方联合伊朗创建阿斯塔纳和平进程，为缓解叙利亚各方冲突，推进叙问题的政治解决进程做出了卓有成效的努力。土俄化敌为友，相互借重，对双方都具重要的战略意义。就俄而言，与土交好无疑在各方中东博弈中增加了一枚重要的筹码。这有利于维护其在解决叙问题的主导地位；有利于在后叙危机时代维护其在叙政治、经济和军事利益；有利于舒缓美和西方在乌克兰问题的压力，扩充其战略回旋的空间。对土而言，不但获得不小的经贸利益，对提升逐年下降的经济具有重要意义，而且可以借助俄的实力，确保其南部边境的安全，扩大其在中东影响力，有助于实现其在中东的战略目标。

四、积极介入中东事务，努力塑造“中东大佬”形象

首先是土耳其与俄罗斯、伊朗联手，共同推进解决叙利亚问题的阿斯塔纳进程。2017年1月，土俄伊三国在哈萨克斯坦首都阿斯塔纳发起召开叙利亚问题的会谈。会谈旨在通过俄土伊三国的影响向叙冲突各方施压，促使脆弱的停火得以维持，以便为下一阶段各方展开政治对话打下基础。经过艰苦谈判，

2017年5月，俄土伊签署备忘录，决定在叙西北部的伊德利卜省、中部霍姆斯省、大马士革郊区和叙南部地区分别设立“冲突降级区”，在其周边划定安全区、设立检查站，防止冲突发生，俄土伊三国作为担保国，将出兵监督区内停火执行情况。迄今为止，“冲突降级区”运作尚属正常。阿斯塔纳进程不仅成为日内瓦谈判重要补充和有关各方开展政治对话的新平台，也使土通过这一进程拓展其在中东和在国际上的影响。“伊斯兰国”被基本歼灭后，俄土伊三国领导人于2017年11月22日在俄罗斯索契举行会议，就政治解决叙问题达成共识，并呼吁叙政府与反对派参加于12月初在索契举行的叙全国对话会议。在叙局势进入关键阶段，会议为推进叙问题政治解决创造了良好条件。

2018年10月27日，土耳其与俄罗斯、德国和法国在伊斯坦布举行四国峰会，就延续叙西部伊德利卜地区停火协议和在年底前组建制宪委员会达成一致。阿斯塔纳进程和索契大会以及伊斯坦布尔峰会是日内瓦和谈的重要补充，在日内瓦和谈时谈时停，陷于僵持的局面下，阿斯塔纳进程在推动双方停火方面起了重要作用。与此同时，土还以反恐为名，持续对叙发起军事行动，扩大叙北部的土控制区。2018年1月，土向叙北部阿夫林地区发动代号为“橄榄枝”行动，并控制了该地区。同年9月土俄商定在伊德利卜省设立纵深15-20公里“安全区”，并由土俄双方巡逻。10月土攻击库尔德人控制的幼发拉底河东岸地区。土甚至扬言土军将在叙长期存在。显然土的目标不仅是打击叙反对派中的恐怖势力，更主要的是在钳制叙库尔族势力的发展，凭借在叙的2万大军，欲在叙北部建立土控制的“安全区”，为后叙利亚危机时期争取更大利益作好铺垫。

其次，联合伊朗和伊拉克，多管齐下，阻扼伊拉克库尔德族独立建国的势头，确保土国家自身的安全和统一。2017年9月25日，伊拉克北部库族举行并通过独立公投，土耳其反应强烈，埃尔多安总统严词斥责独立公投是无效和非法，扬言要对伊北部库区采取军事经济多重反制措施，威胁切断伊北部库区通过外界石油管线。土还加强与伊朗和伊拉克协调。土耳其与伊朗高层互访频繁，埃尔多安亲赴伊朗，与伊朗总统鲁哈尼会面，伊朗军队领导人也和土耳其军方来往频繁，开展密集磋商，双方一致表示绝不接受任何边界的“政变”。伊朗、土耳其以及伊拉克将联手采取必要措施，以实现在本地区的战略目标。

最后，调解卡塔尔危机，彰显地区主要大国形象。2017年6月5日，巴林、沙特、阿联酋、埃及等四国分别宣布与卡塔尔断交后，土耳其反应迅速，埃尔多安总统表示土耳其不赞成阿拉伯多国对卡塔尔实施制裁，呼吁各国通过对话解决与卡塔尔断交风波。埃尔多安还同卡塔尔、俄罗斯、科威特、沙特和法国等十余国领导人通电话，了解各方立场，表示土愿就缓解当前紧张局势做出努力。为调解这场危机，埃尔多安总统专程访问了沙特、科威特和卡塔尔，与三国领导人商讨化解危机的途径。但另一方面，土明显偏向卡塔尔一边，土不仅向卡施以物资援助和军事援助，土大国民议会还通过议案，允许向卡派兵开展军事演习，帮助培训卡宪兵部队，允许向卡派遣军队。土卡有着特殊关系，早在2014年双方签署合作协议，卡允许土在卡建立军事基地。此外，双方在对待哈马斯、穆兄会等问题上都持支持、容忍态度，在应对叙利亚危机上也有相似的立场。土此次带有偏向的调解活动，既表示对其“小兄弟”的不离不弃，也突出了其地区主要大国的作用。

五、土“向东看”势头发展，中土关系发展面临良机

随着土与美国西方矛盾的发展，土东向势头发展明显，多次表示重视对华关系，深化中土关系迎来良好时机。2010年4月，双方宣布建立战略合作关系。两国高层交往频繁，政治互信日益巩固。习近平主席同埃尔多安总统五次会晤，达成一系列重要共识。2015年7月，习近平主席向来访的埃尔多安总统建议,中土两国应通过“一个指导机制、两个合作重点、三个新兴领域”，推动双边关系不断发展。“一个指导机制”,就是中土建立一个副总理牵头的合作机制，全面协调两国在各个领域的合作。“两个合作重点”,是指双方着力打造高铁和新能源两大合作重点 。“三个新兴领域”,就是进一步推进航天、金融、投资三个新兴合作领域。习主席的建议得到埃尔多安总统的赞同。在两国元首亲自关心和引领下，双方在政治、经贸、安全、人文等各个领域的合作发展迅速。2017年双边贸易额达263.5亿美元；赴土旅游中国公民近40万人次。2018年为土耳其旅游年，上半年赴土中国游客达19.1万人次，同比增长9.1%。双方已完成互设文化中心协议的有关审批程序，将继续推动文化中心在对方国家早日落地。

双方重视对方的核心利益和重大关切，土“7・15”未遂军事政变后，中国政府第一时间表示支持土政府和人民，并派张明副外长访土。2017年4月，刘延东副总理访土，对土修宪公投结果表示真诚祝贺。2018年8月美对土实施裁制，导致土货币里拉大幅贬值，经济陷于困境。9月，中国政府特使、外交部副部长乐玉成访土，向土表示“三个坚定支持”，即中国

政府坚定支持土耳其维护国家安全和正当合法权益，坚定支持土耳其走符合本国国情的发展道路，坚定支持深化中土战略合作，表示中方愿同土方一道，为推动双边本币结算创造良好的政策环境，推动在双方贸易和投资中更多使用本币结算。中国工商银行还向土提供38亿美元的贷款。土坚持一个中国立场，不允许任何人利用土领土从事反华分裂活动，承认“东伊运”为恐怖组织，加强与中国的反恐合作。

土耳其是中土共建“一带一路”的天然伙伴。为响应中国“一带一路”倡议，土制定了“中间走廊”项目，开通巴库—第比利斯—卡尔斯铁路，建筑从卡尔斯至埃迪尔内的东西高铁，使土成为贯穿欧亚大陆的“中间走廊”。中土双方签订了《关于对接“一带一路”倡议与“中间走廊”的谅解备忘录》。双方在交通、基础设施和能源等领域正稳步推进。中国公司承建的安卡拉至伊斯坦布尔高铁156公里路段顺利通车。当前双方正在就第三核电站展开密切磋商，力争尽早取得实质性进展。此外，伊斯坦布尔还将兴建第三座欧亚跨海大桥以及6.5公里长的亚欧海底隧道，投资分别达30亿美元和35亿美元，以缓解当地的交通难题。中国企业正努力抓住中土共建“一带一路”的历史机遇，推进重要合作项目尽早落地，实现中土对接发展战略的早期收获，促使中土合作提速，更上一个新台阶。

六、结语

土自称欧洲国家，历来奉行亲美亲西方政策，力图融入欧洲，但迄今未被欧盟接纳。进入21世纪后，国际和地区以及土国内形势发生重大变化，2002年正义与发展党上台执政，开始反思土传统的外交政策，特别是近年来在国际和地区形势经历大动荡、大分化、大调整的背景下，土更加重视自身国家利益，更加重视土在中东的大国地位，更加重视土的伊斯兰属性，重新审视界定自己国际和地区定位。土积极调整外交政策。土与美欧矛盾发展，与俄中等国关系接近，是其政策调整的重要体现。当然应该看到，土与美欧关系上，双方既存在诸多矛盾，但也存在不少利益共同点，彼此不会分道扬镳。土战略位置重要，美欧不会将其推向俄怀抱。欧盟虽难以接纳土入盟，但在难民和地区安全等问题上仍然要依靠土的合作。从土角度来看，北约成员国身份增强了其在中东地区的影响力，欧盟仍是土经济发展的主要命脉，北约仍是其防务的重要支柱。但还应看到，土对外政策中实用主义一面明显，土长袖善舞，政策易变性和不确定性不可忽视。尽管如此，土调整对外政策，有重要的积极意义。土敢于同美欧叫板，除埃尔多安个人强势外交风格和土国力上升等因素外，一定程度也折射出全球格局的变化，反映了土耳其等一批新兴发展中国家的崛起，在国际舞台上发挥日益重要作用。

土在地区格局演变中将扮演十分重要角色，但难以成为“地区大佬”。这是因为，历史上不少阿拉伯国家曾遭受奥斯曼帝国占领和欺凌，具有一定屈辱感，当代土耳其又长期奉行亲美和西方的外交政策，除贸易商业联系外，土耳其与阿拉伯人在政治和人文领域内交往并不密切；虽同属伊斯兰世界，但它们的历史背景、文化传统和发展阶段并不相同；阿拉伯国家间虽存有歧见和不和，但都强调自己的阿拉伯属性，如同它们对以色列和伊朗深怀戒心一样，对土耳其在本地区的崛起也颇为不安。阿拉伯世界经过此次动荡，内聚力和影响力均有所减弱，但毕竟是22个国家的联合体，经过认真反思和总结，团结的呼声必将增强，其影响和作用仍不可小视。在以阿拉伯伯国家为主体的中东地区，非阿拉伯的土耳其难以发挥主导作用。此外，埃及虽历尽动乱，元气大伤，但假以时日，凭借其地缘战略地位、人口资源政治军事和经济地位，依然是阿拉伯世界的重要大国，这一地位难以为土耳其取代。沙特拥有丰富的油气资源，有较强的经济实力，是公认的伊斯兰世界中心，其在中东和伊斯兰世界具有重要影响。土抓住沙特记者卡舒吉死亡案，大肆打压沙特，凸显两国的恩怨矛盾。中东地区依然是埃及、土耳其、沙特和伊朗相互争雄的格局。

总的来看，土耳其是拥有近八千万人口、经济总量具有相当规模的中东大国。2017年国内生产总值（GDP）达8412.06亿美元，人均10434美元。目前土耳其经济总量全球排名第17位，是G20成员国。土耳其计划到2023年即共和国成立100周年时，经济总量进入世界前十名。作为中东经济实力最强的国家，土改变传统的亲西方政策，奉行有重点的积极平衡多边外交政策，有利增强其在地区乃至全球事务上的地位和话语权。

美伊围绕伊朗核协议的斗争

李国富

【内容提要】2018年美国和伊朗的尖锐斗争主要围绕“伊核协议”展开。5月8日，特朗普宣布退出“伊核协议”,随后美国分两个阶段全面恢复对伊朗实施“最严厉”的制裁。美退出后，伊朗表示，其立场将取决于英、法、德、中、俄是否能使伊朗继续得到该协议赋予的利益。但时至今日，欧洲三国仍未兑现他们对伊的多次政治承诺，使其大为不满。近日，伊朗态度转强，并表示对欧洲三国的耐心正在逐步消失。“伊核协议”的前景堪忧，引起了国际社会的普遍关注和担忧。

【关键词】“伊核协议”制裁　美伊关系　弹道导弹

【作者简介】中国国际问题研究院研究员。

美国总统特朗普执政后，美伊关系再次跌入恶性循环的旋涡。2018年美伊尖锐斗争主要围绕“伊核协议”展开，同时也是“伊核协议”遭受重大挫折的一年。2018年5月8日，特朗普宣布美国正式退出“伊核协议”。随后，美国财政部宣布将分两个阶段全面恢复对伊朗实施“最严厉”的制裁。因“伊核协议”被看成是防止美伊紧张关系由政治、经济和外交对峙滑向军事冲突的最后“阀门”，如没有该协议，美伊间发生大规模军事冲突的风险就会大大增加。“伊核协议”的前景如何，已引起国际社会的普遍关注和担忧。

一、特朗普执意废除“伊核协议”

废除“伊核协议”既是特朗普竞选承诺，也是他对“凡是前总统奥巴马同意的都要反对”的意识驱使，更是他强硬反对伊朗政策的重要内容。但因其政府主要成员意见不一，更何况国际原子能机构（IAEA）和美国情报部门均没有发现伊朗有违背核协议的行为，因此，特朗普在执政第一年内尚未对“伊核协议”贸然采取行动，并将美国是否继续执行该协议的决定权交给了国会。但美国国会并不愿意承担废除伊朗核协议的责任，后又将该协议原封不动的退回了白宫。

2018 年1月，特朗普在第三次被迫签署豁免对伊朗制裁的同时，他警告“伊核协议”将面临两种可能性：“或修改其灾难性的缺陷，或美国将退出该协议。”关于对“伊核协议”的修改，特朗普提出了四项具体要求：第一，伊朗必须立即允许国际核查人员提出核查的所有地方；第二，必须确保伊朗永远不能接近拥有核武器；第三，“伊核协议”必须没有截至日期。如伊朗不履行以上任何条款，美国将自动恢复对伊朗的制裁；第四，美国法律必须明确表明，远程导弹与核武器项目是不可分割的，伊朗发展、测试远程导弹将会受到严厉的制裁。[①] 此外，特朗普还分别向美国会和欧洲提出建议。特朗普建议国会修改美国针对“伊核协议”的法案，设置“自动”恢复对伊朗制裁的“启动器”，如伊朗违反美国有关执行“伊核协议”的条款，触动“启动器”，美国就会自动对伊朗恢复制裁，而无须政府每隔90天向国会报告，伊朗是否履行了“伊核协议”的义务。针对欧洲，特朗普要求欧洲三国（英国、法国和德国）根据他提出的要求，在5月12日之前与美国达成一项针对伊核协议新的补充协议。如伊朗违反了美欧达成的新的补充协议，将恢复对伊朗实施新的多边制裁。特朗普警告，如他认为美欧达不成该协议，他将马上退出伊核协议。最后，特朗普发誓，“这是最后的一次机会”。[②]

在特朗普发出警告后，时任美国国务卿蒂勒森与英国、法国和德国外长就修改“伊核协议”展开了磋商。根据蒂勒森的指令，美国务院政策规划司司长胡克（Brian Hook）率团与欧洲三国进行具体谈判。美国的意图非常明确，就是试图撇开其他相关国家，先按美国的要求与欧洲三国达成一个协议，然后再迫使伊朗接受该协议，不然双方共同对伊朗进行“最严厉的制裁”。为了表示废除“伊核协议”的决心，特朗普先后撤换了

---

① White House, “Statement by the President on the Iran Nuclear Deal,” NATIONAL SECURITY & DEFENSE, issued on January 12, 2018, https://www.whitehouse.gov/briefings-statements/statement-president-iran-nuclear-deal/.

② White House, “Statement by the President on the Iran Nuclear Deal,” NATIONAL SECURITY & DEFENSE, issued on January 12, 2018, https://www.whitehouse.gov/briefings-statements/statement-president-iran-nuclear-deal/.

相对“温和、务实”的蒂勒森和国家安全助理麦克马斯特，而撤换蒂勒森的一个重要原因是其认为“伊核协议”应保留。替换蒂勒森的是坚决反对“伊核协议”的中央情报局局长蓬佩奥。蓬佩奥曾表示，“我期待退出这个与世界上最大的支持恐怖主义国家达成的灾难性协议”。① 而新任国家安全助理则是美国政界著名的“鹰派”，美国前驻联合国大使博尔顿。博尔顿不仅坚决反对奥巴马与伊朗达成“伊核协议”，还公开主张美国应该轰炸伊朗的核设施，用军事手段打掉伊朗的核威胁。② 特朗普对其重要内阁成员的调整向外界传递了一个明确的信息，他废除“伊核协议”的警告是认真的。

二、欧洲未能劝阻美国“退群”

出于自身安全和战略利益的考虑，欧洲特别重视“伊核协议”，不仅视其为是欧洲长期努力取得的巨大外交成果，更将其看作是遏制中东地区核军备竞赛和防止美伊大规模军事冲突的重要“阀门”。中东是欧洲近邻。在经历了八年“阿拉伯动乱”给其带来的剧烈冲击后，欧洲希望中东地区走向稳定。欧洲对特朗普执政后对伊朗实施的极端仇视政策、屡屡威胁要退出“伊核协议”感到十分不满和担忧。法国总统马克龙警告特朗普，美国不遵守“伊核协议”，将会促使伊朗在未来制造核

① Gulf Research Center: http://www.gulfinthemedia.com/index.php?id=793430&news_type=Top&lang=en.

② John R. Bolton, “To Stop Iran’s Bomb, Bomb Iran,”*The New York Time*, March 26, 2015, https://www.nytimes.com/2015/03/26/opinion/to-stop-irans-bomb-bomb-iran.html.

武器。[①]2017年10月，在特朗普威胁将不再签署豁免对伊朗制裁的前夕，法国总统马克龙、德国总理默克尔和英国首相特蕾莎·梅欧洲三大国领导人罕见地联名警告特朗普“破坏伊朗核协议的后果”。之后，欧洲国家对美国国会议员做了大量的游说工作，对美国会原封不动地将“伊核协议”退回白宫发挥了重要的作用。

英、法、德三国对特朗普2018年年初退出“伊核协议”的威胁非常纠结。尽管他们认同特朗普对伊朗势力近年来在中东地区不断做大，干预地区其他国家的事务感到担忧和不安，但他们主张应通过“接触与遏制”的途径来影响伊朗外交政策，而不赞成特朗普对伊朗一味打压的强硬政策，认为其结果只会加剧地区的动荡。特朗普指出的“伊核协议”“缺陷”和“导弹问题”并不是新问题，而是美欧当时与伊朗谈判设想的“高案”，但遭到伊朗坚决拒绝。因此，“伊核协议”并不是一个“理想的”协议，而是双方妥协的产物。但对特朗普的强势威胁，欧洲三国试图在不违反“伊核协议”的基础上，既要解决特朗普对“伊核协议”“缺陷”的关切，同时还要拉住伊朗继续留在协议内。关于“核查”问题，目前对伊朗实施的是IAEA最严格核查措施，而IAEA至今尚未在对伊朗核查过程中遇到重大的问题。至于“必须确保伊朗永远不能接近拥有核武器”问题太笼统，而执行“伊核协议”就是为了不让伊朗拥有核武器。关于“截至日期”问题，三国认为，现在距离“伊核协议”的截至日期还有相当长一段时间，不是当务之急。三国可承诺等

① Aljazeera, “What you need to know about Trump and the Irandeal,” https://www.aljazeera.com/news/2017/10/trump-iran-deal-171011140146595.html.

到该协议临近时，再启动与伊朗延长该协议的谈判，如伊朗不同意可对其施压，或对其制裁也为时不晚。因此，三国坚决反对目前对“伊核协议”的“截至日期”进行修改，或任何修改“伊核协议”的内容。因伊朗“导弹问题”与“伊核协议”无关，安理会2231号决议在这个问题上为各方不同的解读留有余地，而美国驻联合国大使黑利曾表示，如果伙伴国家帮助严厉制裁伊朗导弹违约，可说服特朗普继续留在“伊核协议”内。[①]因此，欧洲认为，在这个问题上可与美国合作，对伊朗制裁向其施压，而同时又不违背“伊核协议”。但前提是特朗普将不会退出“伊核协议”。

在欧洲三国中，法国对伊朗的态度最强硬。[②]2017年11月，法国总统马克龙在访问迪拜时表示，他“非常担心”伊朗的导弹项目。法国呼吁伊朗开启有关伊朗“导弹问题”的谈判。[③]2018年3月初，法国外长勒德里昂访问德黑兰，与伊朗领导人就“伊核协议”相关问题进行会谈。在访问伊朗之前，他表示，伊朗需要应对外界对它导弹项目的关切，否则将面对新一轮制裁。3月18日，三国联合向欧盟提议，以因伊朗向叙

---

① *The Jerusalem Post*, “Trump will Sustain Nuclear Deal if Partners Crack down on Violations,” January 31, 2018, http://www.jpost.com/Middle-East/Iran-News/Trump-will-sustain-nuclear-deal-if-partners-crack-down-on-violations-540335.

② Herb Keinon, *The Jerusalem Post*, “PM Discusses Revamping Iran Deal with French, German Foreign Ministers,” March 26, 2018, www.jpost.com/Israel-News/PM-discusses-revamping-Iran-deal-with-French-German-foreign-ministers-547188.

③ *Tehran Times*, “Iran insists missile program is non-negotiable,” December 4, 2017, http://www.tehrantimes.com/news/419052/Iran-insists-missile-program-is-non-negotiable.

利亚，以及其盟友也门胡塞武装和黎巴嫩真主党提供导弹和导弹技术为由，对伊朗革命卫队一些成员和经济实体进行新的制裁，但有不少国家犹豫不定。近期美国政府主要成员的变更对欧洲产生了很大的消极影响。欧洲各国普遍认为，蒂勒森是有诚意与欧洲达成协议，使美国留在“伊核协议”内的，但被撤职了。一些国家很坦率地表示，既然特朗普已拿定主意了，欧洲没有必要为其废除“伊核协议”背书。

欧洲国家在与美国进行谈判，努力争取让美国继续留在“伊核协议”的同时，也在积极考虑预案，一旦美国真的退出“伊核协议”后，欧洲将如何保护欧洲的公司、企业和个人与伊朗进行正常经贸交易的权益。因为，欧洲与伊朗的投资、融资和正常的经贸往来是使伊朗继续留在“伊核协议”的最基本保证。谈论较多的是欧盟正在积极考虑设立对伊朗“欧元”保障基金和以及恢复1996年欧洲针对美国制裁的“保护规则”（Blocking Regulations）① 等。2018年4月底，法国总统马克龙和德国总理默克尔先后访问美国，劝说特朗普不要退出“伊核协议”。在与特朗普会晤后，马克龙建议用一个折中方案来满足特朗普的要求，其主要内容是：2025年之前冻结伊朗核计划、禁止伊朗核活动的时间更长、伊朗停止弹道导弹项目以及为该地区政治稳定创造条件。但欧洲的努力并没有使美国继续留在“伊核协议”内。

---

① Tasnim News Agency, “EU to Impose Blocking Regulations If US Withdraws from Iran Nuclear Deal: Report,” February, 09, 2018, https://www.tasnimnews.com/en/news/2018/02/09/1652238/eu-to-impose-blocking-regulations-if-us-withdraws-from-iran-nuclear-deal-report.

三、伊朗的艰难选择

对于特朗普的威胁，伊朗毫不示弱，做出了强硬回击。伊朗最高领袖哈梅内伊表示，如美国废除“伊核协议”，伊朗会将其“撕毁”。伊朗总统鲁哈尼强硬地回击美国的制裁，“如果美国继续对伊朗实施新的制裁措施，伊朗将退出核协议”。但随着特朗普退出“伊核协议”，恢复对伊朗制裁的威胁日趋明显，造成欧洲几乎所有大型公司纷纷或终止在伊朗的业务，或撤出伊朗市场；导致伊朗货币断崖式贬值，幅度达到70%；大量企业关闭，或发不出工资，使伊朗工人在上半年丧失了90%的购买力。[①] 严峻的经济形势造成伊朗许多城市发生多起抗议示威活动，给伊朗政治和经济带来了巨大的压力。

面对特朗普咄咄逼人的压力，伊朗对“伊核协议”看法也发生一定的变化。“伊核协议”是鲁哈尼执政后取得的最重要的政治资产，除了经济利益外，它还打开了伊朗与国际社会，尤其是与欧洲政治交往的大门，提升了伊朗在国际，尤其是地区政治影响力，同时还大大改善了伊朗的安全环境。因此，尽管特朗普执政后屡屡违反“伊核协议”，多次威胁其他国家与伊朗进行经贸往来，使伊朗应得权益受到很大的伤害，但伊朗都保持了克制的反应，仍严格地履行“伊核协议”的义务，不给特朗普废除该协议任何借口。

---

① Radio Farda, “Iranian Workers Have Lost 90 Percent Of Their Purchasing Power,” May 10, 2018, http://www.payvand.com/news/18/oct/1026.html.

与此同时，伊朗态度强硬地表示，坚决不同意重启“伊核协议”谈判，坚决反对对该协议增加任何附加协议。伊朗明确表示，伊朗不会主动破坏伊朗核协议，但将坚决回应（美国）任何违反协议的行为。伊朗原子能组织主席萨利希警告，如果美国退出核协议，“只要我们有决心，我们有能力在5天内恢复制造纯度为20%的浓缩铀”。[①]3月4日，伊朗副外长阿拉齐（Araghchi）在伦敦的演讲中表示，一旦美国退出“伊核协议”，伊朗将会面临两种选择：一是伊朗与该协议的其他签字方继续留在该协议内；二是伊朗与美国一样也退出协议。不过他认为，第二种选择可能性更大。因为如美国一旦退出协议，即便是其他签字国决定继续留在协议内，伊朗从该协议中获得的经济利益将会受到极大削弱。很明显，阿拉齐是在警告欧洲，如美国退出“伊核协议”，伊朗的回应将取决欧洲的政策，如欧洲能全面执行“伊核协议”使伊朗的权益不受影响，伊朗将会继续履行“伊核协议”的义务，否则，伊朗也将退出协议。

此外，伊朗强烈指责欧洲为了满足特朗普的要求，跟随美国对伊朗研发导弹项目横加指责，并准备对伊朗制裁。伊朗表示愿意与欧洲就反恐问题和地区问题进行讨论，但强硬地回绝了任何有关伊朗导弹的谈判。伊朗强调，导弹问题事关伊朗的安全是不能谈的。伊朗认为，在美国不断对伊朗武力威胁，美欧向其地区盟国提供价值数千亿美元先进军事装备的情况下，伊朗发展导弹完全是安全防御的需要，是自卫行为。伊朗国防部长哈塔米强调，只要某些人（美国）继续威吓伊朗，伊朗就会继续研发导弹。至今为止，IAEA已发表了10份报告，证明

① 新华社：“反制裁再发声 伊朗5天内可恢复制造浓缩铀”，http://news.xinhuanet.com/world/2017-08/24/c_129687594.htm。

伊朗履行了“伊核协议”的义务。在这种情况下，伊朗认为，欧洲为满足特朗普的无理要求对伊朗进行新一轮制裁，等于是在惩罚一个“守法公民”来满足一个“违法乱纪”人的违法要求。应该说，伊朗已做好特朗普退出“伊核协议”的准备。伊朗总统办公室副主任表示，伊朗已做好最坏的准备，没有“伊核协议”并不是“世界末日”。[①]

四、美国退出伊核协议，恢复对伊朗制裁

2018年5月8日，特朗普宣布美国正式退出“伊朗核协议”。随后，美国财政部表示，在90天和180天两个阶段的缓冲期过后，美方将重新全面实施对伊朗的经济制裁。与此同时，特朗普还多次表示，他愿意在不设任何先决条件前提下与伊朗重新谈判签署一个新协议。

5月21日，美国国务卿蓬佩奥在一次公开演讲中就开出了美国解除对伊朗制裁的12个先决条件。它们是：伊朗必须向国际原子能机构陈述之前核项目的全部军事项目，并永久和可查性的放弃这部分项目；必须停止铀浓缩提炼活动，同时不再进行提炼钚，包括关闭其重水反应堆；必须允许国际原子能机构不受任何限制核查伊朗全国所有的地方；必须结束其弹道导弹扩散，中止再次发射或发展能携带核武器的导弹系统；必须释放所有美国以及其盟友的公民；必须结束支持中东的恐怖组织，

---

① Iran Review, “No sense to stay in JCPOA if new conditions set,”http://www.iranreview.org/content/Documents/No-sense-to-stay-in-JCPOA-if-new-conditions-set-Majid-Takht-Ravanchi.htm.

包括黎巴嫩真主党，哈马斯和巴勒斯坦的伊斯兰圣战组织；必须尊重伊拉克政府的主权，解散什叶派武装和对其进行重新组合；必须同时结束军事支持胡塞武装，争取和平政治解决也门问题；必须从叙利亚撤出所有其指挥下的武装；必须结束支持塔利班，阿富汗和地区其他恐怖组织，停止向基地组织领导人提供庇护；必须结束其革命卫队在全球范围支持恐怖分子和其伙伴；必须结束对其邻国进行威胁的行动，包括威胁摧毁以色列、对沙特和阿联酋发射导弹攻击的威胁。① 蓬佩奥对伊朗12点要求几乎涵盖了美国对伊朗所有政策的不满。很明显，特朗普政府试图通过极限施压手段来使伊朗屈服。

2018年8月7日，美国开始对伊朗实施第一批制裁措施，主要内容有：禁止伊朗政府购买美元金融票据；对伊朗黄金和贵金属交易制裁；对从伊朗或向伊朗直接或间接销售、供应或转运相关金属的制裁，包括铝、钢、煤等半成品；对购买、销售伊朗铁轨或在伊朗境外运营同伊朗铁轨购买或销售有关的基金制裁；对购买、认购或协助发行伊朗主要债券的制裁；对伊朗汽车行业的制裁；禁止美国从伊朗进口毛毯或食品；对向伊朗出口或再出口民用飞行器的制裁。②

为了有效地实施对伊朗的极限施压，美国务院还专门成立了一个由国务院政策规划主任胡克出任组长“伊朗行动小组”，专门“负责美国对伊朗政策在部门之间和国内外的协调和执行”。蓬佩奥表示，“我们将倾整个政府之力改变伊朗政权的行

① The Guardian, “EU sets course for US clash with law blocking Iran sanctions,” https://www.theguardian.com/world/2018/may/17/maersk-tankers-pull-out-of-iran-in-blow-to-nuclear-deal.

② 资料来源：美国财政部（US Department of the Treasury）。

为，'伊朗行动小组'将确保国务院与我们的跨部门搭档密切同步"。[①]胡克就任后频繁地出访，寻求美国盟友对伊朗制裁的制裁，他明确表示，伊朗把原油出口的收入用到了支援中东恐怖组织。美国制裁的目标很简单，就是让其他国家尽快把进口伊朗原油降为零。为了表示对伊朗"极限制裁"的决心，他警告，美国不会给予任何国家豁免，那些持续进口伊朗原油的国家会进入美国的"二次制裁国家目录"[②]。

2018年11月5日，美国开始第二批对伊朗实施全面制裁，主要范围有：对伊朗港口、船运和造船业的制裁；对伊朗油气交易相关的公司制裁；对购买伊朗油气、油气制成品或化工用品的制裁；对外国金融机构同伊朗央行以及其他制定伊朗金融机构进行交易的制裁；对向伊朗提供保险或再保险服务的制裁；对伊朗能源行业的制裁。[③]此次制裁行动共涉及700多个实体和个人，包括50家伊朗银行及其子公司；伊朗航运和能源部门的200多个人和船只；伊朗航空公司及其65架以上飞机等。由于国际社会的反对和抵制，以及美国担心对国际能源市场的消极影响，当日，美国不得不表示，将给予中国、印度、土耳其、日本、韩国、意大利、希腊和中国台湾地区8个国家和地区180天的暂时豁免，允许这些国家和地区继续进口伊朗石油。

① 新华网，"美国设立'伊朗行动小组'，对伊制裁不会停"，http://www.xinhuanet.com/world/2018-08/18/c_129935121.htm。

② "美大使：美国对伊朗的目标很明确，下轮制裁令伊朗石油零出口"，http://www.sohu.com/a/270038418_100211822。

③ 资料来源：美国财政部（US Department of the Treasury）。

五、伊朗与欧洲挽救“伊核协议”的博弈

特朗普宣布“退群”后，遭到国际社会的普遍反对。中、俄、法、英、德和欧盟“伊核协议”的签字方表示，将继续遵守“伊核协议”，同时希望伊朗仍继续履行“伊核协议”的义务。伊朗社会虽对特朗普“退群”反应强烈，但鲁哈尼政府反应则相当克制，并没有再像之前威胁的那样，也退出“伊核协议”。鲁哈尼在当天发表的公开讲话中表示，伊朗的立场将取决于“伊核协议”其他签字方，尤其是欧洲能否保证伊朗能继续从该协议中得到其应有的利益，否则，伊朗也将退出该协议，“一切将取决于我们国家的利益”。随后，伊朗外长扎里夫先后访问了中国、俄罗斯和欧洲相关国家，就如何保障伊朗的利益进行磋商。

在伊朗的提议下，2018年5月25日，“伊核协议”其他六方签署代表在维也纳开会，磋商如何保持协议生效，确保伊朗的利益。在会议召开之前，伊朗最高领导人哈梅内伊向欧盟提出了七个伊朗继续履行“伊核协议”的要求，主要内容有：欧盟必须起草一项对抗美国此举的决议；欧洲必须保证不再就伊朗导弹以及地区问题主动进行干预；欧洲必须保证伊朗的石油销售；欧洲购买伊朗的石油；欧洲银行必须保证与伊朗的贸易往来；欧洲必须抵制任何对伊朗的制裁。哈梅内伊警告欧洲，如果欧盟成员犹豫回应我们的要求，伊朗有权恢复核活动。[①]

① “伊朗开出七大条件，欧洲或挽救伊朗核协议”，https://www.fxword.cn/articles/20180524650.html。

经过各方讨论，维也纳与会各方表示，愿意共同努力，拿出可行方案来解决伊朗的关切，同意保持并深化与伊朗的经济关系、保证伊朗石油和天然气产品的销售、与伊朗进行有效金融合作等。

自特朗普退出“伊核协议”后，伊朗与欧洲进行了频繁的接触和商讨，集中在欧洲如何采取切实措施保障伊朗获得继续留在“伊核协议”的利益。在应对特朗普退出“伊核协议”和保障伊朗应有的利益问题上，欧洲陷入了两难的困境。一方面，欧洲担心，如伊朗得不到一定的经济利益，不能排除伊朗也退出“伊核协议”，或采取更加强硬的政策，增加了美伊间发生军事冲突的风险，殃及欧洲的安全。欧盟外交与安全政策高级代表莫盖里尼明确表示，“伊核协议”关乎欧盟的安全利益，如果没有“伊核协议”，欧盟的安全将处于危险中。另一方面，如采取切实措施保障伊朗的利益势必会与美国发生冲突。欧洲在安全上依赖美国军事保护，双方经济密切联系。2017年，欧洲国家与伊朗的双边贸易虽达到了200多亿美元，而美欧贸易则高达6000多亿美元。 这就是为什么至今为止，欧洲仍只是停留在口头上的政治承诺，支持“伊核协议”。期间，欧洲也曾提出了一些保障伊朗利益的建议，但这些建议或难以具体操作，或没有真正落地，使欧洲保障伊朗获得“伊核协议”的经济利益实际上成了一张空头支票。

欧洲迟迟未能在保障伊朗经济利益问题采取行动，不仅引起了伊朗强烈不满，也激化了伊朗内部温和派和强硬派间的斗争。美国退出“伊核协议”和欧洲的久拖不决大大地削弱了鲁哈尼在国内的政治地位，遭到强硬派的严厉指责。但伊朗至今尚未退出“伊核协议”的主要原因是该协议对伊朗来说已不仅仅是经济利益问题了，更重要的还是政治和安全利益问题。鲁哈尼政府认为，只要伊朗仍履行“伊核协议”就能最大限度地缓解美国对伊朗的强大压力。鲁哈尼表示，“美国如今孤立，而伊朗获得很多国家支持。除了犹太复国主义政权（以色列）和这一区域的一些国家，没有其他国家支持美方对伊朗施压”。[①]而强硬派则认为，鲁哈尼应对美国退出“伊核协议”软弱，对欧洲绥靖政策只会招来美国更大的压力。他们主张，如果伊朗不能从“伊核协议”得到利益，就应该退出该协议，重新恢复铀浓缩的工业化进程。为了安抚国内强硬派，同时也是对美欧的警告，鲁哈尼多次表示，如果伊朗不能出口石油，地区其他国家的石油也别想出口。

至今，特朗普退出“伊核协议”已半年有余，伊朗对欧洲迟迟未能制定切实措施保障伊朗利益的耐心正在逐步消失。目前看，“伊核协议”今后的走向，不仅取决于欧洲是否能够出台一个保障伊朗利益的政策，还取决于伊朗国内务实派与强硬派的斗争的结果。总体上，“伊核协议”前景堪忧。

① 新华网：“伊朗寄望欧洲国家挽救伊核协议 鲁哈尼斥制裁”，http://www.xinhuanet.com/world/2018-11/21/c_129998277.htm。

第七章

非洲经济多速发展
拉美转型挑战上升

非洲形势艰难前行

钟　飞

【内容提要】2018年，非洲形势总体保持和平稳定，非洲国家积极探索适合本国国情的发展道路，抗冲击韧性有所加强，但各国内外矛盾仍趋复杂，维护稳定、应对危机面临不少挑战。经济受外部环境影响较大，总体回暖，呈现多速发展，债务问题有所凸显。总体安全态势有所改善，但传统和非传统安全风险仍较突出，非洲自主应对热点问题的能力有待加强。非洲国家联合自强取得重要进展，但一体化进程依然任重道远。中国对非合作再攀新高，其他大国对非投入增加，国际对非合作进入新一轮调整期。

【关键词】非洲形势　非洲经济　非洲安全　非洲一体化

【作者简介】钟飞，非洲问题专家。

2018年，非洲形势延续过去几年态势，总体保持和平稳定，但随着非洲内外形势复杂深刻演变，非洲国家自主探索发展道路进入“深水期”，国家发展普遍进入政治社会转型期和经济发展换挡期，非洲形势中的不稳定、不确定因素有所增加。

一、非洲各国局势总体平稳，抗冲击韧性有所加强，但各国内外矛盾仍超复杂，维护稳定、应对危机面临不少挑战

非洲国家普遍将发展经济、改善民生、缓解社会矛盾、促进民族融合等视为施政优先。“求和平、谋发展”成为非洲各界共识。塞拉利昂、马里、喀麦隆等国举行大选，总体实现政权平稳过渡。肯尼亚总统肯雅塔同反对派领袖奥廷加“握手言和”，布隆迪总统恩库伦齐扎表态不参加下届大选，两国政局亦趋于稳定。

2018年以来，非洲之角形势发生重大变化。埃塞俄比亚政局发生较大变动，来自最大民族奥罗莫族的阿比当选执政党埃塞俄比亚人民革命民主阵线主席和政府总理。阿比执政后主动改善同厄立特里亚关系，结束两国长达20年的敌对状态。埃厄关系改善在非洲之角引发连锁反应，厄立特里亚同索马里、吉布提关系加速调整，地区局势总体趋于缓和。但埃塞俄比亚局势发展的不确定性增加。9月中旬，埃塞俄比亚首都亚的斯亚贝巴及周边地区接连发生大规模群众集会游行活动，引发族群冲突和流血事件，导致近30人死亡，数千人被逮捕。10月上旬，首都部分特种兵赴总理府示威，要求改善待遇。如何有效解决经济和社会矛盾将是埃塞俄比亚政府面临的挑战。索马里和平重建取得一定积极进展，但仍面临诸多严峻挑战。3月，索马里安全部队同索联邦议会人民院时任议长贾瓦里的亲信武装在人民院发生武装对峙事件，非盟驻索马里特派团被迫介入，引发索马里本届联邦政府2017年2月执政以来最大一次政治危机。

2018年年初，南非政局突变，祖马总统被南非非洲人国民大会（非国大）召回，被迫辞职，非国大主席、副总统拉马福萨于2月中旬接任总统。拉马福萨任总统以来，着力发展经济、增加就业、改善民生，获得南非社会各界广泛认同，2018年南非保持政局稳定。随着2019年大选日益临近，南非各政治力量展开激烈博弈，非国大赢得大选面临严峻挑战。

2018年津巴布韦局势持续发生深刻变化。面对反对党激烈竞争，姆南加古瓦以微弱优势当选总统，摆脱“政变上台”阴影。民盟赢得议会三分之二以上席位，牢控立法大权。选前声势较大的主要反对党民革运联盟败选后拒不接受总统大选结果，选后发生骚乱。津政府着力“建设经济新秩序”，改善投资环境，外交积极活跃，同英国、欧盟等关系呈现改善势头。

国际形势复杂深刻演变对非洲影响加深，非洲国家也在深入思考，更加注重将政治经济发展、国家治理同非洲实际相结合，努力走出一条具有非洲特色、符合自身国情的发展道路。埃塞俄比亚、肯尼亚、卢旺达、乌干达、刚果（布）等多国深刻反思西式民主在非洲治理失效、失灵问题，持续推进民主本土化，在执政、法治和经济治理等方面努力探索符合本国国情的发展道路，自主发展态势增强。但一些国家执政党在领导国家治理、维稳控局、组织建设等方面能力不足，面临的困难有所凸显。此外，长期发展所掩盖或忽视的利益分配不均、腐败、西式多党制水土不服等，同固有的民族、宗教、地区矛盾相交织，导致一些非洲国家政局发生变化。2018年以来乌干达、马达加斯加、科摩罗、多哥、圣多美和普林西比、中非、喀麦隆、塞舌尔等国都出现不同形式的政局波动。

二、非洲经济受外部环境影响较大，总体回暖，呈现多速发展，债务问题有所凸显

非洲国家努力改变过度依赖能源资源等原材料出口的单一经济模式，更加重视制定国家发展中长期计划，努力谋求工业化、经济多元化和自主可持续发展，对外合作从谋求国际援助更多转向吸引投融资。世界经济复苏和国际大宗商品价格回升带动非洲经济回暖，据世界银行等预测，2018年撒哈拉以南非洲经济增长3.1%，较上年增加0.4个百分点。2019—2020年有望达到3.6%。埃塞俄比亚、肯尼亚、加纳、塞内加尔、科特迪瓦等16国预计实现5%以上的中高速增长。塞内加尔、卢旺达、坦桑尼亚、喀麦隆等国经济多元化发展向好，其中卢旺达2018年GDP增速有望达到7.2%。受益于国际市场大宗商品价格走高，赞比亚、刚果（金）等国经济发展也继续保持良好势头。部分能源资源富集国经济增长乏力，刚果（布）、加蓬、乍得等产油国经济尚未走出低谷。

受全球经济增速放缓、美元持续升值、部分新兴市场国家经济金融形势反复动荡，以及国内罢工频发、电力短缺、消费不振等多重因素影响，南非、尼日利亚等主要经济体增长乏力。南非2018年前两个季度连续负增长，陷入技术性衰退。拉马福萨总统推出“新投资倡议”，实施经济复苏和刺激计划，举办投资大会，修正激进土地和矿业改革政策，致力于改善南投资环境，提振市场信心，并取得初步成效。第三季度南非经济有所反弹，环比增长2.2%，2018年预期经济增长率由0.7%上调为1.1%。

尼日利亚自2017年第二季度走出经济衰退后复苏势头有所巩固，2018年第二季度GDP增速为1.5%，保持连续5个季度正增长。外汇储备上升，奈拉币值保持稳定。政府主导的“2017—2020经济复苏与增长计划”初显成效，基础设施建设全面推进，营商环境稳步改善。政府大力扶植农业生产，并通过限制大米进口刺激本土种植，2018年大米进口较前大幅减少，基本实现粮食自给自足。但尼日利亚政府债务高企，失业率和不充分就业率高达40%，贫困人口众多，这些长期积累的不利因素将持续困扰尼日利亚经济健康发展。

2018年部分非洲国家债务水平上升，有的爆出债务问题，刚果（布）、喀麦隆、加蓬、津巴布韦、莫桑比克、吉布提等国面临不同程度还债困难。津巴布韦外债持续累积，贸易和财政赤字继续上升，流动性危机仍未得到缓解。各国政府纷纷出台举措予以应对，但效果仍有待观察。很多非洲国家制定了中长期发展规划，突出政府对宏观经济的引领。但非洲国家政权更迭频繁、政策缺乏连续性、统筹执行力不强，仍将影响非洲经济转型和发展规划推进。可以说，非洲经济发展之路依然任重道远。

三、非洲总体安全态势有所改善，但传统和非传统安全风险仍较突出，非洲自主应对热点问题的能力有待加强

索马里、马里、大湖地区、南苏丹、利比亚等传统热点问题依旧难以解决。同时，非洲面临的非传统安全问题更加突出。恐怖活动蔓延扩散，恐怖组织围绕萨赫勒地区形成了西有“博科圣地”、北有“基地组织马格里布分支”、东有“索马里

青年党”的“恐怖主义之弧”，“伊斯兰国”加紧对非渗透。非洲还面临着较为严峻的海盗和传染病疫情威胁。特别是几内亚湾海盗劫持人质事件处于高发态势，仅2018年上半年尼日利亚海域就发生约30起海盗袭击事件，百余人遭绑架，超过2017年全年数量。

尼日利亚安全形势仍然复杂严峻，伊斯兰极端组织“博科圣地”溃而不灭，2018年以来在尼日利亚东北部地区策划、实施多起自杀性炸弹恐袭，2018年年初再次发生大规模绑架女学生事件；中部地区农牧民冲突、宗教矛盾引发骚乱不断；南部“尼日尔三角洲复仇者”等反政府武装和几内亚湾海盗袭击事件时有发生。

3月，尼日尔和布基纳法索境内分别发生恐怖袭击事件，其中在布基纳法索首都瓦加杜古，布军总参谋部和法国驻布使馆遭到汽车炸弹袭击，造成至少30人死亡，80多人受伤。尼日尔、布基纳法索政府持续加大反恐投入，积极推动萨赫勒五国集团（G5）联合部队建设。马里安全形势不靖，《和平与和解协议》落实整体滞后，政府对北方地区管控依旧薄弱。中非暴力冲突事件时有发生，阶段性、局部性的动荡成为安全形势新常态。喀麦隆西部英语区问题持续发酵，极端分裂势力频频生事，成为喀麦隆安全形势最大不稳定因素。刚果（金）东部地区非法武装袭扰和部族冲突加剧，2018年年初还发生了刚果（金）和卢旺达军队交火事件。

非洲安全问题同周边地区形势的联动加大，也门局势动荡直接影响非洲之角安全形势，萨赫勒地区恐怖主义回潮亦同恐怖组织“伊斯兰国”在中东被打散密切关联。解决非洲热点问题面临更为复杂和不确定的因素。

非盟加快集体安全机制建设，加大对地区热点问题的调解斡旋，继支持G5成立联合反恐部队后，2018年年初正式启用非洲常备军全非后勤基地。应该说，非洲这几年没有发生大的冲突和战乱，非盟和非洲主要国家发挥了重要作用。埃厄关系改善，索马里、布隆迪、南苏丹等问题都朝着政治解决方向发展。但非洲国家在应对和平与安全问题挑战上仍面临能力不足、维和经费严重依赖外援、贫穷落后持续滋生动荡等困难。

四、非洲国家联合自强取得重要进展，但一体化进程依然任重道远

在非盟轮值主席、卢旺达总统卡加梅，非盟委员会主席法基等大力推动下，非盟推动非洲一体化的信心明显增强，更多聚焦非洲当前最关切的经济自主与和平安全议题，致力于在政治独立之后实现“二次革命”，着力解决经济自主发展问题。

一是大力推进非盟机构改革，谋求财政独立，进一步增强非盟决策力和执行力。1月，第三十届非盟首脑会议审议了非盟机构改革进展报告等多项战略性议题报告。但是，各方对“三驾马车”协调机制、征收0.2%进口关税、每年仅举行1次峰会、评估伙伴关系构想等存在较大分歧。3月，非盟非洲自由贸易区特别首脑会议在卢旺达首都基加利举行，埃及、肯尼亚、阿尔及利亚等44个非洲联盟成员国签署非洲大陆自由贸易区协议，标志着非洲统一市场建设正式启动，非洲经济一体化迈出重要一步。7月，第三十一届非盟首脑会议在毛里塔尼亚首都努瓦克肖特举行。南非等5国在会议期间签署非洲自由贸易区协议，使签署国增至49个。会议决定自2019年起将年中举行的非盟首脑会议改为非盟同次区域经济体协调会。此外，

非盟《2063年议程》的另一个旗舰项目全非单一航空运输市场建设也已启动，目前共有26国加入，非洲互联互通有望增添“新引擎”。

二是加快推进常备军建设，支持G5成立联合反恐部队，并着力争取联合国维和经费支持非洲自主维和行动，致力于筑牢集体安全“稳定阀”。伊加特、东共体、南共体等次区域组织在解决南苏丹、布隆迪、刚果（金）等热点问题上也发挥了重要作用。

三是推动非洲国家在国际事务上“以一个声音说话”，强化非盟同域外伙伴合作机制主导权，并致力于提升非洲整体地位和影响。对外推动非洲国家在气候变化、2030年可持续发展议程等重大问题上共同发声，力争在对外交往中特别是发展同域外伙伴关系方面掌握更多主动权。南非、埃塞俄比亚、卢旺达等国强烈反对贸易保护主义，南非并召回驻以色列大使以示对美国迁馆耶路撒冷的抗议，“非洲声音”和影响力不断提升。

但从非洲现实和历史经验看，非洲国家发展不平衡，利益诉求多元，财力、物力、人力都有短板，政治自强说易行难，和平与安全建设能力有限，非洲一体化进程依然任重道远。

五、中国对非合作再攀新高，其他大国对非投入增加，国际对非合作进入新一轮调整期

2018年国际对非合作的一件大事，就是中国成功举办中非合作论坛北京峰会。峰会达成一系列具有深远意义和重要影响的成果，其中最主要的就是中非双方一致同意构建更加紧密的命运共同体，非洲国家积极支持并踊跃参与共建“一带一路”，

非方高度赞赏中方为下一阶段中非务实合作提出的“八大行动”，双方还一致认为应共同坚持多边主义，抵制单边行径，支持联合国发挥核心作用。这次峰会是中非友好大家庭的一次历史性聚会，是中非加强团结合作、促进共同发展的一座历史丰碑，同时进一步推动南南合作和国际对非合作发展。

美国总统特朗普上台后，对非关注不多。特朗普甚至将非洲国家和海地称为“破烂国家”，引发非洲的震惊和愤怒。2018年，美国时任国务卿蒂勒森、商务部长罗斯、第一夫人梅拉尼亚等先后访非，试图修复美非冷淡关系，重拾在经贸、安全等领域的合作，但是务实举措不多，非洲国家反响也不大。日前，美国新设开发性金融机构“国际开发金融公司”，并发布新非洲战略。美新非洲战略重点关注促进美非经贸关系、应对恐怖主义和暴力冲突威胁、提升美援助资金使用效率这三大核心问题。美方声称新非洲战略旨在“促进非洲的持久稳定、繁荣、自主和安全”，实际是“美国优先”贯穿始终，处处体现美国意志、美国利益。国际社会对此反应消极，普遍质疑该战略能否真正落地，非洲国家对美居高临下、自私自利和借机攻击抹黑中非合作更是予以“一边倒”批评和反驳。

其他西方大国竞相拓展对非关系，“非洲机遇论”渐成主流。法国继续积极调整对非政策，大力支持G5开展反恐行动，同非盟建立战略伙伴关系。3月，法国和印度共同举办国际太阳能联盟峰会，宣布向13个非洲国家的23个项目提供10亿美元援助。7月，马克龙总统赴毛里塔尼亚出席第三十一届非洲联盟首脑会议，并访问尼日利亚。英国公投脱欧后，拓展对非外交成为梅政府践行“全球化英国”战略、完善外交布局的重要一步。英国利用对非传统影响，重点拉紧同非洲英联邦成员国关系。2018年4月，英国在伦敦举行第二十五届英联邦政府首脑会议，承诺在繁荣、安全、移民三大领域深入推进对非合作，19个非洲成员国与会。德国继去年在G20峰会框架下提出“非洲契约”倡议后，2018年10月举办对非投资领导人峰会，埃及总统塞西、南非总统拉马福萨等12位非洲国家领导人与会，以期全面深化德非经贸关系。同月，日本在东京举行东京非洲发展国际会议（TICAD）部长级会议。

主要新兴市场国家对非合作力度也不断加大。4月，印度尼西亚在巴厘岛举行首届印尼—非洲论坛。5月，韩国政府同非洲开发银行在釜山共同举办非洲开发银行年会和第五届韩非经济合作部长级会议，期间韩国宣布在未来两年向非方提供50亿美元融资支持。印度继续保持在非洲强劲进取势头。继去年首次承办非洲开发银行年会，并在会上宣布计划同日本联合实施“亚非增长走廊”倡议后，2018年7月，印度总理莫迪访问卢旺达、乌干达并赴南非出席金砖国家领导人第十次会晤，宣布将在非洲新设18个使馆。各方宣布的对非合作举措较多，实际效果尚待观察。

稳中有变的拉美地区形势

徐世澄

【内容提要】2018年拉美和加勒比地区政局基本稳定，但稳中有变，“左退右进”的趋势仍继续发展。拉美经济状况略有好转，但增长缓慢。对外关系比较活跃，国际影响力有所上升，但拉美的团结有所弱化，地区一体化形势不容乐观。美国加大了对拉美的介入，在拉美推行“新门罗主义”。2018年，习近平主席提出的“一带一路”倡议在拉美的延伸有力地促进了中拉关系的发展。

【关键词】拉美　加勒比　稳中有变　左退右进　低速增长

【作者简介】中国国际问题研究基金会研究员，中国社会科学院荣誉学部委员、拉丁美洲研究所研究员。

当前国际形势的特点之一是新兴国家群体崛起，而拉美和加勒比是新兴国家最集中的地区。目前世界处于大发展大变革大调整，拉美也不例外。2018年拉美和加勒比地区总的形势是：政局基本稳定，稳中有变，“左退右进”的趋势继续发展；经济略有好转，但增长缓慢；对外关系比较活跃，国际影响力有所上升，但地区一体化形势不容乐观，拉美的团结有所弱化。

一、拉美地区政治形势

2018年拉美地区的政治形势基本稳定，稳中有变，“左退右进”的趋势继续发展。2018年是拉美国家的大选年，有10个拉美国家举行了大选，它们占拉美近三分之一的国家、占拉美总面积的五分之三、总人口五分之三。总的来说，这10国的选举进程比较平静和顺利。

2月4日，哥斯达黎加举行第一轮大选，没有一位候选人得票率超过法定的40%。在野党民族重建党候选人法夫里西奥·阿尔瓦拉多以24.9%的得票率居首位，执政党公民行动党候选人卡洛斯·阿尔瓦拉多得票率为21.6%，居于第二。根据选举法，总统将在第一轮得票领先的前两名候选人中产生。在4月1日第二轮选举中，卡洛斯·阿尔瓦拉多反败为胜，获得60.7%的选票，战胜法夫里西奥·阿尔瓦拉多，当选总统，5月8日正式就任。阿尔瓦拉多现年38岁，曾担任过劳动和社会保障部长等职务。

3月14日，格林纳达举行选举，执政党新民族党现总理基思·米切尔获胜，继续出任总理。

3月21日，安提瓜和巴布达举行选举，执政党工党领袖贾斯顿·布朗获胜，连任总理。

4月19日，古巴召开第9届全国人民政权代表大会，选举58岁的迪亚斯-卡内尔为国务委员会主席兼部长会议主席。

4月22日，巴拉圭右翼执政党红党候选人、前参议长马里奥·阿布多·贝尼特斯以46.46%得票率当选总统，于8月15日就任。

5月20日，委内瑞拉举行总统选举，现总统马杜罗以67.84%得票率连任总统，他将于2019年1月10日开始其第二任期。

5月24日，巴巴多斯举行选举，原在野党巴巴多斯工党以得票率74%获胜，工党领袖米娅·莫特莉当选总理，并于5月25日就任，成为巴巴多斯首位女总理。

5月27日，哥伦比亚举行第一轮大选，右翼民主中心党候选人、42岁的伊凡·杜克得票率39.34%，左翼人道哥伦比亚运动、波哥大前市长古斯塔沃·佩德罗得票率25.08%。6月17日举行第二轮选举，杜克得票率53.98%，佩德罗得票率41.81%，杜克当选总统，已于8月7日就任。

7月1日，墨西哥举行大选，中左翼的国家复兴运动党安德烈斯·曼努埃尔·洛佩斯·奥夫拉多尔在总统选举中以53.19%的得票率获胜，当选总统，已于12月1日就任。

10月7日，巴西举行第一轮总统选举，得票居前两名的是右翼社会自由党候选人贾伊尔·博尔索纳罗得票率为46.03%，劳工党候选人费尔南多·阿达得票率为29.28%，两人得票率均没有超过法定的50%。在10月28日第二轮选举中，博尔索纳罗得票率为55.13%，当选总统，将于2019年1月1日正式就任。

在这10国选举中，令人关注的是古巴、委内瑞拉、墨西哥和巴西的大选。

古巴选举结果，首次由非卡斯特罗家属的、古巴革命胜利后出生的迪亚斯–卡内尔出任国家元首和政府首脑，劳尔·卡斯特罗不再担任行政职务，但仍担任古共中央第一书记并掌握军队。7月21日和22日，古巴第9届全国人大召开第一次会议，会议讨论通过了《古巴共和国宪法草案》（简称《草案》）。自8

月13日起至11月15日，古巴全民讨论《草案》，据统计，共召开了111 872次会议，有7 370 160人参加，共提出659 527条建议，560 003条修改意见和27 238条补充意见。即将在12月召开的古巴全国人大会议把民众意见和建议汇总并提出最终宪法修改案。2019年2月24日将举行全民公决，决定是否通过新宪法。总的来看，新宪法将坚持共产党领导、坚持马克思列宁主义、坚持社会主义，根据新宪法，将分别设立国家主席（总统）和总理，不再由一人担任。

委内瑞拉大选是在大多数反对派拒绝参选的情况下举行的，大选本身进行得比较顺利，但美国和西欧国家以及拉美13个国家和加拿大组成的利马集团不承认大选结果。特朗普政府加强了对马杜罗政府的制裁。哥伦比亚总统杜克宣称，哥伦比亚政府自2019年1月10日起（即马杜罗第二任总统开始之日），将与委内瑞拉断交。12月7日，秘鲁外长也表示，将在12月19日利马集团外长会议上，建议集团成员国自2019年1月10日起与委政府断交。美国总统、副总统、两任国务卿和国防部长均扬言要对委进行军事干预，遭到拉美多数国家的反对。

墨西哥大选结果，中左翼政党国家复兴运动党候选人洛佩斯·奥夫拉多尔获胜，传统政党革命制度党、民主革命党和国家行动党势力减弱。洛佩斯总统上台后，已开始兑现其承诺，对内外政策作较大幅度的调整。他在拉美政治格局中的作用尚待观察。

巴西大选是在巴西形势比较复杂的情况下进行的，在民调中领先的劳工党领袖卢拉因被判刑而被剥夺参与竞选的权利，使右翼社会自由党候选人、外号“巴西特朗普”的博尔索纳罗在选举中以明显的优势获胜。博尔索纳罗在就任总统后，将采取什么样的内外政策，值得关注。可以预见的是，在经济上他将奉行新自由主义的政策，在外交上，将更加亲美。

自1999年起到2015年，在这15年中，拉美有十多国家先后左翼上台执政，被称为拉美左翼崛起的15年。但自2015年以来，拉美出现了“左退右进”的趋势，阿根廷、巴西、秘鲁、智利等国右翼或中右翼政党通过选举上台执政，这一趋势在2018年继续有所发展。最明显的是巴西、巴拉圭和哥伦比亚等国大选的结果，右翼纷纷得势，唯一的例外是墨西哥。

拉美地区政局总体稳定，但局部动荡。局部动荡反映在秘鲁总统库琴斯基3月2日因涉嫌腐败被迫辞职，尼加拉瓜自4月以来反对派持续不断的抗议和委内瑞拉8月4日发生无人机袭击总统未遂事件等。

二、拉美地区的经济形势

拉美经济2018年仍保持低速增长。据世界银行预计，2018年拉美经济预计只增长0.6%（国际货币基金组织预计为1.2%），低于去年（1.3%），略高于2015年的–0.2%和2016年的–0.8%，但低于2018年全球增长速度（3.3%）。2018年拉美经济形势的另一个特点是各次区域和各国经济增速不平衡。加勒比地区国家经济增长率为3.7%，中美洲和墨西哥经济增长率为2.8%，南美洲为–0.1%。增长最快的国家是多米尼加共和国，经济增长率达到5.4%，其次是巴拿马5.2%，巴拉圭4.4%，玻利维亚4.3%，智利3.9%，秘鲁3.6%，哥斯达黎加3.3%，乌拉圭2.3%，墨西哥2.2%，巴西、古巴和厄瓜多尔经济增长率只有1%多一点，阿根廷和委内瑞拉均为负增长。

使拉美经济保持低速增长的有利因素有三：一是美国经

济增长较快，2018年2.9%；二是中国经济增长速度虽有所放慢，但仍保持6%以上的增长；三是国际市场上初级产品价格维持较高水平。不利的因素有：一是美联储利率上涨、美元坚挺，影响资本流入拉美，使多数拉美本国货币贬值；二是南美洲三国经济衰退。阿根廷发生比索危机，比索与美元的汇率从2018年4月底17.6比索等于1美元，贬值到目前40比索等于1美元。这迫使阿根廷向国际货币基金组织借571亿美元的贷款，阿中央银行将年利率增加到60%。阿根廷2018年经济将出现-2.5%增长（原预计增长2.7%）。巴西由于政治动荡，2018年经济只增长1.2%，低于原预计2.6%。委内瑞拉经济连续恶化，2018年经济增长率为-18.2%，年通货膨胀率到年底将超过1 000 000%。值得关注的是，拉美平均外债占GDP的60%，而有六国负债率（即债务占GDP的比重）超过80%。自2012年以来，拉美已连续六年经济增长率低于世界其他地区。

三、拉美地区的对外关系

2018年拉美对外关系比较活跃，国际影响力有所上升，但拉美的团结有所弱化，地区一体化形势不容乐观。

2018年拉美国家加快了融入世界的步伐。3月8日，参与“全面与进步跨太平洋伙伴关系协定”（CPTPP）谈判的11国代表在智利首都圣地亚哥举行协定签字仪式，智利、秘鲁和墨西哥三国代表签署了该协定。11月21日，智利总统皮涅拉和巴西总统特梅尔在智利首都圣地亚哥签署自由贸易协议，规定两国在服务贸易、电子产品等17个领域互免关税，两国认为，这一协议对加强拉美区域一体化尤为重要，因为巴西是南方共同市场成员国，而智利是太平洋联盟成员国，特梅尔总统在签约仪式上说，协议“把南方共同市场和太平洋联盟连接在一起”。11月30日至12月1日，二十国集团领导人第13次峰会在阿根廷布宜诺斯艾利斯成功举办，阿根廷作为主席国发挥了重要作用并付出了巨大努力，这是在南美洲召开的首次G20峰会。

2018年拉美国家内部矛盾加深，一体化进展受挫。4月20日，南美六国（阿根廷、巴西、智利、哥伦比亚、巴拉圭、秘鲁）宣布无限期停止参加南美洲国家联盟活动；委内瑞拉5月20日大选后，由拉美13国和加拿大组成的利马集团不承认委大选结果，不承认马杜罗政府委合法政府。5月31日，哥伦比亚作为“全球伙伴”加入北约。8月10日，哥伦比亚宣布退出南美洲国家联盟。8月23日，厄瓜多尔退出美洲玻利瓦联盟。

美拉关系。特朗普于2018年11月底和12月初到过阿根廷参加G20峰会，这是他就任总统后第一次到访拉美国家，至今他还没有到访过拉美其他国家。特朗普缺席了2018年4月13日至14日在利马召开的第八届美洲国家首脑会议，这是1994年首届美洲峰会召开以来，美国总统首次缺席美洲峰会。特朗普上台后，对拉美连烧三把火——在墨美边界修建新边界墙还要墨西哥出钱，威胁废除并重启北美自由贸易协定的谈判，限制拉美非法移民入境，使美拉关系趋于紧张。特朗普对墨西哥等拉美国家在美国的非法移民采取“零容忍”政策并辱骂海地等国的移民为“粪坑”国家的移民，遭到强烈反对。特朗普还出动大量军队，不准抵达墨美边境的中美洲数千名移民大军进入美国境内。

特朗普恶化了刚刚改善的美国与古巴关系，使美古关系正常化出现倒退。特朗普政府加大了对马杜罗政府制裁的力度，甚至扬言要军事干预委内瑞拉；此外，还打压玻利维亚和尼加拉瓜等拉美左翼政府。

2018年，美国加大了对拉美的介入。美国副总统、国务卿、国防部长频繁出访拉美。其目的有三：一是拉拢拉美亲美的国家，构建联盟。二是把矛头指向委内瑞拉和古巴。三是遏制中国和俄罗斯与拉美发展关系。2月，时任国务卿蒂勒森出访拉美五国（墨西哥、阿根廷、秘鲁、哥伦比亚和牙买加）。出访前一天，蒂勒森在其母校得克萨斯大学发表演讲，他说，美国对拉美关系的三个支柱是：经济增长、安全和民主。讲话中，他无端指责中国和俄罗斯是“只谋求自己利益的新的帝国强权”和“捕食者”，指责中国通过“不正当贸易”使拉美获取“短期好处和长期依赖”，损害拉美的制造业。蒂勒森还说，100多年前美国创造的“门罗主义”是个有效的好东西。美国副总统彭斯继2017年8月访问拉美四国（哥伦比亚、阿根廷、智利和巴拿马）之后，2018年4月到秘鲁出席第8届美洲峰会；6月，他又访问巴西、厄瓜多尔和危地马拉3国，此行主要是想孤立委内瑞拉。国防部长马蒂斯于8月12—17日访问拉美巴西、阿根廷、智利和哥伦比亚。8月12日，马蒂斯对媒体说：“在这个世界上，丧失主权的方式不止一种。带着礼品或贷款敲门的国家很可能成为债主”。显然，他明显是说中国，因为近年来中国在拉美的投资不断增加。马蒂斯称，美国支持“主权国家的自主决定”，但要提醒拉美各国小心“来自其他国家的潜在破坏性侵犯”。10月4日，彭斯在在美国哈得逊研究所讲话中对中国的拉美政策进行了无端的攻击。他说，“在我们的西半球范围内，北京向委内瑞拉腐败无能的马杜罗政权提供了生命线，承诺提供可供用石油偿还的50亿美元的可疑贷款。中国也是该国最大的单一债权国，使委内瑞拉人民承受超过500亿美元的债务负担。北京还通过向那些顺应中国战略目标的政党和候选人提供直接支持，从而腐化了一些国家的政治。”

在巴拿马、多米尼加共和国和萨尔瓦多三国先后于2017年6月、2018年5月和8月与我国建交后，美国国务院于9月7日召回被派驻到巴拿马、多米尼加共和国和萨尔瓦多的美国大使或临时代办。评论认为，美国显然非常担心中国大陆在中美洲的一举一动。在上述彭斯在哈得逊研究所讲话中，他说，“仅自去年一年以来，中国共产党已说服了三个拉丁美洲国家与台北中断关系，承认北京。这些行动威胁到台湾海峡的稳定，美国对此予以谴责。”

9月30日，美加墨三国代表签署《美墨加协定》，11月30日，特朗普与墨西哥总统培尼亚和加拿大总理特鲁多在阿根廷首都布宜诺斯艾利斯正式签署《美国—墨西哥—加拿大协定》，取代之前的北美自由贸易协定。值得关注的是该协定中有一条款明显针对中国，要求三国在开始与非市场经济谈判时，必须提前3个月发出通知。显然，非市场经济是指中国。

2018年，习近平主席提出的“一带一路”倡议在拉美的延伸和构建人类命运共同体有力地促进中拉关系迅速发展。主要体现在：第一，中拉高层往来频繁。2018年11月27日至12月5日，习近平主席应邀对阿根廷、巴拿马、进行国事访问。2018年玻利维亚、委内瑞拉、萨尔瓦多、多米尼加共和国和厄瓜多尔总统，巴拿马总统、特立尼达和多巴哥总理等拉美和加勒比国家元首或政府首脑访华。第二，与中国建交的拉美国家已经增加到24国。继2017年中国和巴拿马建交，2018年5月1日，中国与多米尼加共和国建交。8月21日，中国与萨尔瓦多建交。至此，中国与拉美建交国增至24国。第三，“一带一路”倡议全面延伸到拉美。2018年1月在智利圣地亚哥召开的中拉论坛第二届部长级会议通过了《“一带一路”特别声明》，标志着拉美国家已从“一带一路”的“自然延伸”到“一带一路”合作伙伴的升级。迄今为止，中国已同巴拿马、特立尼达和多巴等15个拉美加勒比国家签署了《关于共同推进丝绸之路经济带和21世纪海上丝绸之路建设的谅解备忘录》。习主席年末对巴拿马和阿根廷的访问标志着“一带一路”在拉美落地生根。第四，中拉经贸关系继续迅速发展。2018年上半年双边贸易额达1453.2亿美元，同比增长21.5%。中拉双边贸易结构逐渐优化。中国已成为拉美第二大货物贸易伙伴、第三大出口市场和第二大进口来源地。据统计，到2017年年底，中国对拉美直接投资存量达3870亿美元，拉美已成为中国海外投资的第二大目的地。拉美七国加入了亚投行。第五，中拉人文交流进一步加强。最近三年，中方邀请了拉方1000多位政党领导人访华，4000多名拉方人才赴华学习深造。“中拉科技伙伴计划”和“中拉青年科学家交流计划”顺利实施，中拉联合实验室、示范农场、新闻交流中心等项目开花结果。中国大陆开设西班牙语专业的院校已近100所，开设葡萄牙语的院校已达27所。中国在拉美20国开设了39所孔子学院和18个孔子学堂。中国的拉美研究机构已增加到60多家。拉美研究中国的机构已增加到20多家。

“新门罗主义”阴影下的美拉关系

王卫华

【内容提要】特朗普政府在“美国优先”理念引导下，强力在拉美推行“新门罗主义”，对美拉传统关系基础产生巨大冲击，对当前国际局势发展和格局演变带来重要影响。美此举引起拉美国家强烈不满和反对。但由于各种因素，未来美拉关系将呈现矛盾—斗争—妥协—合作的多面性复杂特点。从发展趋势看，美综合实力和影响继续趋于下降，拉美不会重新成为美国“后院”，“新门罗主义”企图最终将难以得逞。

【关键词】特朗普“新门罗主义”美拉关系

【作者简介】中国国际问题研究基金会研究员，前驻巴拿马、多米尼加共和国办事处代表。

2018年以来，随着特朗普政府在“美国优先”理念下，全面实施新的全球外交战略和政策调整，美国对拉美地区的政策和做法也随之出现新的变化。这对美拉传统关系产生巨大冲击，对国际局势发展和格局演变也带来重要影响。

一、“新门罗主义”出台的背景和表现

美国曾于2013年宣布“门罗主义时代已经终结，美将致力与拉美国家建立平等的伙伴关系，共担责任，不再干预其他国家的事务”，此举当时广受拉美国家的欢迎和好评。然而，特朗普上台后，2018年1月美前国务卿蒂勒森却公然表示，“门罗主义是个好东西”。新任国务卿蓬佩奥就职后，持续在拉美“发力”，采取一系列外交行动推行“新门罗主义”。美国“21世纪版的新门罗主义”已逐步成型，其主要特点是，淡化长期在拉美奉行的“民主、自由、区域安全和共同繁荣”的政策目标，重拾“胡萝卜加大棒”策略，运用政治、外交、军事、经济、金融等强力手段，企图将拉美国家拖入美国新的战略轨道和利益框架，为美重新经营西半球开辟道路。其具体表现是：

（一）持续打压左翼反美政府，维护美国在西半球的战略利益和霸权地位

美国对拉美地区政策上“冷战”和意识形态色彩趋浓，对古巴、委内瑞拉、玻利维亚和尼加拉瓜等拉美剩余左翼政府继续采取大棒和高压手段，试图以压促变，促其“恢复民主制度”，拼凑地区反左反共联盟，消除拉美“毒瘤”。最近，美国白宫国家安全委员会和国务院里均任命了主张对拉美左翼政府采取强硬手段的高级官员，博尔顿公开指责古巴、委内瑞拉、尼加拉瓜三国为拉美“暴政三驾马车”。在古巴问题上，继2017年大幅修改奥巴马政府对古政策、致使美古关系大倒退后，2018年双方关系继续处于紧张和冰冷状态，两国外交人

员甚至罕见地在联合国会议上大打口水仗。美对委内瑞拉也继续多方施加高压，扩大对委封锁和制裁，9月25日宣布了对委新一轮制裁行动和名单,将委总统夫人、副总统等均列入制裁对象。11月2日，公布了对委黄金出口的新限制，并污蔑马杜罗总统“掠夺国家贵金属库存”，并无端指责委资助中美洲移民。美在美洲国家组织会议上，怂恿一些拉美国家参与对委内瑞拉一致行动，不承认委新大选结果，并鼓动这些国家与委断交。美官员多次扬言，委问题的解决不排除军事选项，并继续暗中支持委反对派，中央情报局不断采取对委颠覆破坏行动。据悉，8月发生的针对马杜罗总统的未遂刺杀事件就有美背景。这一切导致美委关系持续高度紧张。美还趁尼加拉瓜国内动荡之机，插手其内部事务，大造舆论，推波助澜，企图搞垮奥尔特加政权。

（二）扶植亲美政府和亲美势力，极力提升对拉美掌控力

2018年年初，美国前国务卿蒂勒森访问拉美部分国家，试图安抚该地区对美的不满情绪，防止美拉关系过冷。美副总统彭斯2018年三次出访拉美。5月份出访中美洲地区，集体会见“北三角”洪都拉斯、萨尔瓦多和危地马拉三国总统，就安全和移民问题“坦率对话”并发表公报。6月、7月，彭斯访问巴西、厄瓜多尔、危地马拉三国。11月，彭斯又代表特朗普出席在秘鲁举行的第八届美洲首脑会议，试图拉拢秘鲁、哥伦比亚等盟友，打压古巴、委内瑞拉等国，进一步分裂拉美。蓬佩奥上台后，亦访问了墨西哥、巴拿马等国。10月美国务院在华盛顿召开了第二届“中美洲繁荣与安全会议”，副总统彭斯亲自主持，国务卿蓬佩奥出席。洪都拉斯、萨尔瓦多、危地马拉三国总统和墨西哥外长均参加了会议，显示了美国对“北三角”

地区的特殊重视。2018年以来，美国多位主要高官纷纷踏足厄瓜多尔，与厄方签署多项合作协议，双方结束了持续10多年的敌视关系。美国还要求厄瓜多尔参与孤立委内瑞拉的行动，拉拢厄瓜多尔意图彰显。11月5日，蓬佩奥打电话给厄瓜多尔总统莫雷诺，祝贺莫政府在反毒、反腐、人权领域取得的成绩，其居心令人生疑。巴西极右派候选人博索纳罗当选后，特朗普第一时间电话祝贺，表示愿与巴未来政府发展全面合作关系，近日又向其发出访美邀请，凸显拉拢拉美右翼政府的意图。

（三）强推贸易保护主义，损害拉美经贸利益

2017年特朗普上台伊始即宣布退出“跨太平洋伙伴关系协定”（TPP）和重新就北美自贸协定进行谈判，令拉美国家震惊和忧虑。2018年以来，美又宣布对来自墨西哥的钢铁和铝制品加征高额关税，并已于6月1日开始实施，对墨西哥出口造成损害。9月底，美国迫使墨西哥接受新的美加墨贸易协定，三方于11月30日在阿根廷正式签署该协定，从而彻底废除了实行20多年的《北美自贸协定》，这对墨的经贸利益势必产生消极影响。对拉美几国推动的太平洋联盟，美国收回过去支持的立场，态度趋向冷漠，从而动摇了拉美国家对美的信任。据悉，继墨西哥之后，美计划下阶段与拉美各主要经济体进行一对一的贸易谈判，迫其对美作出经贸让步。

（四）在移民问题上采取强硬政策和极端手段，力阻中美洲新移民潮

继2017年特朗普签署行政令，大规模抓捕并遣返拉美非法移民后，美国2018年在整体收紧移民政策的同时，又采取了更严厉的“零容忍”政策和“激进式疗法”，即对全部非法进

入美的外国公民一律予以起诉，令其接受美国法律的惩罚，并一度实行将非法移民父母与儿童强行隔离的非人道手段，致使2000多名儿童与其正在被起诉的监护人被迫骨肉分离，在受到国内外的强烈反对后才暂时收手。面对近万名中美洲移民大军冲破墨西哥与危地马拉边界，不断向墨美边界进军并陆续抵达，美极度担心恐慌，一方面对墨西哥和中美洲有关国家施压，令其采取强力阻止移民外流，扬言如果阻止移民潮不力，将切断或者减少对这些国家的援助，并可能“永久”关闭美墨边境；另一方面罕见地紧急在美墨边界部署几千名军人严阵以待，实施“忠实爱国者”行动，协助美国国土安全和海关部门应对移民潮涌入。特朗普甚至授权美南部边境部队在“必要时使用致命武器，阻止试图入境的中美洲移民”。舆论认为，此举动可能引发严重冲突和流血事件。美军已经在阻止行动中发射了催泪弹和橡皮子弹。10月30日，特朗普下令，终止非法移民子女在美出生即自动享有美国国籍的法规。11月9日，特朗普进一步发布行政令，禁止给予非法移民政治避难权。这些举动无不引起拉美多国的关切和担忧，使美国与有关国家关系趋于恶化。此外，美国不顾墨西哥强烈反对，开始在美墨边境大规模修建隔离墙，并已经取得重要进展。

（五）恢复和加强在拉美地区军事存在，打造主导西半球事务的“硬件”

2018年美国在拉美军事动向较为明显。8月，美防长马蒂斯上任后首次对巴西、阿根廷、智利和哥伦比亚等南美国家进行了访问，强调美拉关系密切，宣布2018年为“美洲年”，承诺与拉美共建“自由而安全的西半球”，释放了巩固“美洲联盟”的强烈信号。据悉，美以“中国影响明显增加为由”，已开始在阿根廷建立军事基地，双方已开展军队联合训练项目。北约势力和美联邦调查局也在多年后首次踏上阿领土，在火地岛地区活动频繁。美国民警卫队与智利开展了网络安全合作，并与拉美24国建立并实施“伙伴合作计划”。美国还与哥伦比亚、巴拿马和其他中美洲国家加强军事合作，美海军医疗船时隔三年再次出现在哥伦比亚、厄瓜多尔、秘鲁、洪都拉斯等国。美国防部副部长和南方军副司令先后访厄，会见厄防长等官员，讨论加强军事合作问题。据悉，美军欲恢复中止多年的在厄瓜多尔设立的军事基地。特朗普在祝贺博索纳罗当选时，明确表示愿与巴西新政府加强军事合作。马蒂斯宣称，美军在拉美“聚焦于巩固联盟和发展新伙伴关系”，希望与巴西“打造最具战略意义的美巴关系，与智利深化防务合作”。继2018年6月哥伦比亚成为北约首个拉美“全球合作伙伴国”后，美驻巴大使又抛出“巴西加入北约”的提议。

（六）敲打拉美警惕外来势力，力阻域外大国染指“后院”

在“新门罗主义”理念指导下，美国对中国、俄罗斯等国发展与拉美国家关系极为敏感，反应强烈，大肆进行抹黑和妖魔化宣传，挑拨中拉、俄拉关系，企图限制和破坏拉美国家与域外大国开展正常合作。前国务卿蒂勒森年初曾对外宣称中国和俄罗斯是“新帝国列强”，告诫拉美“警惕东方势力的影响”，反对“潜在的掠夺性行为，并防止对中国过度经济依赖”。美国国防部长马蒂斯2018年8月访问拉美时，公开警告拉美国家“与北京和莫斯科发展关系将带来危害”。副总统彭斯也提醒拉美“不要坠入中国的债务陷阱之中”。蓬佩奥10月访墨西哥和巴拿马时，指责中国在拉美从事“掠夺性经济活动”，警告巴拿马对中国公司的商务活动要“睁大眼睛”。美国务院文件称

“共产主义帝国正在用经济实力在拉美巩固其地位”，美国应“冲抵中国对该地区的无声入侵和霸权企图”。美商务部长罗斯在第八届美洲峰会上称，“美不会把西半球领导权拱手让给剥削拉美自然资源的国家”。在2018年二十国集团（G20）峰会上，美还在搞小动作，试图挑拨中国与阿根廷的关系。美国家安全顾问博尔顿在参加G20峰会的途中，特意在巴西里约热内卢停留，会见当选总统博索纳罗，其议题包括“中国在拉美的存在和影响”。面对多米尼加共和国和萨尔瓦多继巴拿马之后，于2018年5月和8月分别宣布与中国建交，美恼羞成怒，紧急召回驻上述国家的使节研究对策，扬言要重新审视与这些国家的关系，并考虑对其进行制裁。美国国家安全顾问博尔顿亲自致电萨尔瓦多总统桑切斯进行警告。彭斯在华盛顿会见中美洲三国领导人时，警告他们“与中国发展商业关系必须公开和透明，并考虑与美的长远利益”。为阻吓其他国家效仿这三国，美参议院会议明确要求洪都拉斯和尼加拉瓜等国维持与台湾地区的“邦交”，声称他们“与台关系如何将涉及与美关系之未来”，并提出所谓“台北法案”，授权美国务院协助提升台湾地区国际地位，对与台湾地区“断交”的拉美国家实行降低外交级别乃至中止援助等措施。

二、拉美国家对“新门罗主义“的态度和反应

美上述举措大大动摇了美拉传统关系的基础，与奥巴马政府的“平等伙伴，共担责任，不干预美洲国家事务”的政策背道而驰，激起拉美许多国家的强烈不满和反对以及各种抵制行动，对美推行“新门罗主义”意图形成了一定的制约。

古巴、委内瑞拉、玻利维亚等国对美反应强烈，双方激烈对抗。在涉古问题上，11月初，拉美所有国家与联合国各成员国一道，再次为古巴伸张正义，一致通过决议谴责并敦促美国立即解除对古巴实行26年之久的禁运和封锁。古巴外交部发布声明，谴责美国在联大对古巴的敌视行为，玻利维亚也指责美国把联合国当成自己的工具，古巴、玻利维亚外交官还在联合国会议上联手与美国对抗，阻止讨论涉古议题。在涉委问题上，拉美国家虽然立场不同，但在反对和排除用军事手段解决委内瑞拉问题上，绝大多数国家保持一致。即使态度曾一度强硬的巴西当选总统博索纳罗，也表示巴西不会参与对委内瑞拉的军事行动。针对美国要求有关国家采取措施，严厉打击向美流动的新移民潮，墨西哥和中美洲有关国家表面配合美国采取了一些措施，但实际对移民表示同情，暗地提供便利。在最近召开的第26届伊比利亚—美洲峰会上，各国呼吁国际社会以人道和团结的精神、在联合国协助下应对国际移民问题，重视产生国际移民现象的根源，发达国家应为此作出应有努力。墨西哥新任总统洛佩斯任表示，其政府将与美国就中美洲移民问题举行谈判，寻求美国在该地区实施“中美洲马歇尔计划”。墨西哥为维护自身经济和发展利益，虽被迫与美签署新的《美墨加贸易协议》，但同时对美做法甚为反感和不满，与世贸组织其他六个成员共同对美保护主义做法提出诉讼。墨西哥还向中国明确表示，不会执行《协定》中的涉华“毒丸”条款，墨中经贸关系不会受到影响。墨外长2018年10月13日与王毅国务委员兼外长通电话，表示《美墨加贸易协议》“不会在任何方面影响墨中之间的交往，也不会对墨中贸易、投资以及政治关系产生任何限制，中国是墨值得信赖的伙伴，墨希望与中国加强战略合作，共同维护多边贸易体制，反对贸易保护主义”。

面对美国再三挑唆中拉关系，拉美国家也纷纷作出反应：委内瑞拉总统公开称，委绝不接受美国对委中关系的挑唆，将坚持走与中国构成共同利益关系的道路。秘鲁、阿根廷官方对蒂勒森出访南美期间抹黑中拉关系提出了批评。拉共体“三驾马车”外长与王毅外长2018年9月28日会晤，表示感谢中方提出伟大的“一带一路”倡议并把拉美纳入其建设中，愿与中方推进战略对接，深化对话合作。在与中国建交问题上，面对怒气冲冲的美国，萨尔瓦多总统府新闻官表示，与中国建交是萨尔瓦多政府作出的重大决策，顺应当今不可逆转的时代趋势。巴拿马总统发表讲话说，巴拿马一贯希望美国尊重巴主权决定。洪都拉斯总统公开称：“美国对中美洲援助、投资日益减少，中国在中美洲不断增加的影响给了本地区选择的机会，洪欢迎中国在中美洲增加影响。”洪都拉斯、尼加拉瓜、海地三国在2018年联大发言中，顶住美国和台湾地区压力，使本次大会成为历届联大会议为台湾地区“帮腔”的国家减至历史最低点（12个）。

但是也应看到，面对美“新门罗主义”来势汹汹，拉美少数国家或迫于美的威慑，或出于左右翼意识形态上的分歧及对美国理念的某种认同，客观上对美实施拉美新政策作了配合和呼应，致使拉美国家难以作为整体在应对“新门罗主义”策略上，采取高度一致的态度和行动，从而给了美分化、分裂、削弱拉美整体力量以可乘之机。如在委内瑞拉和尼加拉瓜内部问题上，由于“利马集团”国家对委内瑞拉大选结果不认可，导致委与拉美多国关系恶化和紧张。哥伦比亚甚至公开支持美国关于对委内瑞拉采取军事行动的倡议，鼓动“利马集团”成员国在2019年1月马杜罗再次就任总统时与委断交。哥伦比亚还宣布退出南美国家联盟。哥斯达黎加总统在第26届伊美峰会上，主张国际社会干预委内瑞拉、尼加拉瓜国内危机的解决；巴西即将上台的“极右”政府也在积极联络地区一些国家，商讨对委内瑞拉共同施压和制裁问题。博索纳罗被称为“巴西的特朗普”，表示将仿效美奉行“巴西优先”政策，并已提名亲美人士担任未来巴西外长。博还宣称将在就任后尽快访美。美与巴未来“极右”政府关系迅速升温，巴西大选结果加剧了拉美政治风向标右转的趋势，对美推进“新门罗主义”增加了有利因素；在应对新移民潮问题上，墨西哥因为本身是拉美第一大对美移民输出国，担心招致美严厉报复，尽管同情中美洲移民，但还是依照美要求采取了强行阻拦手段，造成移民和墨警方的冲突。墨西哥还抓捕了部分移民人士，引起民众不满。最近，墨方又强硬表示，将把试图通过暴力和非法方式进入美国境内的中美洲移民强行驱除出境，引发争议和担忧。委与哥伦比亚、厄瓜多尔、巴西等国在涉委移民问题上也龃龉不断，分歧难以弥合。

三、前景分析

总的来看，美对拉美政策调整变化是其全球对外政策改变的组成部分和必然反映。由于这种变化，美拉关系已然进入了新的震荡期和磨合期。拉美国家需要对美国新的拉美政策进行重新认识和适应，由于立场分歧和利益驱使，拉美各国对“新门罗主义”态度呈现较大差异，从而影响拉美在外交和地区一体化上的凝聚力，严重影响拉美团结协作，加剧该地区应对“新门罗主义”力量的分散和分裂。今后一个时期内，美拉关系必然呈现矛盾—斗争—妥协—合作的多面性复杂特点。但美国共和党在中期选举中丢掉众院多数席位的事件，也会为特朗普在拉美深入推行“新门罗主义”带来阻力和不利因素。

从发展趋势看，随着美国整体实力和霸权地位的逐步衰败，美国政府似尚缺乏对拉美战略和政策的更长远和更完整的谋划，对这一地区的控制力和影响力难以回到从前。“新门罗主义”的实施必然受到各方的阻力和掣肘。拉美不可能再沦落为昔日的“后院”，拉美发展多元化外交、加强与世界各种力量和区域集团合作关系的势头难以阻挡。“新门罗主义”可能在拉美产生一些消极后果，但其企图最终难以得逞。

美国对拉美新政策的实施和推进，短期内对中国在拉美推进“一带一路”合作和中拉整体关系的深入发展，可能会带来一定的影响和制约。对此，中国应持续关注，保持战略定力，认真研究，妥谋对策。

第八章

中国外交砥砺前行
开拓创新成就斐然

中国特色大国外交谱写新乐章

罗兴武

【内容提要】在习近平外交思想指引下，我们开拓创新，砥砺前行，中国特色大国外交谱写了新乐章，出现了许多新亮点、新气象、新作为。四大主场外交活动成功举办，中国同大国、周边、发展中国家的关系显著提升，“一带一路”建设取得新成果，中国在推动构建人类命运共同体、建立开放型世界经济、维护多边机制和世界和平与安全等方面做出了新贡献，成绩斐然。

【关键词】中国外交　新亮点　新气象　新作为

【作者简介】中国国际问题研究基金会研究员。

2018年是我们贯彻落实党的十九大精神开局之年，也是中国改革开放40周年。一年多来，在习近平外交思想指引下，我们不忘初心，开拓创新，求真务实，砥砺前行，中国特色大国外交谱写新乐章，出现了许多新亮点、新气象、新作为，硕果累累，成就辉煌。

一、中国外交的新亮点

2018年，中国外交的新亮点是我国举办的四大主场外交活动。

一是4月8日至11日在海南举办的博鳌亚洲论坛年会，规模宏大，举世瞩目，主旋律是改革开放。来自50多个国家和地区的2000多位嘉宾会聚一堂，共商合作共赢大计，共谋繁荣发展良方，为亚洲和世界提供“博鳌智慧”，贡献“博鳌力量”。习近平主席在论坛开幕式发表主旨演讲，深刻总结了40年来中国推进改革开放取得的巨大成就和积累的宝贵经验，郑重宣示了新时代开启中国同世界交融发展新画卷的坚定信念和扩大开放的重大举措，赢得了与会嘉宾15次热烈鼓掌，引起了国际社会的广泛关注。

本次论坛年会的主旋律是改革开放。习主席说：“改革开放这场中国的第二次革命，不仅深刻改变了中国，也深刻影响了世界!”改革开放40年来，中国的面貌焕然一新，已成为世界第二大经济体、第一大工业国、第一大货物贸易国、第一大外汇储备国，实现了从封闭半封闭到全方位开放的伟大转折、从“赶上时代”到“引领时代”的伟大跨越；同时也深刻影响了世界，为增进人类福祉作出了表率，为人类社会向何处去揭示了正确方向。当今世界，不稳定不确定的因素依然很多，挑战前所未有，逆全球化趋向不断涌现。此时，是开放还是封闭，是前进还是后退，考验着人们的胸襟、眼界和智慧。习主席把握世界经济发展大势，郑重承诺：“中国开放的大门不会关闭，只会越开越大。”同时明确宣布中国将大幅放宽市场准入、创造更有吸引力的投资环境、加强知识产权保护、主动扩大进口等扩大开放的四大举措，再次展示了中国继续坚持对外开放、构建开放型世界经济的坚定决心，为推动经济全球化、构建人类命运共同体注入了强大动力。

二是6月8日至10日在青岛举行的上海合作组织峰会。此次峰会在历届上合组织峰会中级别最高、成果最多，主旋律是弘扬“上海精神”。

本次峰会是上合组织扩员后首次召开的峰会。来自12个国家的国家元首或政府首脑、10个国际组织或机构的负责人齐聚青岛，外宾超过2000人。在习主席主持下，“上合大家庭”的各国领导人回顾了上合组织17年来走过的不平凡历程，全面规划了组织未来的路径和方向，并达成了一系列重要共识，签署、见证了23份合作文件，涵盖政治、安全、经济、人文等多个领域，也是历届峰会成果最多的一次。

此次峰会的主旋律是弘扬“上海精神”。“上海精神”就是互信、互利、平等、协商、尊重多样文明、谋求共同发展。“上海精神”同中国传统的“和合”理念高度契合，超越了文明冲突、冷战思维、零和博弈等陈旧观念，已成为上合组织的核心价值。习主席强调，“上海精神”是上合组织的灵魂，是我们共同的财富和共同的家园。同时，提出中国方案：提倡创新、协调、绿色、开放、共享的发展观，践行共同、综合、合作、可持续的安全观，秉持开放、融通、互利、共赢的合作观，树立平等、互鉴、对话、包容的文明观，坚持共商、共建、共享的全球治理观。这五大观念概括总结了建设新型国际关系的基本理念，为“上海精神”增添了新的时代内涵。中国作为上合组织创始成员国，坚持弘扬“上海精神”，始终将上合组织作为外交优先方向之一。青岛会议期间，习近平主席宣布了中方支持上合组织合作的一系列重要举措，包括未来三年为各方培训2000名执法人员、提供3000个人力资源开发培训名额、在上合组织银联体框架内设立300亿元人民币等值专项贷款，设立“中国—上海合作组织法律服务委员会”，在青岛建设中国—上海合作组织地方经贸合作示范区等。这些举措结合中方优势，紧扣各方需求，有利于组织发展，受到普遍欢迎。

三是9月3日至4日在北京举行的中非合作论坛峰会，此次峰会在历届中非合作论坛峰会中规模最大、规格最高，主旋律是“一带一路”倡议。来自非洲53个国家中的40位总统、10位总理、249位部长、261名国际和地区组织代表等，齐聚北京，共叙友情，共商合作，共话未来。中外参会人员超过3200人，是迄今中国举办的规模最大、规格最高的主场外交活动。习主席在峰会上发表了主旨讲话，全面阐述中国加强对非关系的新理念新主张，宣布中国对非务实合作的新行动新举措。双方见证签署各类合作协议近150份。会议推出了以实施“八大行动”为核心的上百项全面深化中非合作的新举措，中非双方一致同意携手打造新时代更加紧密的中非命运共同体。

此次峰会的主旋律是“一带一路”倡议。非洲国家积极支持并踊跃参与“一带一路”建设，28个非洲国家和非盟委员会同中方签署了共建“一带一路”合作文件，扩展了“一带一路”的朋友圈。非洲是“一带一路”历史和自然延伸，是重要参与方。中非双方一致同意将“一带一路”同联合国2030可持续发展议程、非盟《2063议程》和非洲各国发展战略紧密对接，在共建“一带一路”框架下，未来三年和今后一段时间重点实施产业促进、设施联通、贸易便利、绿色发展、能力建设、健康卫生、人文交流、和平安全“八大行动”。对此，习主席宣布，中国愿以政府援助、金融机构和企业融资等方式，向非洲提供

600亿美元支持；决定在华设立中国—非洲经贸博览会，在农业援助、生态环保、医疗卫生、文体旅游等四方面各实施50个共200个项目，分别提供5万个中国政府奖学金名额和研修培训名额，设立中非和平安全合作基金和中非和平安全论坛等。这些务实举措，将极大促进中非合作更好更快发展，更多惠及非洲人民。

四是11月5日至10日在上海首次举行的中国国际进口博览会，盛况空前，举世无双，主旋律是市场开放。这是迄今世界上第一个以进口为主题的国家级展会，是国际贸易发展史上的一大创举。来自五大洲的172个国家、地区和国际组织参会，参展企业3617家，80多万人进馆洽谈采购、参观体验，成交额达578.3亿美元。首届中国国际进口博览会，不是一般的展会，它主题鲜明、内容丰富、形式多样、作用突出。国家展精彩纷呈，充分展示各国独特文化和优势产业。企业展“国际一流”，首次展出5000多件产品，集聚了各国优质“土特产”，给人们带来了“视觉盛宴”。从二十国集团（G20）、金砖国家、上合组织全体成员国到12个主宾国和58个“一带一路”沿线国家，从200多家世界500强企业和行业龙头企业到35个最不发达国家积极参展，充分说明中国国际进口博览会是中国的，更是世界的;不是中国的独唱，而是各国的大合唱。

本届进口博览会的主旋律是市场开放。习近平主席在博览会开幕式上发表的主旨演讲中指出，举办中国国际进口博览会，是中国着眼于推动新一轮高水平的对外开放做出的重大决策，是中国主动向世界开放市场的重大举措。面对世界经济格局的深刻变化，倡议各国应该“坚持开放融通，拓展互利合作空间”“坚持创新引领，加快新旧动能转化”“坚持包容普惠，推动各国共同发展”。郑重宣示要在激发进口潜力、持续放宽市场准入、营造国际一流营商环境、打造对外开放新天地、推动多边和双边合作深入发展等五个方面加大推进力度。预计未来15年，中国进口商品和服务将分别超过30万亿美元和10万亿美元。中国的这些主张和行动，受到与会嘉宾的热烈欢迎，得到国际社会的广泛赞誉。这场举世无双的“东方之约”，可谓是“全球之益”。

二、中国外交的新气象

（一）中国与世界主要国家和地区的关系显著提升

首先，中国与俄罗斯的关系进入更快发展新时期。中俄互为最大邻国，互为重要发展机遇。2018年，习近平主席专程首次出席俄第四届东方经济论坛，普京总统对华进行国事访问，两国元首在5个多月里成功进行四次会晤，双方进行深入坦诚的交流沟通，对中俄全面战略协作伙伴关系进一步作出部署，就重大国际和地区问题进行对表，体现了中俄关系的高水平和特殊性。双方商定继续深入开展共建“一带一路”和欧亚经济联盟对接，一致同意重点加强能源、农业、科技创新、金融等领域合作，稳步推进战略大项目，积极打造合作新增长点，将两国高水平政治优势转化更多务实成果。2018年前8个月，中俄双边贸易额达675亿美元，同比增长25.7%。在国际事务中，双方强调将继续加强良好合作，同国际社会一道，推动各种热点问题的政治解决进程，共同反对单边主义和贸易保护主义，秉持人类命运共同体理念，推动构建新型国际关系。这一系列共识和举措充分表明，中俄密切关系是双方的战略决断和长远选择，经得起国际风云考验，树立了大国、邻国关系典范。

2018年11月，李克强总理和俄罗斯总理梅德韦杰夫在北京共同主持了中俄总理第二十三次定期会晤，共同签署了会晤联合公报，并一道见证了投资、能源、地方合作、人文、农业、海关、医检、航天等领域多项双边合作文件的签署。目前，中俄关系处于历史上最好时期。

其次，中美推动建立以协调、合作、稳定为基调的关系。中美是世界前两大经济体、最大的发展中国家和发达国家，两国关系健康稳定发展将造福两国和世界人民。然而，特朗普政府奉行“美国优先”政策，以国家“吃亏”、安全为由，发起大范围贸易摩擦。2018年3月22日，美国政府宣布对从中国等国进口的钢铝产品分别加征25%和10%的关税；7月和8月分两批对从中国进口的500亿美元的商品加征25%的关税；9月24日起，又对2000亿美元中国输美产品征收10%的关税。对此，中国为捍卫国家核心利益和人民群众利益，不得不采取相应的反制措施。与此同时，中国政府发布“关于中美经贸摩擦的事实与中方立场”白皮书，强调中美关系的本质是互利共赢，指出美国的所作所为是贸易保护主义和贸易霸凌主义。经贸关系一直是中美关系的压舱石和推进器。2017年中美双边贸易额达5837亿美元，是1979年建交时233倍。历史和现实一再证明，中美贸易合作是双赢关系，绝非零和博弈。12月1日，习近平主席应邀同美国总统特朗普在阿根廷会晤，双方就中美关系和共同关心的国际问题进行了深入交流，达成重要共识，为今后一段时期的中美关系指明了方向。两国元首决定停止互相加征关税，并将朝着取消所有加征关税的方向，加紧磋商，尽早达成互利双赢的具体协议，推动双边经贸关系尽快回到正常轨道，实现双赢。双方同意推进以协调、合作、稳定为基调的中美关系。中方重申了在台湾问题上的原则立场，美方表示将继续奉行一个中国政策。这次中美元首会晤成果再次表明，中美之间的共同利益大于分歧，合作的需要大于摩擦，两国有足够的政治智慧，能够在不冲突、不对抗、互相尊重、合作共赢的基础上发展双边关系。合作是双方的最好选择，共赢才能通向美好未来。

最后，中欧关系迈上新高度。中欧是世界两大稳定力量和两大主要经济体，长期以来，欧盟是中国第一大贸易伙伴、第一大技术来源地和重要外资来源地，中国是欧盟第二大贸易伙伴，2017年中欧双边贸易额超过6000亿美元，双方坚持推进和平、增长、改革、文明四大伙伴关系建设。2018年是中欧建立战略伙伴关系15周年，调动起欧洲国家加强同中国合作的更大积极性。法国、英国、德国、荷兰、奥地利等多位欧洲国家领导人访华，欧洲理事会主席和欧盟委员会主席来华出席第二十次中国欧盟领导人会议，习近平主席和李克强总理分别同对方会谈和会见，双方把握全方位合作主基调，在支持多边主义、携手应对全球性挑战方面发出共同声音，推动中欧投资协定进入新阶段。2018年11月底至12月初，习近平主席访问西班牙和葡萄牙，掀开了双边关系新篇章，激发了中欧关系新活力。中西、中葡分别发表联合声明，并分别签署涉及经贸、科技、金融、能源等领域约20项合作文件，充分显示出双方互利合作的巨大潜力。习主席此访是连任国家主席后首次出访欧洲，取得丰硕成果，推动中欧合作迈上新高度。与此同时，中国与中东欧国家合作（16+1合作）取得实质性进展，开创了多边合作新模式。双方已推出200多项具体举措，搭建了20多个机制化交流平台，中国与16国全部签署了“一带一路”合作文件，2017年双边贸易额达680亿美元，占中欧贸易额的11%，中方向对方累计投资近100亿美元，16国在华投资超过14亿美元。中国同中东欧国家合作是中欧合作的重要组成部分和有益补充，符合欧洲整体利益，有利于欧洲实现均衡发展和欧洲一体化进程。中欧关系的发展表明，大国之间不仅可以和而不同、求同存异，而且能够聚同化异、优势互补。

（二）中国同周边国家关系迈上新台阶

周边国家是我国外交的重点。2018年是中国—东盟建立战略伙伴关系15周年，11月李克强总理出席中国—东盟领导人会议和东亚峰会等并访问新加坡，发表了“中国—东盟战略伙伴关系2030年愿景”，中国和东盟战略伙伴关系进入成熟期。双方建立并升级了发展中国家最大的自贸区，九成以上商品实现零关税；10个东盟国家均同中国签署了“一带一路”合作协议，带动了一批基础设施互联互通和产能合作大项目落地。全面落实“南海各方行为宣言”，保持了南海局势稳定。“南海行为准则”磋商取得重要进展，各方共同形成了单一磋商文本草案，并一致同意在2019年内完成第一轮读审，争取未来三年完成“准则”磋商。中国连续九年成为东盟最大贸易伙伴，东盟连续7年成为中国第三大贸易伙伴，2017年双边贸易额跃升到5100亿美元，双向投资累计超过2000亿美元，人员往来增加到5000万人次，务实合作惠及11国20亿人民。2018年5月8日，李克强总理前往东京出席中日韩三国领导人会晤，并首次对日本进行正式访问，推动中日关系重回正常轨道。2018年是中日和平友好条约缔结40周年，日本首相安倍晋三于10月访华，习近平主席和李克强总理分别予以会见和会谈，取得实质性成果，中日关系由“冷”变“暖”。中韩两国关系稳步改善和发展，两国元首达成的各项共识正得到有效落实。中日韩合作重新启动，为东亚合作打开新局面。2018年3月以来，习主席三次接待朝鲜金正恩委员长访华，双方就深化新时代中朝友好合作、促进地区和平稳定发展等重大问题全面深入交换意见，达成一系列共识，并得到有效落实。中朝关系开启了新篇章。中印互为重要邻国，又是全世界最大的两个发展中国家。近几年，中印关系受边界等历史遗留问题和“洞朗”事件影响，受到一些干扰。2018年，习近平主席同印度总理莫迪进行了四次会晤，特别是4月在武汉的非正式会晤，双方进行深度战略沟通，达成许多重要共识并正在扎实落实，开创了两国关系全面向好的积极态势。中国同巴基斯坦“全天候战略合作伙伴关系”不断发展。2018年11月，习近平主席对文莱和菲律宾进行国事访问，为中文、中菲关系发展带来重大机遇。中文将关系定位提升为战略合作伙伴关系，中菲宣布建立全面战略合作关系。中文、中菲在南海有广泛共同利益，双方一致认为应当由当事国通过友好协商妥善处理分歧，持续推进海上合作和“南海行为准则”磋商。中文签署共建“一带一路”合作规划等政府间协议，将加快探讨海上共同开发步伐。中菲签署约30项合作协议，包括基础设施建设、海上油气合作开发、农业、金融、海关等领域，展现出双边合作前所未有的生命力和新气象。

（三）中国同发展中国家的关系开创新局面

加强同发展中国家的团结合作，是中国外交长期、坚定的选择。2018年7月，习近平主席出访中东的阿联酋、非洲的塞内加尔、卢旺达、南非和毛里求斯，11月访问太平洋岛国巴布亚新几内亚并同八个建交岛国领导人会晤以及访问文莱、菲律宾，12月初访问阿根廷和巴拿马。习主席这三次出访，行程10万多公里，飞越万水千山，足迹遍布亚、非、拉，谱写了中国加强同发展中国家团结合作的精彩“三部曲”。访问期间，双方共签署了约160项合作文件，涵盖经贸、能源、基础设施建设、金融、农业、文化、司法、文教、科技、海关等领域，展现出双边合作的新活力和新气象。2018年中拉、中阿、中非合作论坛相继举办会议，实现了中国对发展中国家集体对话机制重大活动的全覆盖。中拉论坛部长级会议制定了到2021年的优先领域合作共同计划、习主席在中阿合作论坛第八届部长级会议上提出的4点倡议和一系列重大举措、在中非合作论坛北京峰会上提出的“八大行动”“五不”“四个坚持”“六位一体”以及宣布助力太平洋岛国经济社会发展一揽子计划，充分体现出中国对发展中国家所秉持的正确义利观和亲实真诚的外交理念。中方主办的博鳌亚洲论坛年会、上合组织青岛峰会等重大主场外交，也是发展中国家“唱主角”。这充分体现了当前发展中国家团结合作的新局面，也展现了中国矢志不渝推进南南合作的坚定意志。

（四）共建“一带一路”掀起新高潮

习近平主席提出的共建“一带一路”的重大倡议，得到各国的积极响应和广泛支持。2018年举办的三大论坛和习主席的四次出访，就是充分的证明。中拉论坛会议发表了《关于“一带一路”倡议的特别声明》，标志着中拉共建“一带一路”进入新阶段。目前已有12个拉美和加勒比国家与中国签署“一带一路”合作谅解备忘录。中阿合作论坛发表了《中阿共建“一带一路”行动宣言》，8个阿拉伯国家与中国签署了共建“一带一路”合作文件，使其总数达到17个。在中非合作论坛北京峰会上，近30个非洲国家与中国签署了共建“一带一路”合作文件，掀起了又一波支持参与“一带一路”建设的热潮。2018年，习近平主席四次出访亚非拉欧诸多国家，“一带一路”是其重要内容，15个国家与中国签署了共建“一带一路”合作协议。目前，已有140个国家和国际组织同中国签署了150份共建“一带一路”合作文件，签署范围从亚欧大陆扩展到非洲、拉美和加勒比地区、南太平洋地区。“一带一路”精神被写进联合国、上合组织、亚欧会议等重要国际机制成果文件，日益成为国际合作共识。迄今，我国与沿线国家的贸易额超过6万亿美元，对沿线国家直接投资超过800亿美元，在沿线国家新签对外承包工程合同额超过5000亿美元。我国在沿线国家建设境外经贸合作区82个，入住企业3995家，累计投资289亿美元，为当地创造了24万多个就业岗位和20亿美元的税收。“六廊六路多国多港”的主骨架加速隆起，铁路、公路、水路、空路、管路、信息高速路交织成网，多国成为合作重点，多港撬动联通支点。“一带一路”把中国和各国紧密连接在一起，合奏着互补互助互利的雄浑“交响曲”。

三、中国外交的新作为

（一）中国为推动构建人类命运共同体展现了新作为

近几年来，习近平主席在一系列双边和多边重要外交场合多次倡导“构建人类命运共同体”，联合国六次把构建人类命运共同体写入有关决议，表明国际社会对这一重要理念的欢迎和认可。2018年，习近平主席在上海合作组织青岛峰会上，发表了题为《弘扬“上海精神”构建命运共同体》的讲话，提出了五大观念，为推动建设新型国际关系和构建人类命运共同体提供了指引。同时，习主席在博鳌亚洲论坛年会和中阿合作论坛会议上再次提出构建人类命运共同体，中非合作论坛北京峰会还发表了“关于构建更加紧密的中非命运共同体的北京宣言”，彰显了命运与共、共迎挑战的决心。共建“一带一路”是践行构建人类命运共同体的重要平台，越来越多的国家参与共商共建，形成合力，实现理论与实践的有机结合和相互促进，为破解时代难题提供了世界共赢的“中国方案”，为完善全球治理贡献“东方智慧”。

（二）中国为推动建立开放型世界经济展现了新作为

世界正经历新一轮大发展大变革大调整，新一轮科技和产业革命给人类社会发展带来新的机遇，也提出前所未有的挑战。个别国家奉行保护主义、单边主义政策，给全球经济带来冲击。在这迷茫的十字路口，习近平主席把握历史规律和世界大势，在博鳌亚洲论坛2018年年会上庄重宣布中国扩大开放的四大举措，再次展示了中国开放的大门“只会越开越大”的坚定决心，为推动构建开放型世界经济和人类命运共同体指明了方向和注入强大信心。2018年中国成功举办首届国际进口博览会，就是中国主动扩大开放、促进全球贸易与世界经济增长贡献的“中国方案”，以实际行动展示了中国对构建开放型世界经济的坚定支持，受到国际社会的高度赞赏。在二十国集团领导人峰会上，习主席发表了引领性讲话，提出了四个坚持：坚持开放合作，维护多边贸易体制；坚持伙伴精神，加快宏观政策协调；坚持创新引领，挖掘经济增长动力；坚持普惠共赢，促进全球包容发展。中国提出的这些倡议，为推动本次峰会就重大国际问题达成共识并通过领导人宣言发挥了重要作用。

（三）中国为维护多边体制和国际秩序展现了新作为

在多极化的世界中，多边主义是解决问题的必由之路。联合国作为最具普遍性、代表性的政府间国际组织，是多边主义的重要象征。中国坚定维护联合国的权威和地位，弘扬联合国宪章宗旨和原则，支持联合国在国际事务中发挥核心作用。国际规则必须通过各国平等协商制定，而不能由少数国家说了算。中国坚定反对一切形式的保护主义，坚定维护以世界贸易组织为代表的多边贸易体系，坚定维护《巴黎气候协定》和应对气候变化国际合作成果，坚定构建公正、合理、透明的国际经济贸易投资规则体系，共同推动经济全球化朝着更加开放、包容、普惠、平衡、共赢的方向发展。中国赞成对世贸组织进行必要改革，关键是要维护开放、包容、非歧视等世界贸易组织核心价值和基本原则，保障发展中国家利益和政策空间。坚持各方广泛协商，循序渐进，不搞“一言堂”。2018年11月，在亚太经合组织第二十六次领导人非正式会议上，个别成员执意要把有损于世界贸易组织核心价值和基本原则的单方面主张强加给各方，中国坚持原则，保持定力，广泛沟通，主持公道，与其他方一道，坚定维护了以规则为基础的多边贸易体制，维护了亚洲太平洋经济合作组织（APEC）的协商一致的传统，维护了所有成员国的共同利益。

（四）中国为维护世界和平与安全展现了新作为

中国坚定不移走和平发展道路，坚持奉行和平外交政策，主张通过和平谈判的方式解决分歧和争端，反对使用武力或以武力相威胁。对于国际和地区热点问题，中国积极劝和促谈，支持有关各方通过和平谈判解决争端。2018年，朝鲜半岛局势一度十分紧张，但在各方共同努力下出现了重大转机，半岛问题重回政治解决轨道。美朝领导人新加坡会晤打开半岛核问题僵局，朝韩领导人三次会晤推动南北关系解冻。中国始终坚持通过对话谈判解决问题，劝和促谈，维稳防乱，积极推进“双轨并行”思路和“双暂停倡议”，为推动半岛无核化进程、维护半岛和平稳定发挥着特殊的不可替代的建设性作用。面对朝鲜半岛新形势，中国鼓励半岛北南双方抓住机遇改善关系，支持美朝两国相向而行，照顾彼此合理关切，使半岛和谈进程不断取得积极进展。关于巴勒斯坦问题，中国坚定支持和推动中东和平进程，支持巴勒斯坦人民恢复民族合法权利的正义事业，以“两国方案”和“阿拉伯和平倡议”为基础，推动巴以和谈尽快走出僵局。在伊朗核问题上，中国坚定站在国际法和国际道义一边，主张经过协商一致并得到安理会核可的多边协议应当得到遵守，愿同其他各方一道，坚持这一协议的有效性，反对单边制裁。同时，中国还积极推动阿富汗、缅北、叙利亚等问题的政治解决。中国积极参与联合国维和行动，现有2500多名官兵在世界上8个热点地区执行维和任务。中国已累计派出3.7万人次军警官兵先后参加24项联合国维和行动。最近，中国组建完成的8000人维和待命部队通过联合国考核评估，随时准备奔赴世界各地执行任务。中国愿继续同各方一道，为维护世界和平、安全与正义承担大国应尽的责任，积极作为，努力做出更大贡献。

中美合作共赢四十年

陶文钊

【内容提要】中美关系正常化四十年来，两国之间有分歧、有摩擦，但共同利益远远大于分歧，两国关系是一直向前发展的。进入21世纪，中美关系在全球治理中的分量越来越大。合作共赢是两国四十年关系的主旋律，是两国关系的本质。两国都从健康、稳定的双边关系中得到了巨大的好处，也促进了世界的和平、繁荣和稳定。特朗普当政后，中美关系中出现了新情况，新的《国家安全战略报告》和《国家防务战略报告》把中国定位为“修正主义国家”“战略竞争者”，加上美方挑起的贸易摩擦，说明美国对华政策正在发生实质性转变。我们仍然要冷静、沉着，努力缓和摩擦，管控竞争，把两国关系中的积极因素都发挥出来。维护中美关系的大体稳定仍然是有可能的。

【关键词】中美关系　合作共赢　相互依赖　战略转型

【作者简介】陶文钊，中国国际问题研究基金会高级研究员，中国社会科学院荣誉学部委员、美国研究所研究员。

中美关系正常化整整四十年了，这四十年不是轻轻松松走过来的。作为两个历史文化、社会制度、意识形态都不同的国家，两国之间有分歧、有摩擦，但双方的共同利益远远大于分歧；由于国际形势的变化和两国本身的原因，两国关系时有颠簸，甚至有大起大伏，但总的说来，两国关系是一直向前发展的，尤其进入21世纪以来，中美关系在全球治理中的分量越来越大。可以肯定地说，合作共赢是两国四十年关系的主旋律，是两国关系的本质。两国都从一个健康、稳定的双边关系中得到了巨大的好处，也促进了世界的和平、稳定和繁荣。

一、合作共赢是两国关系的主旋律

（一）中国的获益

中国从中美关系中的获益主要表现在四个方面：帮助构建对现代化有利的国际环境，促进经济增长，反对“台独”势力的分裂活动和人文交流。

过去四十年，中国聚精会神进行现代化建设。为现代化建设营造良好的国际环境是中国外交的主要任务。对中国来说，与美国关系是重中之重。美国是中国现代化过程中所要处理的最大外部因素。美国是当今国际体系的主要缔造者。它是西方国家的领头人，冷战结束后成了唯一的超级大国，在国际事务中发挥着重要作用。在中美关系正常化之前，很多西方资本主义国家已经与中国建立了外交关系，但是因为中美关系没有正常化，他们得看美国的眼色行事，所以跟中国的正常关系也发展不起来。中美建交以后由于美国的态度而造成的某些国家与中国的关系发展不快的情况，也得到了相应的改善。中美关系正常化、两国关系的健康、稳定发展对保证中国的现代化建设具有一个持续的良好环境是有重要作用的。过去四十年中，中国的外部环境，尤其是周边环境总体说来是安全的、稳定的，这与中美关系总体稳定密切相关。

改革开放初期，中国面临的困难非常之大，中国资金奇缺，技术落后，管理水平低下。邓小平当时反复强调的一个思想是要“吸收和借鉴人类社会所创造的一切文明成果，加速我国的现代化建设”。[①] 邓小平在访问美国期间十分恳切地表示，为了实现四化，“我们主要依靠过去三十年建立起来的基础和积累起来的建设经验，同时也特别注意加强同世界各国的经济、文化和科技交往。美国作为当今世界上经济发达的国家，在工农业生产和科学技术的很多领域领先，在经济管理和教育事业方面也有很多成就，我认为，进一步发展我国人民同美国人民的友谊，向美国人民学习，完全符合中国人民的利益”。[②] 中美关系正常化后，美国的资金进来了。资金不单是钱，它还带着设备、带着技术，带来了工程技术人员，也带来了先进的管理水平。改革开放初期的一个大问题是大量农村劳动力向城市转移。他们文化水平不高，没有多少专业技术，要解决数亿农民工的就业不是容易的事情。而美国的劳动密集型产业早就向全世界扩散了。中国改革开放了，就把美国早先转移到东亚新型工业化国家和地区的劳动密集型产业转移到了中国，解决了数亿农民工就业的问题。中国制造业发展过程中的一个大问题是市场，而美国是世界上最大的市场，相当长一个时期，中国出口产品的近1/3的最终目的地是美国，这个可观的外部市

① 王泰平主编：《邓小平外交思想研究论文集》，世界知识出版社，1996 年，第 6 页。

② 中共中央文献研究室编：《邓小平年谱（1975-1997）》上，中央文献出版社 2004 年版，第 480 页。

场对中国制造业的发展贡献不小。

中国加入世界贸易组织是改革开放过程中具有里程碑意义的大事。江泽民、朱镕基等中国领导人下定决心要加入“世贸”，克林顿政府和乔治·沃克·布什政府总体来说是支持自由贸易、支持中国“入世”的。克林顿在任期最后一年全力以赴，克服重重阻力，通过了对华永久性正常贸易关系立法（Permanent Normal Trade Relations, PNTR）。这是中美关系从正常化以来最具有实质性意义的发展。中国“入世”后的十年中，充分享受了“入世”带来的市场优势和制度优势，对外贸易每三年翻一番，强劲拉动GDP增长，2001年中国的GDP是1.16万亿美元，不到世界GDP总额的4%，居世界第六位；2010年达到了5.88万亿美元，超过世界GDP总额的9%，并在这一年超过日本居世界第二位。这是中国真正经济起飞的阶段。总之，中美经贸合作促进了中国经济发展和民生改善，有利于中国企业融入全球产业链和价值链。

台湾问题一直是中美关系中最重要、最敏感的问题。邓小平生前对于中美关系中的台湾问题时时牵挂在心，既与美国进行了坚决的斗争，也对美国表示了一定的期望。他说：“我们希望美国不要做妨碍用和平方式解决台湾问题的事情。美国有力量也有条件促进双方谈判，美国在促进用和平方式解决台湾问题上，可以做很多事情。”[①] 美国对台湾的政策是两面的政策，既承认一个中国，又与台湾保持着售台武器等军事关系，并因此对中美关系造成周期性冲击。但如果“台独”分裂势力冲撞一个中国的底线，美方也会表示不满，提出批评，甚至予以严

---

① “1981年8月27日会见卡特前总统的讲话”，中共中央文献研究室编：《邓小平年谱（1975-1997）》下，第766页。

厉谴责。1999年克林顿政府批评李登辉的“两国论”是一个例子。在陈水扁当政时期，“台独”分裂势力尤其嚣张。中国领导人江泽民、胡锦涛、温家宝一再向乔治·沃克·布什总统和布什政府高官表示，“坚决反对和制止‘台独’，维护台海和平稳定，符合中美共同战略利益”。[①] 从2002年8月起，布什政府不断地公开严厉谴责“台独”分裂势力的“废统”“修宪”“以台湾名义加入联合国的公投”等等分裂活动，在一定程度上遏制了“台独”势力，与中国政府一起维护了台湾海峡的稳定。[②]

与美国的人文交流也使中国获益匪浅。早在两国关系正常化之前，邓小平就决定要向美国派遣留学生，明确表示，“我赞成增大派遣留学生的数量，派出去主要学习自然科学。要成千上万地派，不是只派十个八个。”[③] 此后，留学美国成为近代留学运动的新潮流，既有公派的，更多是自费的；学习的门类遍及理工农医及社会和人文科学。截至2016年，中国大约有458万学生到世界各国留学，已经回国的有322万。[④] 而美国无疑是留学的首选之地。例如2017年中国的留学生总人数为60.84万，赴美留学的人数为35万，超过赴其他各国留学人数总和。[⑤] 留学生把海外学到的先进科学知识带回国内，已经成

① “胡锦涛昨晚同布什通电话”，2005年12月6日，《人民日报》2005年12月7日。

② 参见陶文钊主编：《美国思想库与冷战后美国对华政策》，中国社会科学出版社，2014年，第二章第一节。

③ 中共中央文献研究室编：《邓小平思想年谱（1975-1997）》下，第71页。

④ 陈宝生：“让留学生回国潮来得更猛烈些吧”，2017年3月12日，http://edu.people.com.cn/n1/2017/0312/c1053-29140221.html。

⑤ “中国到美国的留学生有多少”，https://baijiahao.baidu.com/s?id=1599591712124981219&wfr=spider&for=pc。

为四化建设的栋梁之材。[①]

（二）美国的获益

美国同样是中美关系的受益者，这主要表现在四个方面：反对国际恐怖主义及防止大规模杀伤性武器的扩散，增进经济利益，共同应对气候变化，以及促进双方人文交流。

2001年9月11日基地恐怖组织对纽约世界贸易大厦、美国国防部五角大楼等地的恐怖袭击使美国本土遭受史无前例的攻击。中国领导人立即对袭击进行了强烈谴责，表达了合作打击恐怖主义的意愿。唐家璇外长在访问美国时明确表示，“在反对恐怖主义的斗争中，中国人民和美国人民以及整个国际社会站在一起”。[②]中国支持了联合国安理会关于打击恐怖主义的各项决议。中国还运用自己的影响力，说服巴基斯坦成为美国打击塔利班的前线国家。中美成立了反恐磋商机制，共享信息和情报、在执法联络以及金融资产监控方面进行良好合作。

“9·11事件”以后，防止大规模杀伤性武器的扩散成为美国与反恐并重的首要关注。中国进一步完善了防扩散机制，实现了从行政管理向法制化管理的转变，实现了与国际惯例的接轨。中国加入了核供应国集团，加入了美国发起的集装箱安全倡议。尤其在关于朝核问题的六方会谈中，中国发挥了东道

---

① 据统计，有留学经历人员在“两院”院士中占80.49%，在教育部直属高校校长中占77.61%，在国家重点实验室和教学研究基地主任中占71.65%，在长江学者中占94%，在国家“863计划”首席科学家中占72%。“访问学者要明确不同学历阶段出国的意义”，http://news.163.com/08/1014/07/4O6S3O9E0001124J.html。

② “唐家璇在华盛顿发表演讲”（2001年9月21日），http://www.chinadaily.com.cn/gb/doc/2001-09/21content_9408.htm。

主、美朝之间的斡旋者和会谈积极参与者的三重作用，尽心竭力，充分发挥政治智慧，与参与各方一道，达成了2005年9月19日的“共同声明”，并使宁边核设施的无核化取得了一定的进展，一再受到乔治·沃克·布什政府的赞扬。[①] 虽然由于事件本身的复杂性，由于美俄之间的深刻矛盾，后来发生了逆转，但中美双方的合作及有关各方的共同努力是不应被否认的，在那些年里，朝鲜半岛和东北亚地区的安全形势是基本稳定的。

在另一个引起国际社会广泛关注的伊朗核问题上，中国与美国也是相互合作的关系。中国在美伊之间劝和促谈，既要求伊朗顾及国际社会的关切，不发展核武器，又坚持政经分开的原则，反对将核问题与国家关系及正常的经贸关系挂钩。尤其在2013—2015年密集的高强度谈判中，中国以建设性姿态积极参与，充分发挥正能量，在不同阶段提出切合实际的主张，锁定已有共识，推动谈判以分步、对等的原则解决问题，终于与有关各方一道，达成了《全面联合行动计划》，奥巴马总统打电话给习近平主席，对中国发挥的“十分重要的作用”表示感谢。[②]

---

① 如布什在2003年10月出席曼谷亚太经合组织峰会期间就曾说：“我要感谢胡主席在北京会谈中的领导作用。我们讨论了如何推进北京会谈。我们讨论了如何达到我们共同的目标，那就是无核化的半岛……我要感谢胡主席”。George W. Bush: “Remarks Following Discussions With President Hu Jintao of China in Bangkok,” October 19, 2003. Online by Gerhard Peters and John T. Woolley, *The American Presidency Project,* http://www.presidency.ucsb.edu/ws/?pid=612.

② 《习近平同美国总统奥巴马通电话》，2015年7月22日，http://news.sina.com.cn/0/2015-07-22/050032133025.shtml。

中美的经贸关系是互利双赢的一个范例。2017年两国双边贸易额达5837亿美元（中方统计），是1979年建交时的233倍，是2001年中国“入世”时的七倍多。商人不会做赔本的买卖，如果不是互利双赢，双边贸易是不会发展到这种规模的。美国从两国经济关系中获益是多方面的：中国廉价物美的产品丰富了美国消费者的选择，降低了他们的生活成本，如2015年中美贸易平均为每个美国家庭节省850美元；降低了美国通胀水平，为美国实行扩张性的宏观经济政策提供了较大的空间；为美国创造了大量的就业机会，2015年美国对华出口和中美双向投资支持了美国260万个就业岗位；为美国企业创造了大量的商机和利润，2017年中国是美国46个州的前五大货物出口市场之一；还促进了美国的产业升级。[①] 中美经贸关系绝不是零和博弈。

中美两国在能源、环境方面的合作始自乔治·沃克·布什时期，2008年，《中美能源和环境十年合作框架》在战略经济对话期间的签署是一个标志性事件。奥巴马政府把应对气候变化置于治国理政的重要议程之上，中美两国在应对气候变化方面进行了卓有成效的合作，特别是在2014—2016年这三年，习近平主席和奥巴马总统接连发表了三份关于气候变化的联合声明，在每年的战略与经济对话中都不断充实双边合作的内容，使应对气候变化成为中美双边关系的一大支柱。中美两国作为世界上两个能源消费大国、两个温室气体排放大国的带头作用产生了广泛的国际影响，促成了联合国气候变化巴黎峰会（2015年11月30日至12月11日）的成功举行和《巴黎气候协

---

① 中华人民共和国国务院新闻办公室：《关于中美经贸摩擦的事实与中方立场》，《新华每日电讯》2018年9月25日第3版。

定》的达成。2016年9月，中美两国又率先向联合国提交了《巴黎气候协定》的批准文书，使协定得以及时生效。

美方同样从与中国的人文交流中获益。美国把中国最聪明的一部分“头脑”吸引了去，他们在美留学期间、在毕业以后所从事的科学研究工作对于美国高等教育保持高水平高质量是一个重要贡献。奥巴马政府时期中美人文交流提高到了一个新的层次，双方建立了人文交流高层磋商机制，拓展了在教育、科技、文化、体育、旅游等领域的交流合作，尤其是互派留学生的工作得到较大发展。美方启动了“十万美国人留学中国”计划，国务院还成立了“十万强基金会”促进美国学生来华留学；中方则提供了3万名留学生的交流基金。据统计，现在在美国的留学生中约有1/3（35万人）来自中国，他们缴纳的学费也成为美国教育经费的重要部分。这些曾经留美或已经在美国工作的中国科学家和工程师也为美国的科技进步和经济发展做出了重要贡献。

中美两国的合作也是对国际社会的贡献。两国在防扩散方面的合作维护了国际防扩散体系；两国在二十国集团（G20）中的合作帮助国际社会从金融危机中逐渐恢复，中美两国成为世界经济增长的“双引擎”；两国在气候变化方面的合作帮助国际社会走出哥本哈根峰会后的阴霾，开辟了应对气候变化的灿烂前景。历届美国政府都有过多次这样的表示：没有中美两国的合作，任何重大国际问题都难以解决。[①]

二、缓解摩擦，管控竞争，争取中美关系总体稳定

特朗普就任美国总统后，中美关系中出现了新情况。特朗普政府于2017年12月发布的《国家安全战略报告》与2018年1月发布的《国家防务战略报告》颠覆了冷战结束后历届美国政府的两个共识，对国际政治形势、对中国作出了新的判断。过去历届政府都认为，冷战结束后，传统安全威胁下降，非传统的安全威胁上升，共同应对如恐怖主义、金融危机、气候变化、跨国犯罪、传染性疾病这类非传统威胁成为国际社会，尤其是大国合作的新的基础。特朗普政府的上述报告却确认了地缘战略竞争的回归，认为对美国最大的威胁来自大国竞争，主要是中国和俄罗斯。以往历届政府都表示欢迎中国的崛起，虽然也会对中国的一些政策和做法表示不满，但总体上肯定中国的改革开放和经济建设的巨大成就和对国际社会的贡献。但上述两个报告却把中国定位为“修正主义国家”和“战略竞争者”。特朗普政府又发起了对中国的前所未有的贸易摩擦，表明美国

① 布什政府的国务卿赖斯2008年6月29日在访问中国的记者会上说：“我们（中美两国）有分歧，但这些分歧没有模糊一个非常重要的事实，这就是，如果我们要解决在国际社会中面临的许多挑战的话，美国与中国就必须合作。” http://www.aerica.gov/st/peacesec-english/2008/june/200806301320abretnuh0.8307611.html；奥巴马政府的国务卿希拉里·克林顿也不止一次作过类似表示，见 Hillary Clinton and Timothy Geitner, “A New Strategic and Economic Dialogue with China”, http://www.wsj.com/articles/SB10001424052970204886304574308753825396372。

对华政策正在发生实质性转变。

但笔者不认为中美两国可以“脱钩”。在过去四十年中，中国作出了巨大努力，以对外开放促进内部经济改革，积极参与全球化。中国既从全球化中获益良多，也为全球化做出了巨大贡献，如今中国经济已经深深融入世界经济，全球经济也已经深度一体化了。今天全球的产业链是几十年来按照生产规律自然形成的，是通过优胜劣汰的比试、竞争、选择、组合形成的，其惯性之强大绝非一国政府的权力所能左右。中美作为世界最大的两个经济体、两个最大的外贸大国，是全球产业链和供应链不可或缺的重要组成部分。两国之间在经济上的相互依存程度已经很深，你中有我，我中有你，不是想割断就能一刀两断的。尽管现在双方有贸易争端，而且以后还会有，但笔者认为经贸关系依然是两国关系的稳定器。

笔者也不认为中美关系会走向“新冷战”。冷战是一个特定历史时期的特定历史现象，它最基本的两个特征是意识形态的对立和集团对抗，这两个特征现在都不具备。特朗普实际上是冷战后历任总统中最不重视意识形态的。美国的美盟国体系本来是美国维护全球霸权地位的一个不可或缺的支柱，但特朗普对它恰恰不予重视，并以他“美国优先”的利己主义一再得罪盟国、羞辱盟国，发生公开争吵，这是美国历史上从未有过的。美国的盟国各有各的利益，不可能结成一个共同应对中国的“统一战线”。最近一个时期中国与日本、韩国、澳大利亚等国关系的改善就是有说服力的例子。既然不具备意识形态对立和集团对抗这两个特征，就不要把中美关系与冷战扯到一起。

笔者认为，由于美国对华政策的转变，中美关系正进入一个战略转型时期。在这一时期，两国仍然是既有合作，又有分歧，但竞争和博弈成为两国关系的新常态；这种竞争是全方位、多领域的，在不同的阶段可能有不同的表现，也可能一方面的竞争刚刚缓和，另一方面的摩擦又尖锐起来，甚至可能同一时间有不止一个突出问题。这是中美关系的一个过渡时期，是一个战略不确定的时期，在竞争和博弈过程中，两国会有相互调适、相互妥协。这个时期可能延续相当长的一段时间，比如一、二十年，通过这个过程会形成中美互动的新模式。

当年邓小平把中美关系正常化作为改革开放整个大战略的重要组成部分，让中美关系服务于中国的现代化建设。历史已经充分证明，这个设计是完全正确的。今后我们仍然要努力缓和摩擦，管控竞争，努力维护中美关系的稳定。要处理好维稳与维权的关系，要冷静、沉着，要防止以民族主义情绪对抗美国的民粹主义，防止意气用事，抵制与美国进行战略摊牌的诱惑；对于美方伤害中国根本利益的举措，既要坚决回击，同时努力寻求对话，尽量通过协商的办法来化解、缩小、缓和双方之间的分歧和争端。要把两国关系中的各种积极因素都调动起来，政府的、民间的；中央的、地方的；商务、文化、教育、军事等各行各业的积极因素都挖掘出来，把中美关系的正能量充分发挥出来，把两国关系潜在的空间都释放出来，努力争取中美关系的大体稳定。

阔步前行的中俄关系

姚培生　丁　超

【内容提要】二十多年来不断升级的中俄关系发展历史证明，中俄关系有着牢固与稳定的基础，符合两国长期的共同利益。对内继续深化改革，对外共同防止外部势力遏制与打压的现实需求，赋予了新时代中俄关系新的发展内涵。2018年在元首频繁会晤的引领下，两国在政治、经济、外交和军事合作领域均取得了突出成就。期待亮点纷呈、高潮迭起的中俄关系带给两国各自发展和世界和平稳定更多利好。

【关键词】中俄关系　元首引领　大国关系　战略协作

【作者简介】姚培生，中国国际问题研究基金会研究员，中国前驻哈萨克斯坦、乌克兰等国大使；丁超，中国社会科学院博士后。

一、深化中俄关系的坚实基础

中国和俄罗斯互为最大邻国，互视彼此为战略合作伙伴，深化中俄关系符合两国的战略利益。中俄关系保持稳定、深化发展的原因在于：第一，是两国都处于国内改革的关键期，两国领导人的治国方略有互通之处；第二，中俄充分尊重各自的历史传统和道路选择，两国结伴不结盟，相向而行；第三，两国在国际体系中处境类似，互视彼此为重要战略依托。在双方共同努力下，中俄全面战略协作伙伴关系在2018年开启新征程，取得新发展，收获新成果。

（一）中俄均处于国内改革的关键期

2017年召开的中共十九大和2018年举行的俄罗斯总统选举，分别开启了中国和俄罗斯改革发展的新时代，也把中俄关系引入新时代，两国携手并肩、昂首阔步踏上新的征程。中共十九大确定了新时代中国特色大国外交的总目标，即“两个构建”——推动构建新型国际关系，推动构建人类命运共同体。不言而喻，不断发展中俄全面战略协作和睦邻友好关系，是实施新时代中国外交政策的重要组成部分。然而，欧美制裁俄罗斯期限不断延长且愈加严厉，俄与乌克兰对峙加剧，造成俄内外问题相互交织、互相影响的复杂局面。这是普京总统面临的前所未有的挑战。因此，普京如何在第四个总统任期内领导国家“实现突破性发展”、巩固俄罗斯大国地位的战略任务，将令国际社会更加关注。

（二）中俄结伴不结盟，相向而行

中俄全面战略协作关系是基于和平共处五项原则，睦邻友好、平等、互利合作的关系。结伴不结盟是中俄两国在国际格局嬗变与整合中的历史选择，符合两国各自的安全利益和经济发展需求。中俄全面战略协作伙伴关系的定位为两国进行战略合作提供了广阔空间。一个国家的发展道路合不合适，只有这个国家的人民才最有发言权，生搬硬套或强加于人都会引起水土不服。中俄双方反复强调，各国人民自由选择其国内发展道路的权利应得到尊重，社会制度的差异不应妨碍国家关系的正常发展；以和平方式解决两国之间的一切争端，不以任何方式使用武力或以武力相威胁。中俄间这种新型大国关系的基础非常牢固，已经受了时间考验。

（三）中俄同为构建公平合理国际秩序的推动者

国际社会只有本着人类命运共同体意识，合力建设新型国际关系，才能共同应对威胁和挑战，维护地球家园的和平与安宁。基于战略取向不同，中俄和美国在一些重大国际问题上长期存在矛盾和分歧。挤压与反挤压、遏制与反遏制的斗争将会长期存在。在此背景下，中俄两国对于战略协作伙伴关系在各自国家总体战略布局中的重要性更加凸显。与此同时，中俄两国均认识到多边贸易体制正面临着前所未有的严峻挑战，重申支持以世贸组织为核心、以规则为基础、透明、非歧视、开放、包容的多边贸易体制，强调建设开放型世界经济的重要性，旗帜鲜明地反对单边主义和一切形式的保护主义。

二、2018 年中俄关系新进展

中俄关系是新时期国家间开展建设性对话的典范，是维护世界和平稳定的决定性因素。政治上的高度互信和战略上的密切配合，使两国在外交、国防、经贸、文化等各领域合作均取得重大进展和突破。

首先，元首外交顶层设计，引领两国关系高水平发展。

元首引领是中俄关系特殊性的重要标志。元首之间的有效对话为双边全面合作奠定了基调，两国领导层的频繁互动，引领两国关系乘风破浪，加速向前。2018年习近平主席和普京总统保持了高频率会晤和密切往来。从2018年5月的上海合作组织青岛峰会，到12月两国元首在二十国集团峰会期间的会晤，还共同出席了金砖国家约堡峰会和东方经济论坛。此外，中俄高层交往机制，两国总理定期会晤、议会合作委员会，以及其他各领域高级别合作机制都运转顺畅，推动中俄各领域合作取得更多新成果。2018年9月12日，中国国家主席习近平首次出席俄第四届东方经济论坛并发表致辞，可以看出其承载的意义非同一般，凸显了新形势下两国务实合作的重要性，将中俄关系提升到一个新高度。

其次，经济、投资提质升级，深化两国物质合作基础。

“一带一路”建设与欧亚经济联盟的对接合作取得突破性进展，实现更高水平、更深程度融合。2018年1—10月，双边贸易额达到了872.5亿美元，同比增长28.2%，超过了去年全年的水平。普京总统表示，“我们完全有理由相信，到今年年底，我们将达到创纪录的1000亿美元的贸易额，中国继续保持俄最大贸易伙伴地位”。根据莫斯科交易所的数据，人民币—卢布货币互换交易量已达到9430亿卢布，中国银行间市场购买卢布的人民币业务量在第三季度达49亿元人民币，比去年同期几乎增加一倍。[①]5月17日签署的《中华人民共和国与欧亚经济联盟经贸合作协定》无疑起到了重要作用，通过进一步简化通关手续，降低贸易成本，为双边经贸合作提供制度性保障。以此为依托，中俄两国将继续优化贸易结构，拓展北极交通通道及基础设施建设、电子商务、服务贸易等合作新领域，培育合作

① “卢布和人民币向美元霸权地位发起挑战”，俄罗斯卫星网，2018年11月28日，http://sputniknews.cn/opinion/201811281026966680/。

新的增长点。11月7日，两国政府又签署了服务贸易领域合作的谅解备忘录。

在能源合作方面，以东线天然气管道、亚马尔液化气项目为示范，继续探讨能源领域深度合作。中国公司在亚马尔项目上承揽了地质研究、北极钻机制造、LNG工艺研究、模块厂监理、项目海运物流等多方面的工作。[①] 能源企业再次扮演中俄合作的“排头兵”角色，对两国战略对接、优化中俄经济合作具有重大现实意义。在农业合作方面，前三个季度农产品贸易额同比增长29%，中方自俄进口农产品22.7亿美元，增长48%。中方希望越来越多的俄罗斯农产品和食品能够受到中国消费者的青睐，推动符合中国检验检疫标准、适销对路的优质俄罗斯农产品和食品出口到中国。在电子商务方面，9月12日，阿里巴巴与俄罗斯直接投资基金、移动公司MegaFon和互联网公司Mail.ru共同组建了一家合资公司（阿里巴巴持有48%的股份），签署了全球首个集电子商务、社交网络和运营商于一体的合作协议，拟在俄罗斯建立集电子商务、社交媒体和游戏娱乐为一体的一站式平台。

再次，地方合作亮点纷呈，筑牢两国合作根基。

自2006年以来，中俄接连举办国家级主题年活动，包括“国家年”“语言年”“旅游年”“青年友好交流年”“媒体交流年”，2018年为中俄地方合作交流年，为增进两国人民了解和友谊发挥了重要作用。中俄两国均为幅员辽阔的大国，各省市经济社会发展具有很强的差异性和互补性，地方合作拥有巨大内生动力和提升空间。目前，中国东北地区和俄罗斯远东及贝

① “亚马尔：探访‘土地的尽头’”，中国石油新闻中心，2017年7月29日，http://news.cnpc.com.cn/system/2017/07/29/001655541.shtml。

加尔地区、中国长江中上游地区和俄罗斯伏尔加河沿岸联邦区合作不断取得新成果。未来两国将进一步激活地区间的传统联系，努力寻找新的双边互动模式和渠道，形成更多的地方合作集群，让中俄关系的政治热度真正传导到地方和民间。

东方经济论坛期间，在两国元首的见证下签署了一系列重要文件，以《中俄远东地区合作发展规划（2018–2024年）》为指导，提出未来合作的主要方向为天然气和石化工业、固体矿物开发、交通和物流、农业、木材工业、水产养殖和旅游业。“滨海1号”和“滨海2号”国际交通走廊以及下列宁斯科耶—同江铁路桥和布拉戈维申斯克—黑河公路桥被列为基础设施领域的优先事项。新规划不同于上个十年运行的文件，优先项目清单大幅减少并加以具体化。[①] 与此同时，由中国政府授权、国家发改委牵头筹建的中俄地区合作发展投资基金正式成立。总规模1000亿人民币，首期100亿人民币，用于落实中俄双边与多边合作中的重大项目。该基金将为俄罗斯远东基础设施项目提供融资，珲春—扎鲁比诺国际运输走廊或将成为首批项目。总之，突出重点、抓住关键、扩大优势成为务实合作新特点。

最后，外交、国防相互匹配，共同维护世界和平发展。

当今世界正处于大发展大变革大调整的转型过渡期，大国关系深入调整，世界经济格局面临深刻演变，国际安全挑战更加复杂多元。加强国际协作、维护地区及世界和平稳定，既是中俄全面战略协作伙伴关系的应有之义，也体现了双方的历史

① 《中俄在俄罗斯远东地区合作发展规划（2018-2024年）》，https://www.yidaiyilu.gov.cn/wcm.files/upload/CMSydylgw/201811/201811181052023.pdf。

责任和大国担当。在11月5日举行的首届中国进口博览会开幕式上，俄总理梅德韦杰夫表示，“愿同中方共同努力，落实好两国元首重要共识，拓展各领域务实合作，密切在国际事务中协调协作，维护国际规则，维护世界和平与稳定。以2019年庆祝两国建交70周年为契机，深化友谊，推动俄中全面战略协作伙伴关系深入发展”。[①]

军事安全合作历来为敏感性最强、可靠性最高、涉及范围最广的国家间合作领域。9月11日至15日，俄罗斯举办“东方—2018”联合军演，同邀中国和蒙古国军队参与演习。此次军演规模为近四十余年来最大，俄军出动30万官兵，参演装备包括3.6万辆坦克、装甲运输车等车辆以及1000多架战机。据中国国防部公布的消息，中国派出近3200名官兵、900多件武器装备以及30架固定翼飞机和直升机参加。“东方”系列军演已举办多次，与先前不同的是，“东方—2018”是战役级军事演习，由中俄两军从战略思想对接，到共同完成战术部署、机动、作战，再到演习结束参演各方查漏补缺，提升军事素养与协同能力。联合军演使中俄两军关系得到加强，也使两国战略协作由军事安全领域扩展至其他各个领域，标志两国战略互信水平达到前所未有之高度。

---

① “习近平会见俄罗斯总理梅德韦杰夫”，新华网，2018年11月5日，http://www.xinhuanet.com/politics/leaders/2018-11/05/c_1123667382.htm。

三、中俄关系的未来展望

加强战略协作，共同推动公平合理的国际政治经济秩序加速形成。当今世界经受诸多挑战，世界经济增长乏力，贸易保护主义思潮抬头，金融市场动荡因素犹存；非传统安全挑战增多，打击恐怖主义、应对气候变化等全球性问题接踵而至。全球治理离不开中俄两国的强力协作。中俄共同面临诸多压力，外部情况相似，需要加强沟通，存小异而求大同。应进一步加强战略协作，在共同关心的国际和地区事务中发出共同声音，相互支持，共同抵挡来自外部的战略压力。此外，两国同为上合组织成员国、共为金砖国家，应借助多边机制和国际组织，在国际事务中抓住各种机会，利用更大空间，发挥更大作用，联合新兴国家和大多数发展中国家，全力推动新兴国家合作走深走实。

深化经济合作，共同构建“欧亚经济伙伴关系”。欧亚经济伙伴关系成为当前中俄关系的新议程，其实质是落实两国领导人关于“丝绸之路经济带”建设倡议与“欧亚经济联盟”建设对接合作的重要共识。普京总统曾提出，俄罗斯外交需要侧重于经济领域，更加务实，致力于与周边国家构建和谐、安全、稳定的睦邻空间。推动“一带一盟”的有效对接，一是需要中俄两国进一步认知彼此在全球区域博弈中的战略属性和务实合作的特点，以“共建共商共享”为原则导向开展合作；二是要发挥各自的比较优势，依托资源供应和消费需求的良性互动，实现区域内合作的制度创新、要素整合、结构创新；三是两国智库和科研机构要加强前瞻性和战略性项目的研判与研究，为两国政府决策提供质量较高、内容创新的研究成果；四是将企业作为两大战略对接的主体，实现市场在资源配置中的决定性作用。

提高人文交流水平，共同完善顶层设计和机制建设。人文交流与政治互信、经贸合作共同构成中俄关系发展的三大支柱，人文交流的健康发展为两国全面战略协作伙伴关系长远发展提供助力，使两国关系在朝着纵深方向发展的过程中拥有更为坚实的基础。中俄人文交流形式创新、程度加深、机制完善都将持续扩大和丰富中俄关系的内涵，推动和支撑中俄关系的进一步发展。经过多年探索和发展后，中俄人文交流机制已经形成了层次清晰的架构，指引、规范着两国人文交流实践的发展。未来中俄人文合作的发展应继续依托两国领导人的顶层设计、战略引导，依照总理定期会晤机制的统筹规划和指导开展工作；围绕教育、文化、卫生、体育、旅游、媒体、电影、档案、青年等问题，借助相对完善、高效的人文交流机制，克服不同时期面临的困难，不断向前发展。

中美关系进入紧张碰撞的历史新阶段

陈永龙

【内容提要】中美关系未必落入修昔底德陷阱，但回避不了紧张碰撞的地缘政治、地缘经济和地缘战略大博弈，尤其当双方力量接近平衡，也就是相对均势的历史性过渡时期，围绕主权、安全和发展的核心利益，双方竞争将更具激烈。贸易摩擦既是各类博弈的前戏，也已成为相互竞博的新常态。世界面临百年未有之大变局，中美正是这场大变局中的主要变量和关键常量。作为新兴和守成大国，中美成为主要碰撞对手既有历史的合理性，也更具残酷的现实性。作为意外当选的美国总统，特朗普的个人秉性和风格特点将会继续给中美关系带来极大的复杂性、不确定性和挑战性。有效管控，竞争共存，互惠共赢应成为稳定和发展中美关系的首要选择。

【关键词】中美关系　贸易摩擦　有效管控　竞争共存　互惠共赢　超越冷战

【作者简介】中国国际问题研究基金会高级研究员，前驻以色列、约旦大使。

一、美国对华政策调整

贸易摩擦成为中美关系进入紧张碰撞新阶段的重要标志，美国对华政策和战略正处于大幅度、甚至颠覆性调整进程中。2017年，很多中国人和美国人还陶醉于中美关系时而擦出的合作火花。习近平主席和特朗普总统短时间内应邀互访，世界羡慕甚至惊叹中美数千亿美元的合作大单。然而，天有不测风云，美国在折腾够了其他主要贸易伙伴后，来了个事先谋划好的急转弯，矛头集中指向中国，世界最大的两个经济体产生了剧烈的贸易摩擦。更确切地说，美国撕毁双方达成的协议，首先与中国产生了贸易争端。许多中外专家评称，总统亲自指挥，副总统发表全面讨伐中国的演讲，政府相关要员扮演各类不同角色，造势的、强压的、威胁的、邀谈的，摆出了一副全政府对华搏击架势。就这样，数千亿美元的合作大单被美方换成了数千亿美元的关税惩罚。以贸易争端为标志，美方开启了中美关系紧张碰撞的新阶段。

其实，中美关系紧张早有前兆，从奥巴马总统任期的后半程开始，中美关系大辩论在美国内一浪高过一浪，“临界点”“十字路口”的论调甚嚣尘上。这些论调在美国遇到了合适的气候和土壤。2017年年底和2018年年初，美国政府先后炮制出台的《国家安全战略报告》和《国家防务战略报告》，其中均直接指称中国和俄罗斯是美国主要战略竞争对手。在对手论和贸易摩擦的喧嚣声中，美方多个动作并举：

例如批准售台武器，通过《与台湾交往法》，干涉中国内政，破坏两岸关系。继续加大美舰机游弋和飞越南中国海频率，进入中国岛礁12海里范围内，侵犯中国主权，搅乱南海局势。更有甚者，美官员放话称2018年美国国防预算的增加是为了应对与中国冲突做准备。就连宣布退出与俄罗斯签订《中导条约》也不放过中国，声称原因之一是为了限制中国研发尖端武器。在妖魔化中国的气氛下，编造和放大对抗论调让中美关系的政治生态发生急剧变化。原先对华认知客观中立者失声，中间立场者右倾，右翼强硬者更加好斗。一些亲历中美关系多年发展并为之做出贡献的学者深感忧虑，担心中美关系在美鹰派“脱钩保安全”的单边孤立主义道路上越滑越远。特朗普政府已将贸易列为国家安全的重中之重，并将其视为对中国“经济入侵”的回应。在特朗普总统和其激进幕僚们看来，与中国的贸易问题，关系着世界上最大的市场，关系着未来若干年国际交往的规则，关系着美国利益。打贸易战先易后难，先体制内后体制外，中国则是美国要攻克的主要目标。其数以万亿、十万亿美元的市场比其他任何国家乃至地区的油水都要大，这是商人特朗普首先要考虑的基本目标。遏制中国，必须按美方设计的结构要求进行调整，必须签订21世纪的“广场协议”，敞开中国金融市场的大门，这是特朗普总统要控制中国经济命脉的行动目标；遏制中国，其他新兴市场国家也将会被迫妥协，美国治下的全球贸易新安排就会水到渠成，这是特朗普总统的全球目标；遏制中国，迟滞其“两个一百年”愿景目标的实现，美国在21世纪将无人能挑战，这是特朗普总统“天下任其行”的终极政治和战略目标。鉴此，中美之间的贸易摩擦注定会长期紧张存在，尽管肯定会有间隙性的平静。2018年12月2日，习近平主席和特朗普总统在阿根廷举行的二十国集团（G20）峰会后举行会晤，双方达成协议，宣布两国“贸易战停火”。双方经贸团队将积极工作，在90天内共同落实两国领导人形成的共识。两国领导人的共识为今后一个时期中美关系指明了方向，即推进以协调、合作、稳定为基调的中美关系。然而，美方在谈判的同时仍动作不断。美国政府试图说服德国、意大利和日本等盟友的无线技术及互联网供应商避免采购中国华为公司的电信设备。特朗普总统本人还在频变调门，一会儿高调肯定他与习主席的对话，宣扬他自己的成功；一会儿高喊“我是关税人”，举着大棒威吓他人。中美对话的道路注定充满曲折。

二、美国视中国为主要战略竞争对手

世界大势和美国国内政治生态恶化的综合性作用促使美国初步确定中国成为其主要战略竞争对手。众所周知，美国在其发展的关键阶段都离不开寻找“敌人”，更容不下任何强劲竞争对手出现。“打击老二”，打击任何挑战者是其一以贯之的霸权外交手段。世界正经历百年未有之大变局大调整大发展，在地缘政治强势回归的今天，第四次产业革命的脚步声由远及近，科技创新竞争空前激烈，谁先拔得头筹，谁就掌握了未来发展的命运。而在这样的国际大势下，美国内党派分裂严重，贫富分化空前，国债民贷，赤字累累。尤其是盎格鲁撒克逊人执政的基础——白人中下层和中产阶级——日益在下坡路上喘息。国内政治倾轧往往需要从外部寻找责任担当方，中国自然而然地成为再合适不过的替罪羊。更重要的是，中美力量对比已达到了历史性的关键节点，即在一般情况下，崛起国的GDP达到霸权国的60%是后者容忍的极限，双方容易发生冲突。20世纪70年代的苏联和80年代的日本均在这一节点上遭美打击。中国成为世界第二大经济体以后，美无视中国改革开放的步伐没有停止的事实，却死盯上我追赶美国速度没有降低的情况不放。美国政治精英中的右翼对华认知和心理逐渐发生了根本性的变化。他们收集伪证，编造故事，制造一个又一个伪命题，公开鼓吹中美关系正常化以来美历届政府对华“接触”政策失败，中国没有按照美国预期的方向发展。相反，中国前所未有地对世界发挥建设性正能量，展现一个新兴大国的责任和担当，却被美歪曲为欲取代美国成为新的世界领袖的意图。焦虑、挫败和失落感或忧患意识，对华示强渐成跨党派共识。在右翼政治精英眼中，“中华民族伟大复兴”与“使美国再次伟大”的两国战略目标之间存在根本冲突，难以调和，冲动性误判中国成为美国战略竞争对手的定位由此而生。

三、中美之间的核心利益碰撞

制度性矛盾和结构性差异发展到一定阶段引起了中美之间的核心利益碰撞。中美两国社会制度不同，经济发展模式和结构差异大。双方是包容、兼容和借鉴还是排斥、脱钩或遏制，在战后确立的同一国际体系内必须进行有效管控，寻求解决出路，否则在不同制度下的常态性对立就会加剧双方对抗的危险。当前中美关系的制度和结构性矛盾十分突出。既有知识产权保护方面的争议，也有所谓强迫性技术换市场的伪命题炒作，还有商业间谍、网络黑客攻击的猜忌和纠纷，但要害的问题主要有四个方面：一是如何看待和对待中国的国有企业。美国以制裁甚至脱钩相威胁，意图强迫中国进行改革；二是如何解读中国长远发展规划和战略目标，“中国制造2025”是美公开质疑、打击的靶子，美国许多政治精英认为中国要挑战美国的世界领导权；三是对中国“一带一路”倡议误读甚至恶意中伤，认为这是扩大势力范围的中国式马歇尔计划，于是一方面诬蔑中国搞债务陷阱，资源侵略，另一方面谋划印太战略与之相抗衡。彭斯副总统内外奔走呼号，鼓吹新成立的拥有600亿美元的“美国国际开发金融公司”意在应对中国的“一带一路”倡议；四是把中国在自己的国土上加强安全防范建设硬生生地戴上“改变现状”的帽子，把中国对自己的海外利益保护举措歪曲为与美国争夺海上霸权的挑战。美国带着西方价值观的有色眼镜，装着冷战的陈旧思维，不但不能解决问题，就连本来是合作的共同点和共同利益也会变成利剑捅向对方。

四、历史选择和人改变历史的例外典型

应当说，特朗普当选美国总统是历史的选择，是美国政治生态变化的结果。然而特朗普总统置国际多边主义于不顾，正在把美国拖入非正常发展的轨道。他不是一位循规蹈矩的总统，而是一位商人出身的政治素人却充满伟人伟业的幻想。美国利益第一和让美国再次伟大已成为他的口头禅。他似乎在把美国拉回十九世纪的重商主义和孤立主义，扮演不费代价的世界霸主角色。为此，他会不惜一切手段，不计任何后果，让他国利益服从美国利益。伴随着崇尚伟人、强者和历史创造者的欲望甚至野心，其决策过程中不乏冒险和赌徒心理，常置他人意见于不顾，哪怕是他认可的阁僚或亲人。

乱中谋势取利是特朗普最直白的行为逻辑。他搅混一切，打乱对手，但并非没有清晰的思路和战略考虑。他的行事原则是，凡对美国不利的，他都要打破。他基本遵循了先破后立、

边破边立，或暂时不立的思路。把别人折腾够了之后在美国的强大压力下作出让步就是他的“立”，轻多边重双边也是一种“立”。他在体制内外上下齐手，当人们还在议论他毫无章法可言的“推特治国”表演时，他突然宣布与欧盟达成停打贸易战，争取达成所谓零关税的框架协议。他有智有谋，先与墨西哥达成双边贸易框架协议，再以此逼迫加拿大就犯，按美方要求谈判达成美墨加三方协议。他有计划有步骤地与韩国达成了首个双边自由贸易协议，然后表示还要与日本等国家谈，对中国不着急，因为他已在美墨加协议中埋好了“毒丸”条款，足见他“立”的思路。特朗普总统的一言一行让人们不能再以传统的逻辑思维看待他了，也许他已在有意无意中宣告了旧时代和旧价值的终结。

特朗普总统最大的特点也许在于，他不仅是一个简单、任性、随性、深谙利益交换的商人，或典型的霸凌主义者，而在于他就是一个历史匆匆过客，只不过多了点特殊的个人色彩。然而这个色彩不是披在一个普通商人身上，而是美国第45任总统。他的当选有着明显的世界和美国综合形势的背景，他被某些西方评论家声称是（美国）白人至上的最后希望。他手中握有超常的经济实力和军力，世界各国就不能不认真对待了。他或许会成为实现新旧历史交替的代表人物，这要取决于他多变的思维能否顺应历史发展潮流。基辛格博士称他是历史出现的意外，尽管如此，他对战后资本主义秩序着着实实地放了一把大火。就中美关系而言，他也实实在在捅了一个大窟窿。即便他离开总统职位，中美关系也不可能回到从前。中美双方都在探索两国关系的新范式。发展中美关系需要创新思维，创新实践，构建21世纪改变历史的大国关系秩序。

五、重新认识和评估中美关系

从历史高度、全球视野和两国国情角度看中美，重新认识、重新评估、准确定位新时期中美关系十分必要。2019年，中美关系正常化迎来不惑之年。谁曾想，40年双边交往如此之大之深；谁曾想，40年后要迈步从头越！40年来，中美关系虽经历许多沟沟坎坎，但不乏合作与收获。中国40年的改革开放，借鉴了西方国家，尤其是美国，当然还有其他新兴国家的市场经济模式和管理经验，顺应世界经济全球化的潮流，结合中国自己的国情，摸着石头过河，终于探索出一条具有中国特色的社会主义市场经济道路。中国的成功没有忘记与我们合作过的任何发达国家和广大发展中国家，中国市场的大门只会越来越开放。中国更没有回避发展的责任和担当，我们欢迎所有国家搭乘中国发展的顺风车。中国已是当今国际社会堂堂正正的一员，不可或缺的发展中大国。中国对世界经济增长的贡献率超过30%，中国和美国，合起来对世界经济增长的贡献率超过50%。细数中美关系40年的历程，中美之间有过许许多多双边合作和共同收获；有过同舟共济、共克时艰、携手激活和放大G20作用的创举；有过联手应对非洲艾博拉瘟疫的共同担当；有过共同引领全球应对气候变化谈判，促成《巴黎协定》诞生的荣耀；有过理性处理双边关系中重大历史性事件的成功经历；有过无数次克服和超越矛盾和分歧的艰苦努力和智慧分享。然而中美关系真正的好日子可能还没有开始，有人偏偏在这历史的重要节点上想要把这一对全球不可或缺的关系引向对抗之路。这是极其严重的历史性误判误导！既违背时代潮流，也不符合中美两国国情。中美分歧不是当今世界的主要矛盾。人类社会的主要矛盾正在发生明显变化，地缘政治矛盾已逐步让位于日益深化的全球化、信息化与全球治理、地区治理和国家治理滞后的矛盾。这才是美国、中国和世界各国首先应当关注的。作为世界两个最大的经济体，中美所面临的最大挑战首先应当是自身的，双边问题的解决首先要看是否与时代潮流合拍，然后再根据对方政策和结构的影响进行协商解决。中美关系的定位，不能脱离时代大势，要面对现实，更要向前看；要换位思考，更要包容互鉴。中华人民共和国成立后，中美经历过敌对、准同盟、伙伴或同路人的关系定位。时代在发展，理念不能落伍。竞争是时代发展的最大特征，互惠是国际合作的基本道义。美国当下单边主义倾向严重，面临颠覆多边合作道德价值的极大风险。双方应当认识到，中美谁也吃不掉谁，对抗只会陷入死胡同。竞争性互惠关系定位也许是历史赋予中美两国的最佳选择。

六、碰撞中相互塑造，竞争中谋求合作

管控对抗、超越冷战应成为中美交往的最高境界。中美关系当前气氛紧张而脆弱，有人还想继续在贸易摩擦上大做文章，强压、讹诈手段还在进行中。把贸易摩擦深化和扩大化，对华发动新冷战的图谋还在发酵中。就连在他国领土上没有任何证据的情况下拘押中国华为公司财务总监这样恶劣的政治事件也成了美国的手段之一。稳定中美关系任重道远。稳定中美关系需要高处着眼和战略定力，需要中美的共同智慧。在此，笔者有几点想法：一是解铃还须系铃人。贸易战、冷战、热战

都没有赢家，止战越晚，伤害越大。发动者主动止战不丢人，中国愿积极配合。二是“美国重建中国论”可以休矣。君子爱财，取之有道。道乃合作，而不是强取豪夺。毋庸置疑，中美关系已进入相互而不是单向塑造的时代。三是利用中美关系正常化40周年之机，双方认真回顾历史，总结经验和教训，真正读懂中美关系为什么会走到今天这般地步。回顾历史，不是为了回到过去，而是为了开拓进取、塑造未来。塑造新型中美关系对两国、对全球来说都有着不可或缺的重大意义，标志着非战争年代国家和全社会文明进步的新时代。

大变局中的中欧关系

张林初

【内容提要】2018年是中欧关系史上具有节点性意义的一年，中欧全面战略伙伴关系建立15周年，中欧领导人会晤机制建立20周年。在国际形势深刻演变，不确定性、不稳定性突出和美国特朗普政府推行“美国优先”政策的新形势下，中欧关系保持稳定发展的良好势头。高层访问频繁，共同利益增多，合作领域扩展，经贸投资持续发展，人文合作异彩纷呈。同时，欧盟对中国发展仍有疑虑和担心，贸易摩擦时有发生，保护主义抬头。然而，在世界正经历百年未有之大变局之时，中欧有着广泛的共同利益和相似立场，全面战略伙伴关系将会有更大的发展。

【关键词】中欧关系　稳定发展　疑虑犹存　大有发展

【作者简介】中国国际问题研究基金会研究员，前驻法国使馆武官。

2018年是中欧全面战略伙伴关系建立15周年，中欧领导人会晤机制成立20周年，是中欧关系发展史上重要的一年。一年来，在国际形势深刻演变，不确定性、不稳定性突出和美国特朗普政府推行“美国优先”政策的新形势下，美俄关系持续恶化，欧美矛盾日益突出，欧俄关系错综复杂，唯有中欧关系保持稳定发展的良好势头。高层访问频繁，共同利益增多，合作领域扩展，经贸投资持续发展，人文合作异彩纷呈。同时，欧盟对中国发展仍有疑虑和担心，不时挑战中国核心利益，贸易摩擦时有发生，保护主义抬头。然而，在世界正经历百年未有之大变局之时，在世界多极化、经济全球化、社会信息化、文化多样化深入发展的今天，中欧有着广泛的共同利益和相似立场，全面战略伙伴关系将会有更大的发展。

一、中欧关系保持稳定发展的良好势头

2018年，对中欧关系来说，是个有节点性意义的年份。这一年是中欧全面战略伙伴关系建立15周年，也是中国—欧盟领导人会晤机制建立20周年。在这不同寻常的一年里，双方高层交往密切，经贸投资开放务实，人文交流异彩纷呈，双方关系又有新的发展。

（一）中欧高层交往密切

2018年中欧高层访问频繁。11月和12月，习近平主席分别对西班牙和葡萄牙进行国事访问。李克强总理两赴欧洲，7月访问保加利亚并出席第七次中国—中东欧国家领导人会晤、赴德国主持第五轮中德政府磋商并访问德国。10月正式访问荷兰、出席第12届亚欧首脑会议并对比利时进行工作访问。欧洲20位国家元首或政府首脑相继访华或出席有关国际会议或参加进博会。6月和7月先后举行了第7次中国—中东欧国家领导人会晤和第20次中欧领导人会晤。另外，中欧还举行了第八轮高

级别战略对话、第七次经贸高层对话和高级别人文交流对话机制第五次会议。

2018年中欧高层交往的特点：一是英、法、德欧洲三大国领导人都对中国进行了访问。二是荷兰国王和首相，法国总统和总理以及德国总统和总理同一年内对中国进行访问。三是奥地利总统和总理联袂访华，国家元首和政府首脑同期访问同一个国家，在国际交往史上实属罕见。四是中国与德国和荷兰两国总理（首相）在同一年内实现互访。五是北欧和波罗的海国家议长首次联合访华。这是北欧和波罗的海国家集体同中国开展高层交往的一种新形式，标志着双方政治互信和各领域交流合作取得新进展。中欧高层的密切交往，充分体现了中国对欧洲外交的突出特点：大国外交、欧盟外交、欧洲次区域外交"三位一体"的战略。

通过高层访问，双方领导人就双边关系和重大国际问题深入交换意见，加强了互信，增进了关系，拓展了合作领域，签订了众多合作协议。特别是在增信释疑方面取得了可喜的成果。

一是欧方明确表示支持"一带一路"倡议。第20次中欧领导人会晤一致同意推动"一带一路"倡议与欧盟倡议对接。英、法、德等大多欧洲国家表示将参与"一带一路"建设。奥地利总统范德贝伦表示，奥地利政府将"对华关系""一带一路"合作纳入施政纲领，奥经济界期待深度参与"一带一路"国际合作。[①] 欧盟外交与安全政策高级代表莫盖里尼表示，欧方愿将欧洲投资计划和亚欧互联互通战略与"一带一路"倡议对接，

① 环球网："史无前例！这国总统和总理同时访华，所为何事？" https://baijiahao.baidu.com/s?id=1596727826245124858&wfr=spider&for=pc。

形成合力。2018年8月，继中东欧16国全部与中国签署共建“一带一路”合作文件后，希腊与中国签署“一带一路”合作谅解备忘录，成为与中方签订此类备忘录的首个欧洲发达国家。12月葡萄牙与中国签署了“一带一路”合作谅解备忘录。9月，欧盟委员会公布题为《连接欧洲与亚洲：对欧盟战略的设想》政策文件，明确将中国作为重要合作伙伴。

二是对中国与中东欧国家发展关系的看法有所转变。德国总理默克尔5月访华时表示，“16+1合作”是一个有益的合作平台，有利于促进中东欧国家基础设施建设。中东欧国家与中国优势互补，开展合作是对欧盟内部建设有益的补充，并不是在分化欧盟。“16+1合作”大多数国家是欧盟成员，德方赞同有关合作遵循欧盟法律规制，实现互利共赢。① 欧洲理事会主席图斯克和欧盟委员会主席容克表示，“16+1合作”是有益的，欧方乐见中国同中东欧国家进行面对面沟通，在尊重欧盟职权范围内积极开展合作。匈牙利总理欧尔班对媒体说：“‘16+1合作’给中东欧国家和整个欧洲大陆都带来了极大利益。完全可以说，这个合作是一个真正符合欧盟和欧洲利益的平台。”保加利亚总理鲍里索夫表示，“中国与中东欧国家的合作，会帮助一些发展较慢的国家加快发展进程，追上其他欧洲国家的脚步”。“我们合作项目的开展也有利于欧盟发展。‘16+1合作’绝非要分化欧洲，恰恰相反，而是要加强欧洲。”②

---

① 中国政府网：“李克强与德国总理默克尔共同会见记者”，http://www.sohu.com/a/232786685_151247。

② “中欧关系迎来战略机遇期”，https://www.xzbu.com/1/view-13047152.htm。

（二）中欧经贸投资稳步发展

经贸投资是中欧全面战略伙伴关系深入发展的基石和不可或缺的重要组成部分，也是中欧关系不断前进的重要动力。尽管欧洲经济复苏缓慢，国际贸易投资环境发生了深刻变化，但中欧经贸投资持续发展。

一是中欧贸易稳步发展。在贸易保护主义抬头，美国挑起贸易战的新形势下，中欧贸易稳定发展。据中国海关总署2018年11月8日公布的数据显示，2018年前10个月，中欧货物贸易总额达5635.53亿美元，同比增长12.9%。其中，中国出口额为3367.05亿美元，同比增长12.0%，进口额为2268.48亿美元，同比增长14.1%。德国是欧盟成员国中与中国贸易关系最密切的国家，双边贸易额约占中欧贸易总额的四分之一。2018年前10个月，中德进出口总额同比增长12.0%，达1529.95亿美元，其中中国出口639.32亿美元，同比增长11.0%，进口890.63美元，同比增长12.8%。2018年前10个月，中法贸易关系发展强劲，双边贸易额达509.63亿美元，同比增长16.3%，其中中国出口同比增长14.5%，达253.85亿美元，进口同比增长18.2%，达255.78亿美元。2018年前10个月，中美贸易总值为5261.40亿美元，增长12.0%，中日贸易总值为2715.90亿美元，增长10.6%。[①] 2018年前10个月，中欧贸易的增长率超过中国同美国和日本的增长率。欧盟依然是中国最大贸易伙伴、最大进口来源地、第二大出口市场；中国是欧盟第二大贸易伙伴、第一

① 中华人民共和国海关总署：“2018年10月进出口商品主要国别（地区）总值表（美元值）”，http://www.customs.gov.cn/customs/302249/302274/302275/2081075/index.html。

大进口来源地、第二大出口市场。

二是双方投资活跃。美国挑起贸易战后，全球外国直接投资明显下降，但中欧相互投资均有较大增长。联合国贸发会10月发布的最新一期《世界投资趋势监测报告》显示，2018年上半年，全球外国直接投资下降41%，投资额同比下降4700亿美元。同期，中国却吸收外国直接投资逆势增长6%，总额超过700亿美元，成为全球最大外国直接投资流入国，其中欧盟对华投资持续增长。[①] 据中国国家发改委2018年9月29日公布的数据显示，2018年1月至8月，欧盟28国对华投资新设立企业1570家，同比增长26%，实际投入外资金额66.7亿美元，同比增长3.7%。[②] 值得一提的是，2018年10月，德国宝马集团与华晨汽车集团签署新的合资协议，宝马集团将增资30亿欧元在沈阳建新工厂。

在中美贸易冲突升级，美国对中企赴美投资监管趋严的背景下，2018年中国对外直接投资主要集中在欧洲，仅2018年上半年，中资在欧洲并购的交易额达220亿美元，是在北美地区交易额（25亿美元）的近九倍，其中中资在欧洲已完成的投资高达120亿美元，为在北美地区的六倍。中资在欧洲完成了多个并购项目，其中，吉利集团以90亿美元价格收购了戴姆勒9.69%的股份，成为奔驰母公司戴姆勒的最大股东。中国材料行业巨头安泰科技股份有限公司与其共同投资者收购了德国Cotesa GmbH公司100%的股权。该收购案是中资在德国政府收

① 搜狐网："弘君资本：最新！中国成为全球最大外国直接投资流入国"，http://www.sohu.com/a/260200622_100071714。

② 中华人民共和国国家发展和改革委员会："2018年1—8月有关地区对华投资情况"，http://www.ndrc.gov.cn/fzgggz/wzly/wstz/wstzgk/201809/t20180929_899628.html。

紧外来投资政策后首个成功通过审查的收购项目。中国南方电网公司斥资4亿欧元，收购了卢森堡公用事业公司Encevo S.A 25.48%的股权。①

（三）人文交流异彩纷呈

国之交在于民相亲，民相亲在于心相通。当今世界，人文交流已成为对外关系的重要基础，成为助力对外关系发展的“稳定锚”，是国与国关系发展中极为重要的桥梁和渠道，人文交流已成为中欧关系的“第三支柱”。2018年，中欧人文交流活跃，进入一个新的发展阶段。

一是人文交流平台异彩纷呈。在中欧高级别人文交流对话机制框架下，中欧人文交流和文明相互借鉴的机制，呈现机制化、多层次、全方位的发展态势，为双方不断加强和提升在文化、教育、语言、青年、妇女和体育等领域的交流与合作，成为构建中欧关系的三大支柱之一。2018年，中欧先后举办了第三届中欧青少年文化交流节，2018中欧青少年国际电影艺术节，第四届中欧国际艺术交流展，第11届欧盟影展，等等。随着中欧人文交流日益深入，民众更加了解彼此文化传统，更能领略其中蕴含的开放、包容、共享的人文精神，为中欧关系发展打造了更为坚实的民意基础。

二是中欧旅游年如火如荼。2018年中欧人文交流最大的亮点是，“2018年中国—欧盟旅游年”。中欧旅游年进一步增进了

① 中国国际贸易促进委员会，驻意大利代表处：“2018年上半年：中国投资者在欧洲面临的主要挑战和障碍及其在快速变化的国际环境中的十条应对建议”，http://www.ccpit.org/Contents/Channel_4023/2018/0822/1050790/content_1050790.htm。

双方民众相互了解，拉近彼此距离，促进民心相通。这不仅有助于中欧两大文明的互学互鉴，也夯实了中欧关系的社会民意基础。同时有利于增加双方游客流量，推广可持续发展的旅游业，并将为双边投资互动提供独特的机会。近年来，中欧旅游合作稳步发展，取得了丰硕成果。数据显示，2017年，中欧旅游双向交流规模达711万人次，2018年继续呈较快增长态势。中国已成为欧盟第三大游客来源国。目前每周有600多个航班往返于中欧之间。中欧游客互访不仅让旅游企业享受了合作的红利，也带动了交通、金融、保险等相关产业的发展，促进了彼此间双向投资的稳步增加，推动了双边贸易平衡发展。

三是教育交流与合作最为活跃。教育交流与合作一直是中欧人文交流中最重要的领域之一，在夯实中欧关系的社会和民意基础方面发挥着不可替代的作用。欧盟作为中国学生学者出国留学的主要目的地之一，双方学生学者交流十分活跃。目前，有30多万中国留学人员在欧盟各成员国留学，其中在英国最多达17万人，在法国有3万人。同时有约5万欧盟学生学者在中国留学。欧盟28个成员国中，已经有21个国家与中国签署了学历学位互认协议。中国还在欧洲41个国家创办了173所孔子学院，在欧洲30个国家设有307家孔子课堂，其中在英国有29所孔子学院和150家孔子课堂，注册学员超过16万，约600家英国中小学开设了中文课程，数量均居欧洲之首。2018年10月召开的中欧高等教育合作与交流平台会议，就进一步推动和深化双方在教育领域的交流合作达成多项重要共识。

（四）中国与中东欧国家合作扎实推进

中国与中东欧国家的“16+1合作”，是中欧关系的重要组成部分和有益补充。目前，中国与中东欧国家关系处于中东欧社会与经济转型以来的最好阶段。

一是合作机制不断丰富。中国与中东欧国家，在“16+1合作”框架下，已经建立领导人会晤机制以及政策协调、经贸、文化、教育、农业、交通、旅游、科技、卫生、智库、地方、青年等各领域合作平台，成果丰硕。2018年，中国与中东欧国家举行了第七次中国—中东欧国家领导人会晤、第四次中国—中东欧国家地方领导人会议、第三次中国—中东欧国家经贸促进部长级会议，第四届中国—中东欧国家投资贸易博览会等，有力地推动了双方的合作关系。

二是双方贸易稳步发展。据中国海关总署统计，2018年前10个月，中国与中东欧16国双边贸易保持较好的增长势头，其中中国与斯洛文尼亚、斯洛伐克、波黑、黑山、捷克和塞尔维亚进出口总额分别同比增长了66.6%、47.0%、44.0%、33.3%、31.0%和28.3%。[①] 另外，双方贸易结构不断优化，贸易领域不断拓展。

三是相互投资不断扩大。据不完全统计，目前中国企业在中东欧国家投资额达90多亿美元，涉及机械、化工、通讯、物流商贸、新能源、金融、农业等诸多领域。中东欧16国在华投资额超过14亿美元，涉及机械制造、汽车零部件、化工、金融、环保等多个领域，相互投资领域更加多元化。

四是基础设施建设合作快速推进。塞尔维亚E763高速公路一期和二期、马其顿两条高速公路、黑山南北高速公路、波兰输变电、匈塞铁路等项目进展顺利。2018年克罗地亚佩列沙茨

---

① 中华人民共和国海关总署：“2018年10月进出口商品主要国别（地区）总值表（美元值）”，http://www.customs.gov.cn/customs/302249/302274/302275/2081075/index.html。

跨海大桥正式开工，这是中克建交26年来最大的合作项目。亚欧之间运输通道建设步伐加快，截至2018年10月中旬，中欧班列累计开行超过11000列，运行线路达65条，通达欧洲15个国家的44个城市，累计运送货物92万标箱。中东欧国家在亚欧大陆桥中的枢纽作用不断提升。

五是地方合作迅速兴起。地方合作特色鲜明，生命力旺盛，是中国与中东欧国家关系的有力支撑，也是“16+1合作”的重要组成部分。2018年是“16+1地方合作年”。“16+1合作”机制启动六年以来，双方地方合作扎实推进，蓬勃发展，在互联互通、产能、基础设施建设、经贸、绿色经济、人文交流等众多领域取得惠及双方的积极成果。10月举行的第4次中国—中东欧国家地方领导人会议，围绕农业、旅游、中小企业以及示范区等领域合作进行了深入探讨，发表了《索菲亚共识》。

二、中欧关系面临的挑战和问题

随着国际形势的发展变化和中国实力与国际地位的上升，中欧全面战略伙伴关系将持续稳定发展，但仍面临一些挑战和问题。

（一）在中国核心利益问题上不时出现不和谐的声音

德国总理默克尔访华前录制了一个介绍其行程的视频短片，视频短片中，德方对作为背景的中国地图进行特定的角度处理，从而有意无意地略去了台湾省，藏南地区也没有划入中国的领土范围内。无独有偶，瑞典电视台辱华节目，使用的中国地图也没有台湾省和西藏部分地区，严重侵犯中国主权和领土完整。再如，2018年6月法国和英国军舰联合到南海执行“自由航行行动”，德国观察员也登上了法国军舰。8月，英国“海神之子”号船坞登陆舰擅自闯入中国西沙群岛领海。据英国《金融时报》10月报道，英第一海务大臣琼斯在接受该报采访时表示，英将继续赴南海行使“自由航行”。英法加入南海“自由航行行动”显然是一种挑衅行为，已对中英和中法关系造成损害。欧洲舆论不时无中生有地炒作所谓“中国间谍”问题。

（二）对中国发展欧洲次区域合作和“一带一路”倡议仍存疑虑

随着中国与欧洲次区域合作框架成型，特别是中国与中东欧“16+1合作”迈向新台阶、中国与北欧及波罗的海国家次区域合作初具苗头，欧盟内部仍有一些所谓中国分裂欧洲和对欧洲分而治之的指责。中国“一带一路”倡议在欧盟一些成员国仍受到质疑。德国前外长加布里尔在2018年2月慕尼黑安全会议上宣称，中国正通过“一带一路”影响世界，对欧洲构成挑战。2018年11月，法国总统马克龙在纪念一战结束100周年集会上说，“针对中国、俄罗斯乃至美国，我们必须加强自卫能力……只有建立真正的欧洲军队，我们才能实现自卫。”① 把中国当成防备的对象。随着中国发展步伐的加快，欧洲国家对中国的疑虑不仅不会消除，而且将持续存在，甚至还可能加强。

（三）对中国向欧洲投资设立障碍

欧盟对中国的投资采取保护主义政策，一些国家通过延长

---

① 环球网：“一战结束百年纪念 马克龙呼吁建‘欧洲军队’防俄美”，http://world.huanqiu.com/exclusive/2018-11/13473177.html。

政府审核期限来收紧其外来投资制度，同时欧盟正在制定一个适用全欧洲的外来投资制度。2018年11月21日，欧盟委员会主席容克在一份声明中表示，欧洲理事会、欧盟委员会和欧洲议会已就外资审查框架草案达成一项“临时协议”，以审查外国资本对欧盟的投资是否威胁到成员国的安全和公共秩序。德国自2017年7月修订并收紧外商投资审查条例后，至今已审查80余起外商并购案，其中三分之一涉及中国。① 2018年7月，德国政府直接出手，以电网安全关乎国家安全为借口，阻止了中国国家电网公司收购德国50赫兹电网运营商20%的股权。②

（四）军售禁令和市场经济地位问题解决无望

这两个问题长期困扰中欧关系的健康发展。欧盟的对华军售禁令没有禁住中国，反而激发了中国武器装备的快速发展。香港《南华早报》2018年11月1日援引英国国际贸易部称，英政府已批准一家英公司向中国出口“与军用雷达相关的设备、软件和技术”。英会否撕开欧盟军售禁令的口子，欧盟是否会跟进，我们将拭目以待。中国加入世贸组织已17年，无论在遵守世贸组织义务，进行相应国内改革，还是在促进多边自由贸易，拉动全球经济增长方面，无疑付出了巨大的努力，世贸组织理应如约给予中国市场经济地位。但是，欧盟伙同美日等发达国家无视中国改革与发展的事实，拒绝承认中国的市场经济地位。

① “德国加强审查收购案1/3涉及中资企业”，《欧洲时报》，http://www.oushinet.com/ouzhong/ouzhongnews/20181027/304288.html。

② 同上。

三、中欧全面战略伙伴关系发展前景广阔

在国际形势风云变幻，全球化面临严重挑战，大国关系深入调整的新形势下，中欧关系发展的机遇与挑战并存，机遇大于挑战，共同的现实利益把双方紧密地联系在一起，中欧全面战略伙伴关系将会有更大的发展。

（一）中欧需要共同应对复杂多变的形势和挑战

当前，世界正在经历新一轮大发展大变革大调整，全球治理体系和国际秩序面临新的挑战，保护主义、单边主义抬头，经济全球化遭遇波折，多边主义和自由贸易体制受到冲击，不稳定性和不确定性突出，各种全球性挑战和热点问题层出不穷，任何一国或国家集团都无法单独应对这些挑战和问题。中欧作为全球主要经济体，应该努力成为世界和平的建设者、全球发展的贡献者、国际秩序的维护者，只有加强团结，齐心协力，才能共同应对复杂多变的形势和挑战。

（二）中欧有着相同或相似的目标

中国和欧盟是世界两大重要经济体，是两支重要的战略力量，有着相同或相似的目标，都反对单边主义和贸易保护主义，共同维护以世贸组织为核心、以规则为基础的多边贸易体制，支持维护联合国的权威，完善全球经济治理体系。欧盟委员会主席容克说，作为当今世界不可或缺的全球性力量，欧中“在维护多边主义方面负有重要责任”。2018年7月举行的第20次中欧领导人会晤和2018年10月举行的第12届亚欧首脑会议，

都明确发出了抵制单边主义和贸易保护主义、维护以规则为基础的多边贸易体系的强劲声音。中欧全面战略伙伴关系已经超出双边范畴，具有全球性意义。

（三）中欧经济深度交融

中欧经贸合作关系密不可分，早已形成你中有我，我中有你的局面。自中国实行改革开放以来，中欧货物贸易额已由1978年的31.43亿美元增加到2017年的6169.15亿美元，增长了近200倍。中国已连续13年成为欧盟第二大贸易伙伴，是欧盟汽车第二大出口市场和空客飞机全球第一大市场，也是欧洲机电产品、医药品、农产品等主要出口市场。欧盟是中国最大贸易伙伴、最大进口来源地、第二大出口市场。另外，中欧具有高度互补性，双方可以取长补短达到双赢。欧洲企业通过积极参与中国的建设项目，不仅促进了中国的现代化事业，而且也为自己赢得了可观的利润。随着中国的发展，双方的优势互补将进一步增强，合作的前景将会更加广阔。

（四）中欧双方没有地缘政治上的直接冲突

中欧地处欧亚大陆两端，没有直接的地缘战略冲突，历史遗留下来的香港、澳门等问题也已经根据“一国两制”的原则妥善解决，双方关系的发展不存在重大地缘政治障碍。此外，中欧文化相互吸引。中国和欧洲的文明都源远流长，博大精深，有很多可以交流和借鉴之处。文化将成为双方人民之间的重要联系纽带。

中美经贸关系发生重大变化的一年

何伟文

【内容提要】2018年是中美建交40年来十分困难的一年。特朗普政府发动了大规模的对华贸易摩擦。它既是特朗普反全球化布局的重要部分，也是在战略上压制和企图改变中国的重大步骤。美方发动贸易摩擦不是偶然的个人现象，而是有深刻的社会政治根源、战略根源、历史根源、理论根源和纲领根源。中国政府面对这一重大挑战，坚持正确立场、坚持国家利益，既反对又不怕贸易争端，同时敞开谈判大门，主动扩大开放，有效应对了这场摩擦。特朗普挑起贸易摩擦是不可能有赢家的。但其对华贸易政策不会有根本改变。2019年，中美关系面临三种前景。无论迅速解决，抑或根本上脱钩从而陷入冷战，可能性都不大。既斗争又合作将是新常态。我们应积极应对、善于应对，全力维护中美经贸关系的基本稳定和发展。

【关键词】中美贸易摩擦　中美关系　斗争与合作并存

【作者介绍】中国国际问题研究基金会研究员，中国国际贸易学会中美欧研究中心共同主任，前驻旧金山、纽约总领馆经济商务参赞。

2018年中美经贸关系的突出特点是特朗普政府对华发动了迄今已涉及2500亿美元中国产品的大规模单边关税限制、技术限制和投资限制。其深层次的原因是在战略上定位中国为对手，目的是遏制中国高科技和高技术产业对美国构成威胁，和在贸易规则上按照“美国第一”原则全面封锁中国。中美经贸关系的急剧紧张是整个中美关系恶化的一部分，也是特朗普政府全面反对全球化整个布局的重要部分。这是中美建交40年来未曾有过的。

2018年12月1日，习近平主席和特朗普总统的成功会晤，叫停了加征关税，启动了90天的经贸谈判。两国元首并确定了在相互尊重基础上管控分歧，共同推进以协调、合作、稳定为基调的中美关系。[①] 岁末年初，中美关系能否重回合作轨道，对2019年及以后中美经贸关系乃至整个中美关系的前景至关重要。

一、中美贸易摩擦回顾

（一）过程：特朗普没有出尔反尔

1.三步走。中美历史上最大关税争端于2018年7月6日爆发，经过三步，美国累计对我国2500亿美元产品加征10%—25%的关税。

第一步：2018年7月6日美东时间00：01（北京时间12：01），美国对华340亿美元（818种）输美产品征收25%关税付诸实施。同日北京时间12：01（美东时间00：01），中国对美340亿美元对华出口产品反制关税25%生效。

---

① 新华社北京电，2018年12月2日。

简要背景：6月15日，特朗普批准对中国1102种、价值500亿美元的对美出口产品征收25%关税。其中第一组，818种，340亿美元产品关税，自2018年7月6日起征收；第二组，284种，160亿美元产品清单进行公示，关税实施日期待定。

两小时后，中国商务部发言人高峰发表谈话，表示将按同等力度、同等税率进行反制。四小时后，国务院关税税则委员会宣布对美659项约500亿美元产品征收25%的关税。其中对545项约340亿美元商品自2018年7月6日起征收；其余商品加征关税时间另行公告。

6月18日，特朗普再次发表声明，指示美国贸易代表办公室（United States Trade Representative, USTR）提出2000亿美元中国产品清单，施加10%的关税；并扬言：如中国再反制，便对第二个2000亿美元中国产品实施10%的关税。

6月19日北京时间9：40（华盛顿时间6月18日21：40），商务部发言人再次发表谈话表示，美方是“极限施压和讹诈”，“如果美方失去理性，出台清单”，中方将不得不采取数量型和质量型相结合的综合措施，做出强有力的反制。

第二步：2018年8月23日，中美副部长级磋商在华盛顿举行，没有取得实质性成果。当天，美国贸易代表办公室宣布对160亿美元中国产品加征25%关税生效；同日，中国对美国160亿美元产品加征25%关税生效。

同日，USTR开始就针对中国2000亿美元产品征收25%关税举行听证会。

与此同时，特朗普实施迂回包抄战术：7月25日，与欧盟委员会发布联合声明，朝向美欧自贸协定努力；8月3日，特朗普签署2019财年国防授权法案，同时签署外国投资风险审查更新法案（FIRRMA），在很大程度上针对中国。8月27日，与墨西哥达成就修改NAFTA进行谈判的协议。

此前8月3日，总统经济顾问库德洛扬言,中国“最好不要低估了总统，他将保持强硬。”

第三步：2018年9月17日，特朗普宣布批准对来自中国的2000亿美元产品征收10%的关税，从9月24日美东时间零时（北京时间中午12：00）实施；并从2019年1月1日起调高到25%；并声称，如果中国实行反制，则再对中国2670亿美元产品加征关税。

9月24日北京时间12：01（美东时间00：01），中国国务院关税税则委员会宣布对美国600亿美元产品征收5%—10%不等的关税。

2.九个回合。

第一个回合是打：

2018年3月22日，特朗普签署总统备忘录，授权贸易代表依据对华301调查对中国500亿美元输美产品征收25%关税，4月3日（北京时间4月4日凌晨），美国贸易代表署公布对从中国进口约值500亿美元的产品征收25%关税的1330多种产品公示清单。

北京时间4日下午，即不到24小时后，中国政府立即公布了对来自美国进口的约值500亿美元的108项产品征收25%关税的清单，同等规模，同等力度。

同时将美国301调查和单方征税向WTO起诉。

第二个回合是谈：

4月8日，特朗普一改口气，发推特称，不管两国在贸易争端上发生什么事，他和习主席永远是朋友。4月10日，习主席在博鳌论坛开幕式上发表主旨演讲，向世界宣布中国将从四个方面扩大开放。12日，特朗普表示，习近平主席有关关税的讲话带来了美中两国彼此不加征关税的可能性，甚至可能降低关税。并称，如果中国愿意向更多美国产品开放市场，美国可能能够避免和中国陷入贸易争端。

（1）第一轮：5月3—4日，中美高层贸易磋商在北京举行。中美双方分别由国务院副总理刘鹤和财长姆努钦率领。双方均认为发展健康稳定的中美经贸关系对两国十分重要,致力于通过对话磋商解决有关经贸问题。双方就扩大美国对中国出口、双边服务贸易、双向投资、保护知识产权、解决关税和非关税措施等问题充分交换了意见，在有些领域达成了一些共识。双方认识到，在一些问题上还存在较大分歧，需要继续加紧工作，取得更多进展。双方同意继续就有关问题保持密切沟通，并建立相应工作机制。

在此磋商中，美方漫天要价：包括未来24个月内共减少对美贸易顺差2000亿美元；停止对所谓“中国制造2025”计划10个领域先进制造业的补贴；接受美方可以限制“中国制造2025”计划下工业产品的进口；采取“立刻、可验证的步骤”停止对美商业网络的网络盗窃；加强对知识产权的保护；接受美方对中国在敏感技术领域的投资，不予报复；关税降低到美国关税水平，非关键部门平均税率为3.5%；服务业和农业对美国竞争开放。并规定双方每季度碰头一次，检查进度。

从中可以看出，美方谈判目的和打贸易战的目的没有区别。难怪美国康奈尔大学教授普拉萨德说:“这个清单读起来像是投降条件。”

（2）第二轮：5月16—18日，中美高层贸易磋商在华盛顿举行。中方刘鹤带队，美方姆努钦领衔。中美发表联合声明，取得多项成果。给人感觉是关税不会有了，贸易战已经避免。但仅仅两天后，即5月20日，姆努钦和莱特希泽均表示：关税措施只是推迟，没有取消。即美方没有说不打贸易战。

第三个回合又是打：

2018年5月29日，白宫发表声明宣布，6月15日将公布对中国500亿美元产品征收关税清单，并很快实施。6月30日起将对中国采取其他投资和产品限制措施。

第四个回合又是谈：

美国宣布对中国产品征收关税清单后，美国商务部长罗斯6月2日率团来华。双方就中国扩大从美进口进行了积极磋商。但中方有言在先：如果美方实施关税和其他限制，所有成果将“一风吹”。

第五个回合还是打：

白宫宣布对华500亿美元产品征税25%从7月6日起实施。

第六、七个回合是打和谈同日进行：

2018年8月23日，中美副部级磋商在华盛顿举行，同日美国贸易代表办公室宣布对中国160亿美元产品征收关税即日实施，并启动对中国2000亿美元产品征收关税的听证会。

第八个回合还是打：

美国财政部长姆努钦发出谈判邀请后，白宫即于9月17日宣布对中国2000亿美元产品征收关税，自9月24日实施。

第九个回合又是谈：

2018年12月1日习近平主席和特朗普总统会晤，叫停加征关税并开始谈判。

梳理一下这个轨迹，可以清楚看出三点：第一点，打和谈，都是手段，不是目的。第二点，无论打和谈，目的都是一个，即美国第一，中国按照美国利益做出让步；取消《中国制造2025》的产业政策和国家补贴；大幅度减少对美贸易顺差；保护美国技术优势；中国必须按照美国规则从事中美经贸。第三点，特朗普的具体策略是：先扬言打，把大棒做大；然后在大棒下与你谈，不战而屈人之兵；如中国不接受美方条件，就打。

所以，打是美国贸易政策另一种手段的继续，谈则是桌边的贸易战。二者都是同一贸易政策的不同工具，并无本质区别。特朗普政府交替使用两手，两手都很硬；变化的是策略，不变的是政策目的。在这个意义上，特朗普没有反复无常。

（二）是非：美国对华责难站不住脚

美国发动对华贸易战的依据是其301调查报告和总统贸易委员会主席纳瓦罗于6月21日发布的《中国经济侵略》报告。主要结论是：中国政府干预市场，提供补贴，造成“不公平竞争”；中国为了实现中国制造2025目标，强制技术转让；中国盗窃美国知识产权；中国不遵守WTO规则。美国总统特朗普本人、副总统彭斯和纳瓦罗多次指责说，当年是美国把中国拉入了世贸组织，但中国加入世贸组织后没有像美国预期的那样成为民主国家和市场主导的经济，搭了美国的便车。这些基本指控是歪曲事实的，站不住脚的。

1. 世贸组织《关于补贴和反补贴协定》清楚规定了合理补贴与违规补贴的界限，并要求凡成员政府对企业提供补贴，应进行通报。中国政府曾向WTO通报过上千起补贴案例，并经过WTO对华贸易政策七次审议，总体没有被认定违规。

2. 中国没有强制技术转让的法律和政策。相反，中国是研发投入最多的国家之一。2017年，中国全社会研发投入1.76万亿元人民币，仅次于美国。中国国际专利申请量4.9万件，也仅次于美国。301调查报告所依据的美中贸委会2017年对其成员的调查表明，81%的成员反映不存在这方面问题。存在这方面问题的19%的成员中，有三分之二表示技术转让要求来自中国合作伙伴，不是政府。三分之一认为来自政府，即仅占全部被调查企业的6.3%。即便如此，也没有提出任何时间、地点、事由、具体政府行为的事实。

3. 中国坚持购买知识产权，坚决反对盗窃。2011年至2017年，中国从美国购买的专利技术从34.6亿美元增至72亿美元。中国美国商会2018年调查表明，其会员关于中国商业环境存在问题的排序，保护知识产权已从2011年的第七位下降到2018年的12位。[①]

4. 当年中国从复关谈判到入世历经15年，其中最大的障碍恰好是美国。中国入世后，并没有“搭美国便车”，倒是美国“搭了中国便车”。2002年至2017年，美国对华出口累计增长487.0%，是同期对全球出口增速123.1%的四倍；是同期从中国进口累计增长303.8%的1.6倍。[②]

5. 究竟谁不遵守世贸规则，要由世贸组织而不是美国说了算。据世贸组织争端解决机制统计，截至2018年11月底，累计立案571起，其中美国作为被告151起，占总数26.4%。中国仅43起，不足美国30%。[③]

中国当然在上述方面存在不足，但只是局部的或个别的，完全可以在世贸规则基础上通过谈判解决。美方如此大规模发难，显然不是为了维护世贸规则，而是有战略企图。

---

① 新华社北京电，2018年9月24日。

② 美国商务部国际贸易署统计，www.trade.gov。

③ 世贸组织争端解决机制统计，www.wto.org/DSM。

二、中美贸易摩擦的本质和根源

（一）本质

特朗普政府单边主义、保护主义挑战全球多边自由贸易体制的重要组成部分。特朗普发动对华贸易战，不是贸易限制的问题，而是其单边主义、保护主义挑战以WTO为中心的全球多边自由贸易体制的重要组成部分。世贸规则严禁单边实施关税和单边调查，特朗普却以“美国第一”为宗旨，完全不把WTO放在眼里。对于凡是对美国有贸易顺差的国家和地区均抡起关税大棒，欧盟、日本、加拿大、墨西哥、韩国均无例外。凡是不合美国利益的国际组织和协定则选择退出。《巴黎气候协定》、伊核协定都不放在眼里。抡起关税大棒做筹码，迫使对方接受符合美国的条件。这样，世贸规则还有没有用，多边贸易体制还能不能维护呢？ WTO总干事阿泽维多11月30日在二十国集团（G20）布宜诺斯艾利斯峰会上发言时指出，多边贸易体制正遭受1947年即关税及贸易总协定达成以来最大的危机。由于美国把自身利益凌驾于全球利益之上，并凭借其超强力量霸凌世界，2018年的G7峰会变成了G6+1，APEC峰会首次未能发表领导人声明，G20也成了某种程度的G19+1。当前美国挑起的这场单边保护主义行动，是一场多边主义和单边主义、全球化自由贸易与保护主义的严重斗争。它关系到全球化和世界自由贸易规则体系的未来。如果这时中国政府不挺身而出，坚决反对美国301调查和单边关税，毫不犹豫地把它们关进WTO笼子里，全力挽救多边贸易机制，中国就不能算负责任的大国。

阻止中国高科技领域和高端制造业的发展，不允许对美国领先地位构成挑战。观察美国对中国第一批和第二批共500亿美元产品征税清单，可以发现这同覆盖技术转让和知识产权领域的301调查没有多大关系，与“中国制造2025”十大领域却非常契合。[①]

表1 美国对华征税818项产品涵盖重点与中国制造2025十大重点领域对比

美国对华征税818项产品涵盖重点	中国制造2025十大重点领域
航空航天技术与产品	航空航天技术与产品
新一代信息通信技术	新一代信息通信技术
高端制造设备 （数控机床，工业机器人等）	高端制造设备 （数控机床，工业机器人等）
海洋装备	海洋装备
铁路机车车辆和信号系统	铁路机车车辆和信号系统
医药原材料和设备	生物技术、医药原材料和设备
农业机械	农业机械
发电设备	发电设备
新能源和新能源汽车	新能源新材料

可见，特朗普对华关税瞄准的是战略，是不允许中国在新兴产业上超过美国。更重要的是，这种赶超不是发生在美英同类国家之间，而是在美国和刚刚被其《国家安全战略报告》定位为战略对手的中国之间。因此，这是一个发展与压制发展的战略斗争，远远超过了贸易范围。对此，中国政府必须坚决反对，有力反制，才能捍卫自己的发展权，捍卫自己合法的技术和产业发展。

① 美国贸易代表署新闻稿，http://ustr.gov/about-us/policy-offices/press-office/press-release/2018/april-1。

（二）根源

特朗普挑起中美贸易摩擦不是偶然的，有它深刻的社会政治根源、历史根源和理论根源。

1.国内政治根源：特朗普是靠“美国第一”口号上台的，必须对选民有突出回馈。他越是反对全球化，越是单边限制，越是到处打压顺差国，并在此基础上大肆忽悠民众，越能获得选民支持。中国是最大、最好的靶子，这就是国内政治绑架贸易政策。

2.战略根源：2017年12月19日凌晨，特朗普政府公布了其首份《国家安全战略报告》，第一次清晰地将中国定位为战略上的竞争对手（strategic rival）。美国贸易代表署2018年2月27日提交国会的《2018年总统贸易政策议程》报告称，美国贸易政策是建立在五大支柱上，第一个是国家安全。其中一个突出点是中俄为战略对手。[①]报告认为，中国入世以来，并未如美国当初所愿，成为它们一样的“民主国家”，相反成为共产党强大领导下走中国特色社会主义的世界大国。而中国制造2025计划，将推动中国在高技术和高端产业上成为美国强大的竞争对手。

3.历史根源：80年代的过时经验。特朗普被称为“80年代的囚徒”（prisoner of the 1980’s）。莱特希泽20世纪80年代作为里根政府副贸易代表，操刀了许多单边关税行动，包括对欧共体、日本和韩国的钢铁税、对日本的汽车“自动出口限制”、对日本摩托车征税45%和对日本半导体征税100%。特朗普当时作为地产商，非常赏识莱氏主张和行动。现在，一个成了总

① 美国贸易代表署网站，http://ustr.gov。

统，一个成了贸易代表，完全沿袭三十多年前的政策。

4.理论根源：过时的19世纪重商主义，加上“贸易逆差导致失业进一步导致贫富差距”伪理论：特朗普及其贸易团队全面反对多边主义，向众多贸易伙伴、特别是中国强征单边关税的理论基础是贸易平衡论，即凡是美国有逆差，即为贸易不公平。而美国有逆差，意味着美国工厂关闭、工人失业、收入下降、贫富差距扩大。所以要美国第一，其他国家服从美国利益。这完全是伪理论。

这套理论已经完全被事实所推翻。从2017年美国全球商品贸易逆差增加591.13亿美元，今年前九个月又增加585.20亿美元。按照前九个月逆差同比增速，全年商品贸易逆差额将达8753.41亿美元，创历史最高水平。至此，特朗普进入白宫前一再承诺、进入白宫以来一再奋斗的削减逆差努力迄今完全失败。逆差不仅没有削减，反而把奥巴马任期八年减少的794.05亿美元贸易逆差全部抹平。

美国贸易逆差增加的原因在于经济强劲、进口增长加快。今年二季度美国GDP增速达到4.2%，工业生产增长6.0%，因此上半年进口增长8.8%，比去年同期7.1%的增速明显加快。

贸易逆差扩大并未造成就业下降。据美国劳工部统计，2018年10月美国失业率降到3.8%，为20年来最低点。上半年化工逆差扩大115.06亿美元，计算机及电子逆差扩大83.24亿美元，机械逆差扩大56.38亿美元，汽车及零部件逆差扩大14.96亿美元。2018年7月与去年同期比较，化工就业增加7900人，计算机及电子、机械和汽车及零部件就业分别增加2.99万、4.44万和4.08万。特朗普政府虽然实施了钢铝税，但上半年钢铁贸易逆差仍然从去年同期的92.31亿美元扩大到108.22亿美元，扩大15.91亿美元。不过就业并没有因此减少，相反7

月同比增加了5200人。[①]

中产阶级实际收入下降的原因是金融资本的贪婪和政府政策缺失，而不是国际贸易。2009—2013年，全美个人收入增长量的85.1%进入了最富的1%家庭。2013年，1%的家庭占有全美全部个人收入的20.1%。贫富差距的急剧扩大，表明占有资本，特别是金融资本，依靠资本运作收入的群体比依靠劳动收入的群体收入增长快得多，这是资本运动的内在规律和内在矛盾的必然结果。但特朗普政府贸易政策体系恰恰以此为依据，因此祸害不断。

5.政策纲领根源:《致命中国》和《中国经济侵略》，这两份报告将301调查和国家安全战略报告结合起来，加以扩充，并上升到战略高度。[②] 把许多国际贸易正常做法说成侵略；把知识产权的个案问题系统化；其中许多是援引其他报告，缺乏第一手确凿证据。这一系统阐述，是特朗普对华贸易政策体系的基本依据，危害非常大。

三、中国政府的坚定立场和有效应对

面对中美建交以来未曾有过的美方空前规模和强度的贸易摩擦，中国政府立场坚定，沉着应对，取得了良好的效果。

① 贸易统计据美国商务部国际贸易署，www.trade.gov；就业统计据美国劳工部劳工统计局，www.bls.gov。

② Peter Navarro, “How China’s Economic Aggression Threatens the Technologies and Intellectual Property of the United States and the World,” White House, file:///c:/users/admin/desktop/navarro.6.18.18.pdf.

（一）中国最高领导人习近平主席显示了巨大的战略定力

习主席在关键时刻与特朗普总统保持沟通，在国家元首层面掌控大局。在12月1日G20阿根廷峰会期间与特朗普的会晤，成功地叫停加征关税，使中美双方回到谈判桌来。

（二）坚持不想打、不怕打，坚决捍卫国家利益的立场

外交部和商务部发言人多次严正声明，中国反对打贸易战，挑起贸易战的不会是中方，只会是美方。但同时不怕打。如果美方把贸易战强加到我们头上，我们坚决奉陪。针对美方三次加征关税，中国政府立即启动反制关税。并以数量型和质量型结合，加以回应。从而向世界表明，中国作为主权国家的经济发展权不可动摇。

（三）在WTO体制内反对美方单边主义和霸凌主义，捍卫世界多边贸易体制

中国政府在第一时间将美国钢铝税和三次加征关税在WTO起诉并获得立案。并在世贸组织内多次与美方代表交锋，向世界表明多边贸易体制不可侵犯。

（四）坚持摆事实，讲道理

国务院于6月28日发布与《中国与世界贸易组织白皮书》，于9月24日发布《关于中美经贸摩擦的事实与中方立场白皮书》。有力驳斥了美方301报告和纳瓦罗报告对我的无端指控。在世界面前占了理。

（五）始终敞开谈判大门

主张中美通过谈判，在世贸规则基础上解决分歧，妥善管控分歧。5月份的中美经贸磋商，中方表现了极大诚意。8月份副部级磋商，中方也尽了努力。

（六）主动扩大开放，积极推动与美国广大工商界的合作

习近平主席在2018年3月底博鳌论坛的主旨演讲中宣布中国将实行一系列重大开放举措。6月28日，发改委和商务部联合发布《外商投资准入特别管理措施（负面清单）（2018年版）》，大幅放宽服务业、农业和能源市场准入，制造业则基本放开。[①] 从5月1日至11月1日，国务院宣布三次大范围降低关税，从而使我国贸易加权关税平均税率降到3.4%的低水平。11月5—10日在上海举办的首届进口博览会，获得巨大成功，并吸引到188家美国企业参展。所有这些，不仅符合中国自主改革开放的需要，也为缩小和管控中美经贸分歧创造了有利条件。

四、当前基本态势和下一步走向

（一）基本态势

特朗普政府在战略上打压中国、继续推进贸易摩擦的总政策不会改变。11月14日，美中经济与安全审查委员会（USCC）向国会提交的2018年报告，对中国进行了全面指责（包括货币贬值、盗窃知识产权、出口补贴、没有遵守WTO规则等）。最

① 新华社北京6月30日电，商务部官网 www.mofcom.gov.cn。

近美国政府对华为5G的全面封杀和对华为高管孟晚舟的逮捕，清楚地表明特朗普政府的立场。接下来的时间里，特朗普政府仍将保持策略的“两个不变”，即：第一，抛开多边贸易体制，无视WTO规则，采取单边行动不会变，仅做策略微调；第二，从战略高度遏制“中国制造2025”和中国高科技产业发展总方针不会变。也将保持“两个特点”：第一，“数量型加质量型”极限施压，技术和投资限制大面积付诸实施；第二，“单边加包抄”：在继续对我采取单边行动时，更多采取对我其他主要贸易伙伴如欧盟、加拿大、墨西哥日本等分化拉拢，企图构筑“联合阵线”。在此过程中，将继续采用又打又谈的策略。

（二）下一步走向

1. 在两国元首的干预下，中美90天经贸谈判很可能达成某种程度的协议，中美经贸关系将有所稳定，但基本矛盾不会解决。2019年，美国对华全面限制仍将继续。

2. 要特别注意特朗普政府内强硬派的“中美脱钩”和新冷战的主张。经贸问题只是载体，他们对整个中美关系正在重新定位，在台湾问题、南海、全球治理问题上将中国视为敌手。中美关系会否出现重大倒退，需要引起高度重视。

对中国来说，打还是谈,也都是手段，不是目的。我们的目的是维护世贸组织和世贸规则的权威地位；维护中国发展的权利，这两大原则不可动摇。以世贸规则为标准，要求美国承认WTO规则，放弃301调查，停止单边关税、停止针对“中国制造2025”的全面打压，并要求双方在WTO规则体系框架内，以相关规则为依据，对技术转让及其他相关问题进行实事求是的平等谈判。因此，中美贸易摩擦，面临复杂、艰难的前景。

五、特朗普无法赢得对华贸易战

特朗普肆意发动对华贸易摩擦的基础是他认为美国很容易赢，中国肯定顶不住。但半年多来的事实恰恰相反，中国基本不受影响，美国则出现种种不好兆头。

（一）中国对美出口依然增长强劲，美国对华出口则明显下滑

据中国海关统计，2018年1—11月我对美出口同比增长12.9%（其中10月、11月分别增长13.2%和9.8%），与上半年增速13.6%变化不大。值得注意的是2018年1—11月我对美出口总额已超过2017年全年的4297.58亿美元，达到4381.72亿美元。美国对华出口同比增速则从上半年的11.8%急剧放慢到三季度的2.1%、10月的负1.8%和11月份的负25%。1—11月累计增速急剧下降到5%。这表明中国产品很难被其他来源所取代。只能由美国消费者买单。结果，1—11月美国对华贸易逆差2935.22亿美元，比去年全年还多177.07亿美元。①

（二）美国股市自11月份以来大幅下跌

12月7日道琼斯指数已跌到低于3月22日美国贸易代表署宣布将对华加征关税时的水平。三季度美国经济增速放慢。

① 中国海关统计数据，www.customs.gov.cn。

（三）美国广大进口商和工商界强烈反对加征关税

美国贸易代表署三次关于对华加征关税的听证会，90%以上的参会企业表示反对。美国460多家贸易团体曾联合发表声明，反对对华加征关税。

（四）民主党赢得中期选举胜利

民主党在中期选举中赢得众院后，2019年特朗普政府继续减税和扩大财政开支的法案几乎肯定无法通过，因此经济强劲增长已无动力，对贸易战的承受力也将进一步削弱。

六、2019年中美经贸关系三种前景

（一）迅速达成协议，贸易摩擦迅速结束

这种前景可能性很小。因为如前所述，中美经贸摩擦不是简单的贸易不平衡问题，而是美国企图从根本上颠覆多边贸易体制、改变中国的经济制度、遏制中国崛起，和中国捍卫多边贸易体制、坚持中国特色社会主义政治制度和经济体系、维护中国发展权的重大斗争。即便90天谈判达成某种协议，也很可能是暂时的、局部的。中美基本矛盾仍将存在并发展。

（二）中美爆发全面贸易战，直至中美经济科技脱钩，陷入冷战

应该为这种可能性做好准备，并力争避免。但总体看，可能性也不大。依据是：

1. 中美经济在全球产业链上的互补性决定了两国经济关系

无法破裂。2017年，美国全部进口的20%，部分机电产品的30%来自中国，很难被取代。据美国CBS新闻报道，2017年英特尔、高通、美光、博通、德州仪器等十大半导体企业的全球销售额中，中国比重最低的是23%（英特尔），最高80%，大多数在40%—60%之间。这说明没有中国市场，美国领先的科技巨头便无法做大规模，从而无法支撑巨大研发投入。这对它们将是致命的。据美国荣鼎集团报道，2017年，美国在华投资累计存量达到2400亿美元，在华销售约6000亿美元，利润约700亿美元。[①] 通用汽车2017年在华销量404万辆，占全球销售量890万辆44%；盈利133亿元，而全球销售亏损39亿美元。据中国美国商会2018年会员调查，近六成等会员将中国列为全球投资目的地前三。贸易和投资是两国企业而不是政府进行的，其基础是跨国社会分工，即经济全球化。这是一种经济规律，不是贸易政策能够改变的。因此，2018年尽管中美贸易摩擦空前激烈，双边贸易额却仍将达到历史最高水平。

2.美国广大州地政府和工商界普遍要求发展对华经贸合作。加州众议院以全票通过决议，要求联邦政府重视对华关系。伊利诺、纽约等州也纷纷派团来华。

因此，特朗普政府关于中美脱钩和冷战的主张，只是主观愿望，违背经济规律。经济基础决定上层建筑，而不是相反。因此，中美经济互补的经济基础，决定了上述政治主张和政策不可能成功，虽然会在一定时间内带来阻碍和困难。

（三）斗争与合作并存

2019年将是中美充满斗争的一年，双方贸易摩擦很可能经

---

① 荣鼎集团网站，www.rhgroup.net/china-investment-monitor。

历达成协议—再摩擦—再谈判—再摩擦—再谈判并达成更深妥协的过程。与此同时，双方贸易投资合作，特别是美国跨国公司和各州市与中国的合作将继续发展，重点领域包括农业、能源和新能源、人工智能、生物医药等。这种可能性最大。斗争与合作并存将是中美经贸关系的常态。

在中美建交四十年之际，我们应当坚定地把握维护两国关系稳定发展、合作共赢的总方向，坚持原则性和灵活性的统一，冷静、妥善应对对方挑起的摩擦，积极寻求合作。对各种可能的挑战与困难做好充分准备。同时尽一切努力，维护中美经贸关系的稳定和发展，以造福两国人民，并为世界经济的稳定和发展做出贡献。

峰回路转　出现新气象

——中日关系盘点

王泰平

【内容提要】2018年，在双方共同努力下，中日关系改善势头强劲，良性互动活跃，习近平主席三次会见安倍晋三首相，实现了两国总理互访，双边关系在重新回归正常发展轨道的基础上出现新气象。日本对华政策可概括为从战略竞争转入既竞争又协调合作，对此，日本心理复杂，心存疑虑，又迫于形势，不得不为。今后，是竞争为主还是协调为主，还需观察。
【关键词】中日关系　重回正常发展轨道　新气象　既竞争又合作
【作者简介】中国国际问题研究基金会高级研究员，前驻外大使。

一、重回正常发展轨道基础上出现新气象

2018年，在双方共同努力下，中日关系改善势头强劲，良性互动活跃，习近平主席三次会见安倍，实现了两国总理互访，双边关系在重新回归正常发展轨道的基础上，出现新气象。

2017年，中日领导人多次会晤，两国间多种沟通机制逐步恢复。日方在对华关系上释放出了很多正面信息。在关系改善的氛围中，两国经贸关系止跌回升，人文等各领域的交流日趋活跃。

首先，经过几年的调整，中日经贸合作已经企稳回升。2017年双边贸易额重新达到3000亿美元规模，比上年增长10%。中国继续成为日本第二大出口贸易伙伴，同其第一大出口伙伴美国之间的差距缩小至占比0.3%。

其次，日本对华直接投资走出低谷，重现增长。随着中国国内产业和消费市场的升级，日本对华直接投资经历洗牌、低端制造业不断收缩的同时，中高端制造业开始扩大生产和销售。2017年，日本对华直接投资达到并一举超过2012年的水平。2018年1—3月，日本在华新设企业153家，同比增长43%。

再次，中国对日投资显著攀升且不乏亮点。近些年，随着中国企业实力大幅增长，中国对日投资也开始崭露头角。截至2017年年底，中国对日直接投资额为34.4亿美元。投资领域正从制造业向金融服务、电气、通信、软件、网络等领域拓展。

此外，中日人文、科技等领域的交流均非常活跃。无论是科技界、经济界、文化界还是普通游客之间的交往都构成两国民间联系与交流的重要纽带。

2018年是中国改革开放40周年，也是中日和平友好条约缔结40周年。新年伊始，安倍就发出了积极改善中日关系的信号。1月5日，他在东京参加时事通讯社主办的新年会时致辞说，今年是日中和平友好条约缔结40周年，希望今年能成为日中两国人民都承认两国关系长足改善的一年。

2018年1月，日本外相河野太郎衔命对中国进行正式访问。这是日本外相时隔近两年后再次访华。此行最主要的使命是推动中日两国高层往来，落实安倍首相早些时候提出的两国高层互访路线图。在与李克强总理会谈时，河野表示，日方期待尽早举行新一轮日中韩三国领导人会议，欢迎李克强总理正式访问日本。

2018年4月15—17日，国务委员兼外交部部长王毅应邀对日本进行正式访问。期间，会见安倍首相，同河野外相进行了深入会谈，并共同主持召开第四次中日经济高峰对话，重新启动停止了8年的中日两国政府间经济领域最高级别的交流机制。王毅说，中方重视这一段时期以来安倍首相以及日本政府就改善同中国关系所释放的积极信息，表示愿意同日方相向而行，不仅要保持改善的势头，而且还要使改善的进程不断推进下去，开辟中日关系新的前景。会谈和会见的情况表明，双方都意识到，目前中日关系的改善局面来之不易，值得倍加珍惜，继续前行。

2018年5月8—11日，国务院总理李克强赴日本出席第七次中日韩领导人会议并对日本进行正式访问。李克强总理此次访问是中国总理时隔8年再次正式访问日本，表明中日两国关系在历经波折后重返正常发展轨道。在国际秩序酝酿深刻转型、东北亚地区形势瞬息万变、单边主义和保守主义威胁全球多边贸易体系和全球经济增长的背景下，李克强总理此访进一步巩固了中日关系改善势头，推动两国关系重回正常发展轨道，为两国关系未来发展勾勒了蓝图。

日方以超高规格的标准予以接待，行程安排非常丰富、充实，显示日方对李克强总理此访的高度重视。期间，李克强总理会见日本天皇明仁、同首相安倍晋三举行会谈，出席中日和平友好条约缔结40周年纪念活动，并广泛接触日本各界人士，还赴北海道参观访问。

李克强总理此次访日期间，在回顾过去、总结经验教训基础上，就推动中日关系重回正常轨道、实现长期健康稳定发展的目标，同日方领导人达成一系列重要共识。政治上，双方确认恪守中日四个政治文件的各项原则，同意以史为鉴，面向未来，保持高层交往，全面恢复两国各领域对话合作机制，增进政治互信，妥善处理矛盾分歧。经济上，双方都同意着眼两国发展和民生改善，把中日务实合作提高到新的层次，更好实现互利共赢。人文领域，双方同意进一步加强交流，拉近民心距离，夯实民意基础，壮大推动中日关系发展的积极力量。

加强务实合作是中日关系发展的重要引擎和支柱，也是李克强总理访问的重要内容。中日两国发挥各自比较优势，在业已形成的新基础上，加强经济、金融、科技等领域的务实合作，深入推进战略互惠关系的构建，成为两国的共同选择。

访问期间，李克强总理和安倍首相共同见证了两国有关部门签署人文、社会保障、医疗卫生、服务贸易、第三方市场合作等10项双边合作协议和备忘录，双方还就开展创新发展合作、深化金融领域合作、推进两国在高技术以及在应对人口老龄化、医疗卫生等适应经济社会发展和民生需要的领域互利合作达成共识。这些重要成果为中日关系发展确立了新的增长点，为调动两国民间各界和地方参与双方务实合作指明了方向，为两国扩大共同的利益基础规划了重点领域，提供了制度保障。

访问中，李克强总理多次谈到，要拓展中日务实合作的新空间，造福两国人民。他指出，当前，中日两国均面临贸易保护主义、单边主义等巨大外部风险，两国更应视对方发展为机遇，不断拓展务实合作的广度和深度，推进战略互惠关系走向深入。安倍首相积极呼应，强调“日中关系从竞争进入了协调时代”。

2018年8月31日，第七次中日财长对话在北京举行。此次对话释放多重积极信号，为中日关系行稳致远以及全球和区域经济发展注入“正能量”。日本副首相兼财务大臣麻生太郎称本次对话是近年来“氛围最好的一次”。

2018年9月12日，习近平主席出席在符拉迪沃斯托克举行的东方经济论坛期间会见安倍，赞赏安倍和日本政府近一段时期多次在对华关系上展现积极姿态，指出在双方共同努力下，中日关系正步入正常轨道，面临改善发展的重要机遇，强调在新形势下，要继续相向而行，保持改善向好势头，推动中日关系稳中有进，得到新的更大发展。安倍表示，日本希望加快推进日中关系改善和发展，同中国建立更加紧密的关系，实现共同发展繁荣。

2018年 10月11日，第四轮中日企业家和前高官对话会在北京举行，双方表示，面对贸易保护主义抬头的现象，应进一步维护以规则为基础的多边贸易体制和自由贸易原则，并围绕如何促进经济全球化、推动亚洲基础设施建设、加强中日创新合作等议题进行交流。

2018年10月25—27日，日本首相安倍晋三应李克强总理邀请，正式访华，这是他2012年就任首相以来的第一次，也是日本首相时隔七年后首次正式访华。毫无疑问，这是一次迟到的访问。对此，安倍从东京出发时流露出遗憾的心情，不过，他强调要通过此访，“把日中关系推进到新阶段”，让两国关系“从竞争走向协调”，发出了大幅改善中日关系的重要信号。

中方重视安倍来访，给予高规格接待。期间，安倍出席了有800多名中日人士出席的纪念中日和平友好条约缔结40周年招待会，出席习主席夫妇和李克强总理分别举行的欢迎宴会，与习近平主席会晤，会见栗战书人大常委会委员长，与李克强总理会谈，并带领500个经贸界领袖和经济官员出席了第一届中日第三方市场合作论坛，还去北京大学与学生们交流。

26日，习近平主席会见来访的安倍，对他正式访华表示欢迎，赞赏他近年来多次表明改善和发展中日关系的积极意愿。习近平指出，当前中日关系重回正常轨道，重现积极势头，值得双方共同珍惜。习近平指出，新形势下，中日两国在双边领域相互依存日趋加深，在多边层面也拥有更加广泛多元的共同利益和共同关切。习近平强调以下六点：

开展更加深入的战略沟通，发挥好两国多层次、多渠道的对话机制作用，准确把握对方的发展和战略意图，切实贯彻践行“互为合作伙伴，互不构成威胁”的政治共识，加强正面互动，增进政治互信。

开展更高层次的务实合作，充分释放合作潜力。中国改革正在不断深化，开放的大门将越开越大。这将为中国同包括日本在内世界各国扩展合作提供更多机遇。共建“一带一路”为中日深化互利合作提供了新平台和试验田。中方欢迎日方更加积极地参与新时代中国发展进程，实现两国更高水平的互利共赢。

开展更加广泛的人文交流，增进相互理解，鼓励两国各界特别是年轻一代踊跃投身中日友好事业。

开展更加积极的安全互动，构建建设性的双边安全关系，共同走和平发展道路，维护地区和平稳定。

开展更加紧密的国际合作，拓展共同利益，推动区域经济一体化，共同应对全球性挑战，维护多边主义，坚持自由贸易，推动建设开放型世界经济。

要重信守诺，按照中日四个政治文件和双方已达成的共识行事，建设性地处理矛盾分歧，维护好中日关系健康发展的政治基础。

安倍表示，希望通过此访，双方能够开启化竞争为协调的日中关系新时代。日中互为邻邦，应当按照互利合作、互不构成威胁的精神，根据两国间四个政治文件确认的共识推进双边关系，并为国际和地区和平和维护自由贸易作出贡献。

安倍表示，日方欢迎和支持中国进一步扩大对外开放，并愿继续积极参与中国发展进程。日方愿同中方一道，密切高层及各层级交往，持续改善两国友好的民意基础，妥善管控好双方分歧，推进日中战略互惠关系深入发展，共同致力于地区稳定与繁荣。他称赞“一带一路”是有潜力的构想，表示日方愿同中方在广泛领域加强合作，包括共同开拓第三方市场。

李克强总理与安倍首相会谈，达成广泛共识，均表示将以安倍此访为契机，进一步相向而行，共同努力，持之以恒，推动两国关系在重回正轨基础上取得新的发展。双方一致确认，将恪守中日四个政治文件的各项原则，妥善处理历史、台湾问题，维护两国关系政治基础。以实际行动体现互为合作伙伴、互不构成威胁、相互支持对方和平发展的政治共识，建设性管控分歧。进一步加强良性互动，本着以史为鉴、面向未来的精神，使两国关系改善发展成为持续不断的进程。

双方一致同意，加强对中日关系的高层引领，继续用好中日高级别政治对话、中日经济高层对话等渠道保持沟通。面对当前新一轮产业革命，中日将发挥各自比较优势，在更高层次开展务实合作，推进科技创新、节能环保、养老医疗、财政金融等领域合作，继续开展外交、宏观经济、财政、商务、文化、防务等各部门间对话与交流。进一步加强人文交流，同意将明年作为“中日青少年交流促进年”，以相继举办奥运会为契机加强交流合作。共同维护自由贸易、反对保护主义，加速推进中日韩自贸区和区域全面经济伙伴关系协定谈判，以实际行动推动亚太区域经济一体化进程。

会谈后，两国总理共同见证双方政治、创新、金融、海关、体育等领域10余项政府间合作协议的签字仪式。其中引人注目的是，重新启动停止了五年的中日货币互换协议，互换金额达2000亿元人民币（合34000亿日元），规模是之前的十倍。

在李克强和安倍共同出席的第一届中日第三方市场合作论坛上，中日双方共计约1400人出席，政府机构、企业和经济团体共签署了52份合作协议，涉及基建、物流、IT、金融、能源等广泛领域，金额超过180亿美元。中国和其他国家在第三国共同开拓市场也有先例，但像此次规模之大、数量之多、领域之广、涉及国家之众的项目合作是从未有过的，说明合作潜力巨大、前景广阔，预示第三方市场合作将成为中日务实合作的新支柱。可以预见，未来中日企业充分释放各自在资金、技术、管理、营销等领域的互补性优势，在“一带一路”沿线开展联合投标等多种类型合作的成果将不断涌现。

2018年11月30日，国家主席习近平在阿根廷首都布宜诺斯艾利斯会见日本首相安倍晋三。这是习近平今年第三次会见安倍，提出“两新”“五要”，强调要共同开辟两国关系的新前景。习近平指出，安倍首相不久前成功访华，我们达成的各项共识正在逐步落实，中日关系呈现新的气象。双方要建设性地把握好中日关系发展方向，在中日四个政治文件原则基础上，共同开辟两国关系新前景。

习近平强调，新形势下，中日发展关系面临比以往更为有利的条件。中日经贸务实合作潜力巨大。欢迎日方继续参与中国改革开放进程，共享中国发展新机遇。双方要充分发挥互补优势，拓展合作广度和深度。要争取早日谈成区域全面经济伙伴关系和中日韩自由贸易协定。要发扬民间友好传统，加强人员交流，夯实中日关系社会和民意基础。要不断增进战略安全互信，要切实妥善处理好一些重大敏感问题，确保两国关系不再受到干扰。习主席表示，中方支持日方办好明年二十国集团领导人峰会。

安倍晋三积极呼应习近平的谈话，他表示，很高兴今年10月访华时双方就进入新阶段的日中关系达成重要共识。日方将继续同中方共同努力，促进亚洲的发展。愿同中方加强高层交往，努力深化经贸、投资合作，拓展第三方市场合作，增进国民、特别是青少年交流。安倍表示，日本高度重视中国在国际上的重要作用，希望同中方在多边事务中加强沟通协调。日方主张维护自由贸易和以世界贸易组织为核心的多边贸易体系，愿积极推进区域全面经济伙伴关系协定谈判，加快推进日中韩自贸协定谈判，期待在担任二十国集团主席期间加强同中方的合作。

二、日本急于改善对华关系的动因

2018年中日高层频繁的互访互动，标志中日关系经过六年的波折，重回正常发展轨道。虽然结构性矛盾和深层次矛盾仍然存在，但日本内在的需要和国际形势的演变是日本急于改善对华关系的动因。我国领导人高屋建瓴，因应时势，积极规范引导，对中日关系的改善起了重要作用。

从迄今的情况看，日本和美国并非铁板一块，它们的对华政策并非一直都是相同的，日本的对华政策更不是完全被动的。尤其是特朗普上台后，美国大搞单边主义，猛烈冲击既存秩序，加速了世界格局的演变。作为经济全球化的受益者，日本是维护自由贸易体制的。随着美国在单边主义和贸易保护主义道路上越走越远，日本的立场发生变化，政策有所调整。过去，日本对日美贸易战，每个回合都是以委曲求全、妥协退让而告终，所采取的措施，一是加大对美投资；二是自主管制出口；三是扩大从美国的进口；四是企业向第三国转移。

与过去相比，日本现在反对贸易保护主义的立场鲜明，对美态度较过去强硬，行动半径大幅扩大，抱团取暖的倾向明显，积极"抢修工事，构筑防波堤"，呈现软顶美国，回归亚洲，靠拢中国，联合欧洲的态势。

也正是在这种大潮流、大趋势下，日本与中国合作的重要性和迫切性上升。经过20年的心理调适过程，近年来，日本对中国的发展有了比较客观的认知，正面评估中国的综合国力、国际地位和影响力，已经认识到中国经济的发展势不可当，从而看到了中国发展带来的巨大机遇，急于搭乘中国经济发展的顺风车。日本认识到，只有回到亚洲，加强与中国的合作，才有出路。

中国市场吸纳能力巨大，中日在高新科技、金融、基础建设、数字经济、能源、环保等多个领域互补性强，两国民间有切实的合作需求和必要性。日本预测，按目前中日两国的发展速度估算，到2025年前后，中国的经济规模将是日本的五倍左右，换句话说是中国经济的再度翻番。安倍不得不考虑，同身边的中国一直对立下去的得失利弊。更何况"一带一路"开辟了通向东南亚、南亚、欧亚大陆到非洲的大市场，有很多地方是日本企业鞭长莫及的，许多项目日企因造价高又难以中标。"一带一路"为日本企业搭建了拓展业务的平台。中日强强联手，优势互补，有助于争取项目，提高投资效率，既有利于第三方投资建设的成功，又可减少中日双方的损耗。中日两国在开辟第三国市场上达成共识，是一个突破双边范畴的创举，标志着两国关系能够在更广阔的利益层面上开展合作、寻求双赢空间。

在抵御贸易保护主义方面，日本与中国有共同语言，更有共同利益。针对美国的贸易措施，日本能打的牌非常少。美国是日本最大的出口对象国，对美出口占其全部出口额的19%；而日本是美国第四大出口对象国，对日出口只占美国出口总额的4.4%。美国还遏住了日本的汽车、钢铝、农产品这些命门；另外在朝核问题、军购协议、驻日美军等诸多问题上也都能牵制日本。总之，无论是经济上还是政治上，日本没有多少能跟美国讨价还价的筹码和发挥的空间。巨大压力之下，日本不得不另谋出路。跟中国合作，共同开发第三国市场，推动区域的多边合作，专注于做增量，有助于平衡日本自身对日美关系的过度依赖，应该是一种合理的选择。当今世界，唯一一个既维护多边贸易体制，又有能力给日本提供经济增长机遇的大国就是中国。与中国合作符合日本的长期利益诉求，别无选择。

三、安倍“化竞争为协调”的内涵需观察

近年来，日本对华政策调整向好，主动与我国协调合作的积极面在增加。关于日本对华政策的定位，安倍强调是“化竞争为协调”。笔者以为，日本对华政策可概括为从战略竞争转入既竞争又协调合作。对此，日本心理复杂，心存疑虑，又迫于形势，不得不为。日本对华政策的调整是战略性的还是战术

性的，是竞争为主还是协调为主，是走“政经分离”的老路还是由务实合作达到政治互信和战略协调，尚需时间检验。

不过，与安倍政权2012年上台时比较，日本的外交政策有了明显的调整，虽然继续强调坚持和巩固日美同盟，但是，已经开始修正“美国一边倒”政策，回归亚洲，联合欧洲，加大改善日中、日俄关系力度，力图在谨慎微妙的外交平衡中获取最大的国家利益。随着国际格局的演变，日本与美国的关系也在悄然变化之中。在世界多极化加速、中美关系矛盾摩擦增多且呈长期化的形势下，日本现在是一只眼看着美国，一只眼看着中国，努力摸索外交方向，以趋利避害。

今后，中日关系能否继续保持良好势头，实现长期、健康、稳定发展，取决于双方迄今达成的四个重要政治文件和四点原则共识能否得到严格的恪守，说到底，取决于日方能否信守承诺，做到言必行，信必果；能否客观认识中国的变化，心理上适应中国的发展，从战略上正确定位中国，解决中日是伙伴还是对手的认知问题；能否在历史、台湾、东海等两国关系的敏感问题上慎重行事，不出格，不越轨。在外交上，能否妥善处理日美中关系，不因日美关系而损害日中关系。这是检验安倍“从竞争到协调”的对华政策调整内涵的关键。

中印关系加速缓和但隐患犹存

蓝建学

【内容提要】武汉非正式会晤后，印度政府调整对华政策取向，降低“怼华”调门，不搞“麦克风”外交，主动缓和对华态度，与中方相向而行，合作“重启”中印关系。但同时，印方继续加强对华牵制动作，导致两国矛盾的火种未熄，中印关系隐患犹存。印政府对中国采取“突出缓和、兼备防范”策略，有多重考量：中印纷争过多将危及印度国家利益、影响莫迪2019年大选连选连任、印度政府对美国外交动荡感到焦虑、洞朗对峙事件的危险性触动了印度军政部门、领导人一对一对话形成带动和牵引效应等。2019年印度国内将步入大选季，政坛可能发生重大变动，对印度内政外交及中印关系可能形成一定冲击。中印双方应继续用好高层互动的方式，共同落实武汉共识，保持互不为敌的战略取向，避免两败俱伤的相互消耗，打造“中印关系模式”，增强两国关系稳定性及抗震性，确保其在“相向而行、总体上行”轨道上持续健康稳定运行。

【关键词】非正式会晤　武汉共识　中印关系模式

【作者简介】中国国际问题研究院副研究员。

2018年4月习近平主席和莫迪总理在武汉举行非正式会晤，成为中印关系史上浓墨重彩的一笔。两位领导人一对一长时间互动，进行深度战略沟通，做出重大政治决断，开创了中印高层交往的新模式，将中印关系强力拉回"求同存异、聚焦合作"的健康稳定发展轨道。

一、武汉非政治会晤在中印关系史上烙下深刻印记

2016年初到2017年中，中印关系曾遭遇重大危机，一度面临何去何从战略抉择问题。当时莫迪领导的印度人民党（下称印人党）政府外交实力政治和民族主义色彩十分突出，向所谓"战略对手"划定红线，坚持基于"印度优先"基础上的实用主义，对南亚邻国及周边地区发起咄咄逼人的外交攻势。在对华政策方面，印方相继在中印边界、涉藏、涉台、南海、印美关系、美日澳印"四方阵"（Quad）、中巴经济走廊、印加入核供应国集团（NSG）、联合国1267委员会涉恐列名等涉华重大利益问题上，频频发起挑衅。印度一度严重偏离其坚守多年的不结盟外交和"战略自主"取向，公开勾连所谓对华"志同道合的国家"，以图遏制中国的发展壮大。2017年中长达两个月的中印洞朗对峙标志莫迪团队"怼华"战略升级达到顶点，成为冷战结束后两国在边界地区发生的最危险对峙事件之一，严重腐蚀中印合作的氛围和战略互信。

中印关系受到重大冲击期间，两国高层始终保持战略定力，并以武汉非正式会晤这一新型互动模式，将两国关系强力扳回正轨。关于武汉会晤的议题和共识，中印双方做了不同侧

重的总结归纳（见表1）。[①]

表1 中印外交部门各自对武汉会晤共识成果的归纳总结

	中国外交部	印度外交部
双方对武汉会晤做不同侧重的总结归纳	1. 习、莫两位领导人就国际格局和双边关系中的全局性、长期性、战略性问题以及各自国家发展愿景和内外政策达成广泛共识。 2. 世界不稳定性和不确定性突出。中印和平、稳定、平衡的关系是世界稳定重要积极因素。 3. 中印是邻居、朋友、伙伴。中印各自发展壮大是历史必然，对对方是重要机遇。中印均奉行独立自主、和平发展政策。双方要不断增进互信，发扬共倡和平共处五项原则的优良传统，走出一条符合时代要求的两个伟大邻邦友好合作的大道。 4. 中印要推进全方位合作，以平等互利和可持续方式，构建更加紧密的发展伙伴关系，加强政治安全等领域对话，充分挖掘经贸投资合作潜力，创新合作模式，建立某种形式高级别人文交流机制。	1. 习、莫两位领导人从战略和长远角度回顾两国关系发展，同意努力基于机制加强融合，为未来关系创最广泛平台。 2. 双方支持两国边界问题特别代表工作，并敦促他们加强努力，以寻求公平、合理和双方都能接受的解决方案。同意向各自军队发出战略指导，加强沟通，增进信任和相互了解，提高边境管理的可预测性和有效性。 3. 同意利用经济互补性，以平衡且可持续的方式推动双边贸易和投资。 4. 一致认为需就共同关心的所有问题进行更多商讨，加强战略沟通。

① “中印领导人非正式会晤达成广泛共识”，中国外交部网站2018-04-28; “India-China Informal Summit at Wuhan”, Apr 28, 2018, https://mea.gov.in/press-releases.htm?dtl/29853/IndiaChina_Informal_Summit_at_Wuhan。

（续表）

	中国外交部	印度外交部
	5 中印要妥善处理和管控分歧，在尊重彼此关切和愿望的基础上，以成熟智慧方式、和平协商处理分歧问题。通过两国边界特别代表机制，寻求公平合理以及双方都能接受的边界问题解决方案。两军将加强信任措施建设和边防交往合作，保持边境地区和平与安宁。 6. 中印要推动更积极的国际和区域合作。共同应对流行性疾病、自然灾害、气候变化、恐怖主义等全球性挑战，提供创新性和可持续的解决方案。共推国际关系民主化，提高发展中国家和新兴市场国家的代表性和发言权，支持多边贸易体制，反对保护主义，推进开放、包容、普惠、平衡、共赢的经济全球化。 7. 双方将指示相关部门就落实上述共识进行研究，提出具体规划和实施步骤，以此次非正式会晤为契机，打开中印关系新局面。 8. 两国领导人将以不同形式继续保持战略沟通。	5. 重申建立一个开放、多极化、多元化和包容性的全球经济秩序的重要性，它将使所有国家能够继续发展，并为在世界所有区域消除贫穷和不平等做贡献。 6. 两位领导人还就各自实现全球繁荣与安全的外交政策愿景交换意见。 7. 双方均认识到恐怖主义构成的共同威胁，承诺在反恐方面合作。 8. 两位领导人高度评价非正式会晤所提供的直接、自由和坦诚地交换意见的机会，一致认同今后举行更多此类对话的重要性。本次前瞻性对话提高了双方在国内、区域和全球层面，指导各自政策选择的视角、优先事项和愿景的战略沟通水平。这也有助双方在相互尊重彼此发展愿望的基础上，以谨慎管理差异和考虑到双方感受为前提，就两国关系的未来走向达成共识。

综合中印外交部门的总结归纳，两国领导人的交集主要体现在五方面：一是加强战略沟通，创新互动模式，聚焦共同利益。二是以平等互利、可持续方式推动贸易投资合作，构建更加紧密的发展伙伴关系。三是力促人员往来，建立高级别人文

交流机制。四是共推国际关系民主化，提高发展中国家和新兴市场国家的代表性和发言权，支持多边贸易体制，反对保护主义，推进开放、包容、普惠、平衡、共赢的全球经济秩序。五是妥善处理和管控分歧，通过边界特代机制，寻求公平合理及双方都能接受的边界问题解决方案，两军将加强信任措施建设和边防交往合作，保持边境地区和平与安宁。

二、武汉非正式会晤后，印度调整对华政策取向，主动示好与缓和，与中方合作“重启”中印关系

武汉非正式会晤后，习近平主席和莫迪总理还先后在6月青岛上海合作组织峰会、7月南非约堡金砖国家峰会、11月阿根廷布宜诺斯艾利斯G20峰会等三个场合会晤，实现年内四度对话。2018年内中印领导人四次会晤，不断巩固了两国战略共识和双边关系积极向好势头。

总体而言，2018年莫迪执政团队持续对华释放积极信号，刻意降低“怼华”调门，不搞“麦克风”外交，主动采取措施缓和双边关系。印度外交秘书要求内阁秘书发布“为印度政府各部及邦政府提供咨询意见的保密通报”，提醒政府官员勿再参加与达赖集团有关的活动。

印主动要求缓和两国紧张军事关系，希望设立两军最高指挥官热线，恢复两国军事交流和演习，降低两军敌对情绪。印军以“财政原因”暂停招募针对中国组建的山地打击军新兵，做出善意姿态。莫迪本人高度评价“武汉共识”，同意“战略引领”印军，根据现有协议和机制保持克制，力避两国边防军重大对抗，不让双方分歧变为争端，让两国作为发展中大国和邻

国在一切可能的领域展开合作。

与此同时，印方从各渠道就“印太战略”问题对华增信释疑，刻意强调印版“印太战略”不针对中国。2018年6月，莫迪在新加坡香格里拉对话会发言中强调，印不把“印太”视为一种战略或专属少数国家的俱乐部，称美日澳印“四方阵”并非针对和支配别国的组织，“绝不希望印太政策把矛头对准任何国家”，以凸显印在重大战略问题上的独立性。为化解中方疑虑，印还主动发起与中国海洋对话，解释其在“四方阵”上的立场。为淡化中印在地区层面的地缘竞争，印有选择性地回应中方提出的“中印+”倡议，尤其希望推进中印在阿富汗问题上的合作。

印政府高层极力淡化其抛弃不结盟路线的印象。2018年内莫迪发表数次关于所谓印“战略自主”谈话，表示印致力于维持与世界大国不结盟的立场。2018年6月印总统科温德在希腊智库“欧洲与外交政策基金会”强调，印致力于建立一种具备“基于规则的健全国际机制、国际治理多极化、可持续投资和互联互通项目”等特征的国际秩序。除呼应莫迪香会讲话外，科温德还强调印致力于维护国际多边机制，暗怼特朗普以“美国优先”、以贸易保护主义对抗全球化的做法。这些动向反映印外交似有回摆至传统不结盟政策的迹象。

三、印继续强化对华牵制动作，可能导致中印矛盾与对抗的火种未熄，隐患犹存

印宣称不会因武汉会晤和关系缓和而降低在边界地区的“防卫态势”，继续开展逼近式巡逻边界活动。印空军通过采购

阵风战机和俄制S-400防空导弹系统，以对付所谓的来自“中国与巴基斯坦的安全挑战”。印拟启用可执行跨境导弹攻击的先进无人机，刺探中印边界中方一侧军事活动。印媒续炒“中国军队入侵印领土”，重登莫迪2014年称“中国须摒弃扩张主义思维、无人能从印手中夺走阿邦”表态。印方在边界实控线印方一侧加速造桥修路，缩短印向边境输送军队和补给时间，持续强化边境地区战略存在和战备部署。印人党培训手册印地语版本仍老调重弹，声称“中国是印度及其国家利益最大威胁”。印陆军参谋长公开宣称，尼泊尔、不丹、缅甸、孟加拉国、斯里兰卡、阿富汗六国必须作为印度更广泛战略的一部分，以对抗“自信的中国”。

印仍频频祭出对华贸易救济措施，限制中国资本赴印投资，在中国与南亚国家关系、地区互联互通等问题上仍采取不友好甚至敌视姿态。印视中美贸易战为“天赐良机”，既想借机抢占中国对美出口份额，又想取代美对中国部分商品出口，同时严防中方出口商品的可能转向。印战略界仍继续诋毁中国“一带一路”倡议，攻击中巴经济走廊，不断影射中国搞“债务帝国主义”。

印持续加深与美国战略防务关系，图谋阻遏中国远洋投射能力。尽管印美“印太战略”版本不同，但均以限制中国蓝海战略为出发点和归宿。作为美日印“马拉巴尔”联合演习的补充，印美举行大规模三军两栖作战联合演习，亦以中国为假想敌。印还有针对性地与美地区盟友加大在印太地区的战略联动。2018年9月，印美外长及防长举行首次“2+2”对话会，签署了《通讯兼容与安全协议》（COMCASA），为美向印出口通信安全设备提供法律框架，有利于提高两国在指挥、控制、通讯、计算机情报、监控和侦察相关的数据共享水平，强化两国军队协同作战能力，共同监控中国在印度洋的活动。2016年印美已签署《后勤交换协议备忘录》(LEMOA)，互用各自军事基地以获补给。印拟以“开放性姿态”，继续与美商签《基本交流合作协议》(BECA)，以共享和交换地形、海上及航空数据。印美签署上述基础性安全合作协议后，印将成为美实质性军事盟友，届时印不结盟和“战略自主”能力将受极大束缚。

此外，印加强在印度洋沿岸的投棋布子，牵制中国。随着中国在南亚和印度洋地区扩大影响，印度战略焦虑明显，加快构筑与孟加拉国、斯里兰卡和马尔代夫的“印度洋安全防务链条”，并深度卷入这三国内政和选举。2018年1月，印与塞舌尔签署为期20年的协议，塞将其阿桑普申岛(Assumption)租借给印海军建设海军基地和飞机跑道。2月莫迪访问阿曼期间，两国国防部签署谅解备忘录，未来阿曼的代格姆港将向印军舰开放设施及设施维修保养等服务。此外，8月印与伊朗签署租借协议，印将获查巴哈尔港项目第一阶段的多用途集装箱港为期18个月的运营权。

四、莫迪政府对中国采取“突出缓和、兼备防范”策略，背后有多重动因

(一)中印纷争如不加以管控，将危及莫迪政绩和印度国家利益

印度观察家研究基金会专家阿比吉特·辛格认为，莫迪本人渴望“重新调整”与中国的关系，以避免任何重大战略对抗，“印度意识到它无法承受与中国存在如此多的分歧，需要找到一个权宜之计”。华盛顿智库德国马歇尔基金会中国问题专家

斯莫尔认为，中印关系的基本面因素并未真正改变，双方都认识到它们正进入“一个跨领域竞争加剧的时期”，两国需更好管控分歧，避免摩擦升级，还可以找到新的合作点，比如在能为印度带来切实利益的“一带一路”特定基础设施项目上展开合作。①

（二）2019 年印大选迫近，莫迪渴求稳定可控的周边环境，以集中精力打选战

从目前看，莫迪连任条件似乎不错，其执政团队推出诸多短期惠民计划，笼络选民。但是，印人党选情也蕴藏风险，宗教种姓冲突加剧，反对党重新整合。莫迪经济改革成效有限，国际经济环境压力加大，原油等进口大宗商品涨价，印出口不振，通货膨胀高企，卢比贬值，就业形势严峻。莫迪政府没有兑现“给年轻人和农民更好福利”的承诺，政治光环逐渐褪色。2018年12月，在印度五个地方邦议会选举中，莫迪领导的印人党在其传统票仓恰蒂斯加尔邦、中央邦及拉贾斯坦邦均败给了老对手国大党，在特伦甘纳邦、米佐拉姆邦则败给地方性政党。五邦败选战绩给莫迪连任前景蒙上阴影。在内外压力下，莫迪政府急需稳定可预计的中印关系，避免与中巴两线为敌，以示其在外交领域有所建树。但是，随着2019年大选迫近，印人党又不时对外示强，发起外交攻势，以聚拢人气，拉拢选票。

（三）印度政府对美国外交动荡感到焦虑，不得已两面下注

2016年年底美总统选举前，印曾经将宝押在希拉里阵营，

---

① Amy Kazmin &Lucy Hornby, “India’s Modi and China’s Xi gear up for summit,” *The Financial Times*, APRIL 26, 2018.

并提前布局美大选后的“印美亲善”局面。特朗普上台后，印乐见美将中国列为“主要战略竞争对手”，视印为美“印太战略”基石，并在美“阿富汗及南亚新战略”中拔高印地位。但同时，印又戒惧美国政府为达目的不惜动用政治勒索、经济压力和军事打击等手段。印在市场开放、印美贸易、“印太战略”选边站队、印公民赴美签证、印俄军售关系、印进口伊朗原油、开发伊朗查巴哈尔港等问题上逐渐感受到美压力。为防范特朗普政府的不确定性，莫迪外交不得不回归务实，重走不结盟老路，重修与中、俄关系，平衡推进与主要大国关系。就武汉会晤而言，两国领导人“没有固定的议程，进行不拘形式的讨论，以增进对彼此优先事项及关切的理解，其背景是新德里方面对美国总统特朗普领导下华盛顿的政策与动荡感到焦虑”。[①]

（四）洞朗对峙事件的危险性触动了印度军政部门

洞朗对峙让印方意识到，两国边界摩擦发展至擦枪走火“临界点”的可能性不能排除。对峙结束后，印军政部门内部发起对华政策反思与辩论，得出主要结论是：应力防与中国擦枪走火、理性处理与中国关系、尽量避免对中国公开敌意。

（五）领导人一对一对话形成带动和牵引效应

印度学者研判认为，中印最高层直接互动，发出战略指引，有利于撇开各自工作层面的“官僚主义束缚”，有利于减少两国间“负面问题清单”。印方似乎从中看到一条透过最高层直接干预、管控两国分歧的有效途径，因而增强与中方打交

---

① Amy Kazmin &Lucy Hornby, “India’s Modi and China’s Xi gear up for summit,” *The Financial Times*, APRIL 26, 2018.

道信心。

五、未来推进中印关系的几点思考

2019年印将步入大选季，政坛可能发生重大变动，对印内政外交及中印关系或形成一定冲击。中印双方应多管齐下，共同确保双边关系在“相向而行、总体上行”的轨道上健康稳定运行。

（一）继续用好高层互动的武汉方式

长期以来，高层沟通、顶层设计是推进中印关系的利器。最高政治层级互动，有利于不断给中印关系注入新能量，促使两国职能部门积极行动，同时在两位领导人之间实现良好的工作关系、个人友谊和“化学反应”。当然两国民意和舆论氛围需同步跟进，两国具体工作层和战略研究界需要跟上领导人的脚步和视野。

（二）落实武汉共识，凝聚新的共识

武汉会晤后中印关系明显改善，逐步从洞朗对峙中恢复过来。但是，这种关系上的调整究竟是机会主义变化还是根本性转折，这种主动缓和关系努力的可持续性、韧性有多大，还有待时间检验。两国各层面需要发扬钉钉子精神，落实高层共识，不断扩大中印关系积极面，抑制其消极面。

（三）保持互不为敌的战略共识，避免两败俱伤的相互拆台与消耗

两国从上到下，均需同时做“加法”（扩大合作领域）与“减法”（逐步削减争端）。双方都需要解放思想，打开心结，从敌对的思维定式中解放出来，相互之间建立起一定水平的战略互信，重塑中印关系未来。冷战结束后20多年间，中印总体上保持既竞争又合作的关系，在经贸、投资、人文交流等诸多领域的合作成果丰硕，共同和共享的利益蛋糕不断做大。适度健康的竞争未必是坏事，有利于两国完善各自的内政外交政策。两国作为后发国家崛起，都在不断承受着国际体系主导力量的挤压、敲打甚至遏制，双方在多边国际舞台上存在巨大的合作空间。中印应在共识领域相互支持，携手壮大，而不应相互拆台，两败俱伤。

从长远着想，打造“中印关系模式”，增强两国关系的稳定性和抗震性。两国应该继续探索一条相邻大国之间独特相处之道，可称之为“中印关系模式”：即在领土主权和战略信条上犹存重大分歧、短期内无解的背景下，两大邻国仍能有力地管控有关争端，聚焦共同利益，务实拓展合作，保持关系持续高水平运行，扩充对抗与合作两个端点之间的回旋空间，确保中印关系大局不会因一时一事或外界干扰而发生大的波动。

深化中国与东盟经贸合作的有关建议

许宁宁

【内容提要】中国与东盟是共商、共建、共享“一带一路”的重要合作伙伴。面对国际形势的复杂多变、世界经济的不稳定性和不确定性增多，面对区域形势和区域经济合作的机遇和挑战，增进中国与东盟合作，夯实双方睦邻友好关系，意义重大。本文在分析双方合作形势、目的的基础上，就增进中国—东盟经贸合作重点提出了三个方面建议：做细做实合作；将开放市场与产业合作等与有关经济领域合作有机结合；调动各方资源和积极性参与合作。

【关键词】“一带一路”　东盟　自贸区　互联互通　企业　合作

【作者简介】中国—东盟商务理事会执行理事长，中国国际问题研究基金会亚太中心执行主任。

2018年是中国与东盟建立战略伙伴关系15周年。在2018年11月召开的中国—东盟领导人会议上，发布了《中国—东盟战略伙伴关系2030年愿景》，将双方关系提升到新阶段。

中国与东盟是共商、共建、共享“一带一路”的重要合作伙伴。展望2019年，面对国际形势的复杂多变、世界经济的不稳定性和不确定性增多，面对区域形势和区域经济合作的机遇和挑战，增进中国与东盟的合作，夯实双方睦邻友好关系，为实现双方2030年愿景打好第一年的基础，意义重大。这既是中国周边外交的重要任务之一，推进“一带一路”建设的重要举措，也是进一步对外扩大开放的时代要求。

一、中国—东盟关系形势简析

发展和巩固中国—东盟睦邻友好关系，具有十分重要的意义。就“一带一路”建设而言，中国与东盟的贸易和投资居其沿线国家的首位。中国—东盟互利共赢的合作发展，能在“一带一路”建设中发挥示范和表率作用，在“一带一路”这一伟大工程建设中特别需要这种“早期收获”效应的带动。对此，需要我们认清中国—东盟关系的形势，以找准合作切入点和着力点，提高合作的针对性、有效性、互利性。

中国—东盟关系形势的变化和发展，受到内因和外因的相互作用。内因包括中国和东盟及其成员国内部、双方之间关系；外因包括国际形势和世界经济、中国和东盟以外国家与中国、东盟及其成员国的关系变化。内外因素相互影响，我们应着力内因，兼顾外因。

（一）中国与东盟关系近15年来不断发展

1.双方关系的发展成就显著并来之不易

东盟各国国内生产总值（GDP）的总和占世界GDP的比重由2013年的3.3%提升至2017年的3.5%。中国是东盟第一大贸易伙伴。2017年在对东盟投资中，欧盟254亿美元、日本132亿美元、中国113亿美元、中国香港78亿美元。2017年，到东盟旅游人次占世界旅游人次的9.5%，中国是第一大旅游者来源国。

近15年来，尽管双方关系遇到一些程度不同的挑战，甚至有的东盟国家指责或担心中国在分化东盟，有的外部国家在竭力拉拢东盟共同制约中国等，但合作始终是双方关系的主流，因为中国坚持实施睦邻友好的外交政策，采取一系列积极举措，尤其是中国—东盟自贸区建设、中国—东盟互联互通建设、“一带一路”倡议实施这先后三大举措形成了重大推动力，因为东盟绝大多数国家视增进与中国的合作为发展机遇，使得双方共同的需要和利益逐年增多，合作呈现全面、深入、密切、活跃之势。

当前双方的关系与15年前（2003年双方建立战略伙伴关系）相比，那时候合作面窄、合作度不高、合作机制少；与27年前（1991年双方建立对话伙伴关系）相比，那时候，双方之间几乎没有合作关系；与40年前（1978年中国实施改革开放国策）相比，那时双方之间是非友好关系。今天，双方合作的重要性已超越双方范畴，日益成为维护地区和平稳定、促进区域共同繁荣的支撑和引擎。

建立对话伙伴关系的近27年来，尤其是建立战略伙伴关系的近15年来，双方关系的发展成就显著并来之不易，这得益于中国实施改革开放政策并带来40年来国力大增，得益于东盟成立50年来对外政策的调整和“东盟方式”的成功，得益于双方在发展道路、发展模式等重大方面有契合点和增进合作的利益需要，得益于近十几年来中国—东盟合作的率先性、丰富性。基于此，双方在相互磨合中，在面对种种挑战中，总是能找到合作点而不断增进合作。

中国视东盟为外交和对外经贸合作的优先方向。在东盟的对外关系中，与中国的合作视为最有成效的一对合作。2018年5月，李克强总理访问了印尼和东盟秘书处；11月中旬，李克强总理访问新加坡并出席第21次中国—东盟领导人会议，会议上通过了《中国—东盟战略伙伴关系2030年愿景》；11月18—21日，习近平主席对文莱、菲律宾进行了国事访问；2018年东盟多个国家领导人访华。这些都推动着双方战略伙伴关系包括经贸合作的新发展。

近些年来，双方合作的旺盛力在增强，旺盛的合作力已经表现在继续惠及各自国家利益和地区利益的收获上。当前，中国、东盟及其成员国各自的关注点、关注度虽然在一些方面有所不同，但双方的关注有许多交会之处、互补之处。双方都在致力于经济增长；都实施扩大开放政策，维护多边贸易体制；都意识到维护地区稳定是大局。双方产业互补性强，经济合作潜力巨大。进一步扩大、深耕结合部，是双方在复杂多变的国际环境中共同立于不败之地的现实选择。

2. 2018年1—10月中国与东盟贸易分析

2018年1—10月，中国与东盟贸易额达4863.9亿美元，较上年增长了18.5%，这一增速超过中国对外贸易平均增速，在中国前三大贸易伙伴（欧盟、美国、东盟）中增速最快（与欧盟贸易增速12.9%、与美国贸易增速12%）。

2018年1—10月，中国与东盟贸易占中国对外贸易总值的比重为12.7%，较上年同期这一占比有所增长。

2018年1—10月，在中国与东盟十国的贸易中，中国向东盟出口达2607.7亿美元，较之上年同期增长17%；中国从东盟进口达2256.2亿美元，增长20.3%。1—10月，中方顺差351.5亿美元，较上年同期的359.5亿美元下降了2.2%。就1—10月贸易顺逆差来看，中国与东盟国家贸易为顺差排前三位的国家是：越南、新加坡、菲律宾；中国与东盟国家贸易为逆差排前三位的国家是：马来西亚、泰国、老挝。

中国与东盟贸易额排前三位的是：越南、马来西亚、泰国；就2018年1—10月增长速度来看，中国与东盟十国贸易都是增长，其中增速排前三位的国家是：文莱（增长90.2%）、越南（增长28.1%）、印度尼西亚（增长27.7%）。

中国从东盟进口贸易额排前三位的是：马来西亚、越南、泰国，其中增速排前三位的是：越南（增长40.5%）、老挝（增长32%）、柬埔寨（增长29.4%）。

中国向东盟出口贸易额排前三位的是：越南、马来西亚、新加坡，其中增速排前三位的是：文莱（增长189.3%）、印尼（增长27.4%）、柬埔寨（增长25.3%）。

2018年1—11月，在中国主要投资来源地中，新加坡居国外第一位，同比增长7.4%；东盟在中国实际投入外资金额同比增长15.7%。至今，中国与东盟双向投资额累计超过2200亿美元。

2018年中国与东盟经贸合作的发展主要得益于：地理相连的中国经济、东盟经济持续增长；双方经济合作的愿望增强，对接、连接行动增多，相互间经济互补合作日益突出；“一带一路”合作和东盟共同体建设逐步有机对接；南海问题趋缓，南海和平稳定与地区国家的发展繁荣休戚相关。

（二）正视影响中国与东盟关系的有关问题

1.双方有些合作仍是粗放型的。

有的合作机制发挥作用不到位；有的合作项目形式大于内容；有的重点合作领域缺乏行动计划，如落实《中国—东盟产能合作联合声明》需要细化；实施中国—东盟自贸区升级，相互开放市场的程度不够。

2.南海部分岛礁争议问题需要双方共同努力妥善应对。

3.中国国内有些人在东盟国家的言行让当地一些民众缺乏舒适感。中国有的政府工作人员、企业负责人甚至游客在东盟国家以大国优越感高调张扬，其言行引起对方反感，诋毁了中国形象。例如，有的地方官员在与东盟国家官员交谈中说："我主管地方的人口比你们国家还多"；有些企业家喜好夸海口，承诺投资且举办了隆重的签约仪式最后却不落实承诺；有的合作项目好大喜功，宣传过多，有的合作项目应该只干不说；还有一些游客出现不文明现象，等等。在东盟国家主流媒体、本国文字媒体和社交媒体脸书（Facebook）上，指责中国有些人违法乱纪、行贿等不当言行的内容有所增加。

4.美国欲以"印太战略"对冲"一带一路"建设。

美国竭力"制造"南海问题升温。一些域外国家（地区）通过在东盟的非政府组织，制约、干扰、破坏中国与东盟及其成员国的合作。

（三）中美经贸摩擦对中国与东盟经贸关系的影响

中国与东盟增进合作，是地区经济增长的现实选择，不管有没有中美经贸摩擦，都有必要加强中国与东盟经贸合作，这是双方发展利益决定的。中美经贸摩擦对中国与东盟经贸的主要影响：

1.中美经贸摩擦将使得更多中国企业投资东盟。中国一些企业为绕开美国市场壁垒，将会到邻近的东盟地区投资设厂，在东盟生产后销往美国。由于产业配套的掣肘，生产所需的机器设备、原料辅料等需要从中国进口，所以这种投资带来的贸易转移将增大中国与东盟贸易额，东盟将增大对外贸易额尤其是对美贸易额，这也可能扩大东盟对美贸易顺差。

2.中美经贸摩擦将影响东亚地区经济增长。中国与东盟经济相关性大，若中国经济增速因中美经贸摩擦而有所减缓，则必会传导至东盟，使其经济减速。中国经济增速快，则进口东盟产品多，尤其是大宗产品。

3.中美经贸摩擦将破坏中国与东盟相关产业链。中美经贸摩擦不仅导致中美产业链将会发生变化，而且与之相关的产业链包括中国与东盟都会发生相应变化，包括电子产品、服装鞋帽等，切断供应链将降低生产效率，提高销售成本和价格。

4.美国制约中国高科技产品发展将影响东盟产业升级。美国挑起经贸争端的重要目的之一是限制中国高科技产品的发展，遏制中国实施的《中国制造2025》规划。而中国实施的这一规划，不仅仅是中国受益，许多国家都会受益，尤其是邻近中国的东盟，因为中国的产品、技术及服务较之美国的价格更为便宜。如果《中国制造2025》规划执行受阻，将不利于东盟的产业升级和经济增长。

二、明确中国—东盟合作的目的

双方合作的目的是：长期睦邻友好，合作共赢发展。双方需要继续秉承近15年来增进合作的主要经验，并根据新形势变化，开创新的合作模式，突破新的合作领域，注入新的合作活力。李克强总理在第21次中国—东盟领导人会议上总结双方合作的主要经验是：始终坚持相互尊重、求同存异；始终坚持开放合作、共同发展；始终坚持相互包容、互学互鉴。

双方需要扬长避（补）短，积极营造合作环境，在共同关切上着力合作，不断夯实合作基础。

双方需要通过合作来化解有关分歧和矛盾，通过中国—东盟与第三方合作来扩大合作的互补性、规模和影响力，以提质增效实现合作的持续性。

三、增进中国—东盟经贸合作的有关建议

中国与东盟的经贸合作已全面展开，合作的领域很多，重点合作领域（产业、项目）应是：关切+互补，即各方关切度高并且双方互补性强，着力“关切+互补”领域的合作易于开展和配合，易于见效。

（一）做细做实合作

1.积极对接发展规划和政策。双方经贸合作应从“面的展开”到“质的升华”。应加强对接的组织工作，将对接工作尽量做细，这有利于找准合作的切入点和着力点。在加强中国与东盟各国的国家发展战略双边对接的同时，应加强中国与东盟多边经济规划和政策的细致对接，东盟多边经济规划包括东盟正在实施的《2025年东盟共同体愿景》《东盟经济共同体发展蓝图2025》《东盟互联互通总体规划2025》等。对于个别国家的产业规划不全，中国政府部门可受邀协助制定。

2.扬长避短开展对东盟经贸合作。相对于其他与东盟经贸合作的国家而言，中国有区位优势，有市场大的优势，有“一带一路”重大倡议已实施五年和中国—东盟自贸区升级的优势，有产业互补性强的优势。然而也应看到中国的有关短处：合作时间短，日本、美国早在冷战时期就着手与东南亚（东盟）的

合作；累计在东盟投资规模少于欧盟、美国、日本；有些中国人在东盟国家的言行破坏了中国形象等。当前，既要扬长避短，也要扬长补短。

3.积极落实有关合作共识。这些共识包括:《中国—东盟战略伙伴关系2030年愿景》，中国—东盟第三个《行动计划》（2016–2020），中国与东盟有关国家在共建“一带一路”方面的有关共识,《中国—东盟产能合作联合声明》,《中国—东盟关于进一步深化基础设施互联互通合作的联合声明》，中国与东盟有关国家关于澜沧江—湄公河流域合作和中国与东盟东部经济增长区合作方面的共识，中国与马来西亚、新加坡、文莱、菲律宾等东盟国家双边《联合声明》等。

（二）将开放市场与产业合作等有关经济领域合作有机结合

面对域外有的大国实施的贸易保护政策，中国—东盟自贸区升级，相互间更大的开放市场。如果双方只开放市场而在加强产业合作方面力度不够，则开放市场的效果就很难体现出来，还会使东盟国家担忧中国产品的冲击，因此，开放市场必须和产业合作紧密结合。利用开放的市场加强产业合作，打造优势互补的产业链，形成更多的贸易创造。

中国—东盟自贸区升级后，需要国内有关主管部门提出实施升级的指导意见，需要国内各有关部门加强协调。双方海关、标准、检验检疫、贸易准则标准等领域的合作均应做细，减少贸易中的非关税壁垒的制约。

双方产业合作应有《行动计划》，细分行业对接，行业商会应进入角色，发挥其职能作用。应以产业合作带动贸易结构、投资结构的优化，带动中小企业合作发展。产业合作园区建设，应调动商会参与的积极性，以促进产业链配套；中国央企应在其建设中发挥重要作用，现在泰国、柬埔寨、印尼、马来西亚、越南的产业合作园区建设中缺乏央企身影。

应积极发挥中国香港在中国—东盟经贸合作中的优势作用。香港—东盟自由贸易协议2019年1月生效。

在谈判的同时，应推动区域全面经济伙伴关系（Regional Comprehensive Economic Partnership，RCEP）成员国的商会、行业协会之间的对接、交流，发挥商会、行业协会在增进经贸合作中的促进作用而不是制约作用，打造好商界基础有利于促进谈判。RCEP成员国的商会、行业协会之间的对接是一项可做而至今一直没有做的事。

（三）调动各方资源和积极性参与合作

2019年，双方在合作方面可以干、需要干的事很多。双方在互联互通合作、中国—东盟自由贸易区升级、澜沧江—湄公河合作升级、中国与东盟东部经济增长区合作以及领域合作等一系列方面需要推进合作；中国地方及其企业与东盟国家的有关合作需要指导、引导，以提高合作效率；中国与东盟“互联网+”等新业态合作培育、智慧城市建设合作，中国—东盟有关国家与第三方合作；特别是面对国际和地区形势的不稳定性变化，双方需要及时采取措施应对，等等。

大量工作的推进，做细做实合作的要求，则需要投入大量人力、物力、财力。对此，应切实发挥已有合作机制的作用，应调动各方资源和积极性参与推动合作。

应在中央政府主管部门指导下，鼓励、支持地方政府结合本地区优势开展双方有关合作。应群策群力，构成社会力量参与双方经贸合作的活跃局面，社会力量与政府力量各具特点和优势，可互为补充。

2019年是中国—东盟媒体交流年，旨在加强各自民众对双方合作的了解和参与，办好媒体交流年各项活动的意义重大，应高度重视。

中国和东盟山水相连、命运与共。双方合作全面展开，是基于共同需要和长远利益。我们坚信，在各方努力下，中国与东盟携手打造更高水平的战略合作关系，构建更为紧密的中国—东盟命运共同体，必将惠及地区和平与繁荣。

中非关系新时代、新蓝图、新举措

程 涛

【内容提要】2018年中非关系好戏连台，高潮迭起。双方领导人互访频繁、互信提升。中非合作论坛约翰内斯堡峰会成果已经如期全面落实，互利合作硕果累累，实惠多多。中非合作论坛北京峰会胜利召开，为提升中非关系树立了新的宏伟目标和开辟了新的通道，为深化南南合作拓展了新的空间，为维护国际体系做了新的贡献。“一带一路”对接非洲进展迅速，已收获早期成效。中非共建更加紧密的命运共同体。中非关系正步入一个新的时代。

【关键词】政治互信　北京峰会　“一带一路”　命运共同体

【作者简介】中国国际问题研究基金会非洲研究中心主任、高级研究员，中国前驻马里、摩洛哥大使。

2018年是中国对外关系中的“非洲年”，好戏连台，亮点纷呈。双方领导人互访频繁、互信提升；互利合作硕果累累，实惠多多；中非合作论坛北京峰会胜利召开，中非合作承前启后；“一带一路”对接非洲进展迅速；治国理政合作成为新时期中非合作的新亮点；中非共建更加紧密的命运共同体；中非关系正步入一个新的时代。

一、领导人之间的频繁交往提升了政治互信

2018年，在国际环境变得更加复杂的情况下，中非领导人交往空前频繁、磋商更加密切。喀麦隆总统、纳米比亚总统、津巴布韦总统等12位国家元首相继访华。习近平主席利用各种机会单独会见了50多位非洲国家的国家元首和政府首脑，广泛而深入的元首外交为推动双边关系稳步发展发挥了决定性的作用。在中国共产党胜利召开第十九次代表大会和习近平总书记连任中共中央总书记之际，非洲52国和非洲联盟委员会党政领导人共180多人致电或致函热烈祝贺。这不由使人想起47年前当中国恢复在联合国合法席位时非洲兄弟在联合国会议大厅里载歌载舞欢呼胜利的场景。中非人民是同呼吸共命运的好伙伴、好兄弟。

习近平主席2018年7月对非洲的访问，充分体现中国对中非友好合作关系的高度重视，为进一步巩固中非传统友谊和深化中非全面战略合作注入了新的动力。习主席此次先后对塞内加尔、卢旺达、南非等进行国事访问，并参加在南非举行的金砖国家领导人第十次会晤。这是习近平就任国家主席后第4次非洲之行，也是他第9次踏上非洲大陆。习主席2013年就任中国国家主席以及2018年再次当选连任后均选择非洲为首次出访目的地。习主席此次访问精心选择的国家位于非洲的西部、东部、中部和南部，四国各具特色，地理区位不同，经济体量各异，但都迫切希望同中国加强合作。中国是塞内加尔第二大贸易伙伴、最大融资来源国；中国是卢旺达第一大贸易伙伴，卢

旺达担任2018年非盟轮值主席国；南非是中国在非洲的第一大贸易伙伴，2018年恰逢中南建交20周年；中国是毛里求斯第一大贸易伙伴，而毛里求斯是第一个与中国开启自贸谈判的非洲国家。访问选择这几个国家，具有很强的代表性和总体平衡性。

习主席与四国领导人的政治互信进一步提升，一致同意从战略高度和长远角度看待双边关系，深化政治互信，排除外来干扰，在涉及彼此核心利益和重大关切问题上相互理解支持，在探索适合自身国情的发展道路时相互理解支持，在国际和地区事务中相互理解支持。非洲国家领导人强调，中国是非洲患难与共的可靠朋友，友好情谊历久弥坚，绝非外界挑拨所能撼动。面对国际风云变幻、世界力量格局深度调整、单边主义和贸易保护主义不断抬头，习近平主席此访引领中国特色大国外交巩固和扩大了南南合作的成果。

习主席访非期间介绍9月中非合作论坛北京峰会筹办理念，为北京峰会进行了先期准备和预热动员，凝聚了更多共识。非洲国家领导人积极响应，表示愿同中方一道努力，将峰会办成加强中非团结合作的又一历史性盛会。访问体现了论坛平等共商的精神。

此外，中国全国人大常委会委员长栗战书、全国政协主席汪洋、中共中央政治局委员杨洁篪、国务院副总理胡春华、国务委员兼外长王毅等都相继对非洲进行了访问。

国家关系基础在人民，未来在青年，关键在领导。领导人们亲密接触、深入交流、联络感情、增进了解、加深理解、扩大共识、增加信任，巩固友谊，夯实合作基础。多接触，添友谊；长相知，不相疑。

二、全面落实中非合作论坛约翰内斯堡峰会的规划和具体措施

在2015年12月的中非合作论坛峰会在南非约翰内斯堡上，双方一致同意重点实施以工业化、农业现代化等为核心的中非“十大合作计划”。为确保“十大合作计划”顺利实施，中方宣布提供总额600亿美元的资金支持。约堡峰会规划了中非合作发展的蓝图，开启了中非合作共赢、共同发展的新阶段。截至2018年年底，在中非双方通力协作、共同努力下，中非合作论坛约堡峰会成果已经如期全面有效落实。“十大合作计划”实施以来，中国企业在非洲已建成一大批成套项目。中国帮助非洲新增约3万公里的公路里程、8500万吨/年的港口吞吐能力、超过900万吨/日的清洁用水处理能力、近2万兆瓦的发电能力和3万多公里的输变电线路，为非洲国家创造近90万个就业岗位。[①] 埃塞俄比亚至吉布提铁路、尼日利亚阿布贾至卡杜纳铁路、肯尼亚蒙巴萨至内罗毕铁路、多哥洛美机场新航站楼、海信南非工业园、埃塞俄比亚阿瓦萨工业园等一大批基础设施、工业园区、经济特区和产业产能项目已经竣工投入运营或正在加紧推进。2015年以来，中国还为非洲国家在农业、减贫、公共卫生、贸易投资便利化等领域实施了数百个项目，中国在非洲的医疗队员保持在1000名。

政治互信持续深化，为中非关系发展和推进落实峰会成果

① “商务部：中非‘十大合作计划’经贸举措全面落实完毕”，央视网，2018年8月29日。

发挥了重要政治引领作用。自约堡峰会以来，中国先后同14个非洲国家建立不同类型的伙伴关系或进一步提升双边关系定位，中方任命了外交部中非合作论坛事务大使，40多个非洲国家任命了中非合作论坛峰会成果落实协调人。

中非在经贸方面的务实合作稳步推进。2017年，中非贸易额达1700亿美元，2018年再次攀升至2000亿美元。中非合作论坛成立18年来，中非贸易额从2000年的100多亿美元增长到2018年的2000亿美元，增长了20倍。2018年中国对非洲出口超1000亿美元，而从非洲进口也达千亿美元。中国对非投资总额从2000年的不超过10亿美元增长到2018年的1100多亿美元，增长了110多倍。中国近3年对非洲年均直接投资保持在30亿美元左右，2018年仍然达30亿美元，速度增长惊人。截至2018年年底，中方承诺提供的600亿美元资金支持中超过90%已经落实或已经作出安排。①

中国对非投资形式和内容更加丰富。从领域上看，中国对非投资行业逐步拓宽，涉及建筑、采矿、制造、科技、地质勘查、房地产、金融、批发零售和农业等领域。从投资方式上看，除了独资、合资外，还有参股、并购。近年来，民营企业对非投资也快速增长，逐渐成为对非投资的生力军。

据国家开发银行最新数字，国开行已累计向43个非洲国家近500个项目提供投融资超过500亿美元，鼎力支持非洲国家重点项目建设，有效促进了当地基础设施、能源、矿业、电信、制造业、社会民生等领域发展。中非发展基金也已对非洲36个国家的90多个项目累计承诺投资46亿美元，实际出资超

① 央视网："商务部：中非'十大合作计划'经贸举措全面落实完毕"，2018年8月29日。

过33亿美元，带动中国企业对非投资超过230亿美元。非洲中小企业发展专项贷款总额度60亿美元，已覆盖非洲32个国家，累计承诺贷款42亿美元，发放贷款20亿美元。①

与此同时，中非人文交流合作不断深入。自2016年以来中非双方实施了200多个人文合作的项目，双方已建立130多对友好城市关系，民间友好交往全面展开。截至2018年9月，在非洲已经建成55所孔子学院和30所孔子学堂，有效地推进文化交流和汉语教学。中国一家民营企业叫“四达时代”，在非洲开展了一项“万村通”数字电视工程，要让25个非洲国家的一万个农村家庭通电视，现在已经基本落实。“万村通”丰富了非洲老百姓的文化生活，也增进了他们对中国的了解，有利于促进中非人民文化相通。

近年来每年赴非旅游的中国游客超过百万人次。北非的摩洛哥2016年对入境中国人采取免签证政策后，并受到影片《红海行动》在摩洛哥拍摄的影响，中国游客赴这个“北非花园”旅游的热情高涨，2017年达到12万人次，2018年可达15万人。中非青年大联欢、中非智库论坛、中非媒体合作论坛等人文交流活动成功举行。

2015年至2018年约翰内斯堡峰会以来的三年间，中方已经为非洲培训了20万名各类的职业技术人员，为非方提供了4.3万个来华培训的名额，提供了2000个学历学位教育名额，已经提供了3000个政府奖学金的名额。

中非和平安全和国际事务合作也更加紧密，非洲国家期待中国更积极参与非洲和平和安全事务，中方也愿为此发挥建设

① 搜狐财经快讯：“中非发展基金规模过百亿美元，国开行对非累计出资达46亿”，2018年9月27日。

性作用，提供“中国智慧”，贡献“中国力量”。中方积极落实对非盟1亿美元军援，支持非洲常备军和危机应对快速反应部队建设，首批军援物资即将运抵非洲。中方积极参与南苏丹、索马里、布隆迪等热点问题斡旋调解、劝和促谈。中国是安理会五个常任理事国中向非洲派遣维和人员最多的国家，也是联合国维和摊款第二位的国家，现有2000多名维和人员在非洲执行联合国维和任务。中非还在联合国改革、气候变化、反恐等重大国际和地区问题上紧密协调配合，共同维护中国和非洲以及广大发展中国家的利益。

三、中非合作论坛北京峰会深入总结以往合作经验，规划未来合作蓝图，成果丰硕

2018年9月，中非合作论坛峰会在北京胜利召开，中国和非洲53国领导人以及非洲联盟委员会主席出席会议。联合国秘书长以及26个国际和非洲地区组织代表应邀参加。会议主题为“合作共赢，携手构建更加紧密的中非命运共同体”。习近平主席在峰会期间发表了一系列重要讲话，全面阐述了“真实亲诚”理念和正确义利观。习主席提出中非关系的“四、五、六原则”，分别指“四个坚持”：坚持真诚友好、平等相待；坚持义利相兼、以义为先；坚持发展为民、务实高效；坚持开放包容、兼收并蓄，揭示了中非团结合作的本质特征。“五不”：不干预非洲国家探索符合国情的发展道路，不干涉非洲内政，不把自己的意志强加于人，不在对非援助中附加任何政治条件，不在对非投资融资中谋取政治私利，明确我们对非交往的政治原则。“六位一体”：即打造以“责任共担、合作共赢、幸福共享、

文化共兴、安全共筑、和谐共生”为核心的更加紧密的中非命运共同体，为推动构建人类命运共同体树立典范。“四、五、六原则”更加明确了新时代中国对非洲外交新理念、新倡议、新举措，指明了中非关系发展的前进方向。

论坛北京峰会通过了《关于构建更加紧密的中非命运共同体的北京宣言》《中非合作论坛—北京行动计划（2019—2021年）》，推出了以实施“八大行动”为核心的上百项全面深化中非合作的新举措。双方总结过去合作成就经验和教训，规划未来三年合作蓝图，完全践行中非合作论坛“平等磋商、增进了解、扩大共识、加强友谊、促进合作”的宗旨。2018年中非合作论坛北京峰会为提升中非关系树立了新的宏伟目标，为加强中非合作开辟了新的通道，为深化南南合作拓展了新的空间，为维护国际体系作出了新的贡献。

习近平主席在论坛峰会上提出实施“八大行动”的倡议涵盖产业促进、设施联通、贸易便利、绿色发展、能力建设、健康卫生、人文交流、和平安全。为推动“八大行动”顺利实施，中国宣布再向非洲提供600亿美元支持。

“八大行动”是“十大计划”的升级版，措施具体、针对性强、可操作性强。“八大行动”中突出中国帮助非洲实现工业化和农业现代化。中非合作仍将大力推动产业园、经济开发区和经济特区为依托的工业化项目。非洲矿产资源得天独厚，中国以“无工不富”的理念和“授人以渔”的胸怀及方式帮助非洲开发和利益资源。中国企业与众多非洲国家携手合作，向产能合作、加工贸易、投资建设运营全产业链迈进。例如中国石油企业已经先后帮助苏丹、乍得、尼日尔等国建立了上游油田、中游输送管道、下游炼油化工的完整石油工业体系，提高了非洲国家出口产品附加值，改善了非洲国家的经济结构。中国企业在非洲投资办厂已初见成效，在埃塞俄比亚的华坚鞋厂、多哥阿尼耶制糖联合企业、卢旺达的C&H服装厂、南非的北京汽车集团南非工厂等都是成功的范例。

非洲农业发展潜力巨大，拥有世界上60%的未开垦耕地。许多地方土地肥沃、雨水丰沛、日照充足，但粮食却不能自给。中国支持非洲在2030年前基本实现粮食安全，解决非洲12亿人口的吃饭问题，将造福于非洲，造福于人类。中国将同非洲一道制定并实施中非农业现代化合作规划和行动计划，实施50个农业援助项目，向非洲派遣500名高级农业专家，培养青年农业科研领军人才和农民致富带头人。中国和非洲农业合作优势互补，已有许多成功尝试，如在几内亚比绍和莫桑比克的农业合作项目都积累了成功经验，受到联合国开发计划署的充分肯定。该署的报告说，中国援助莫桑比克农业技术示范中心项目和中国援助几内亚比绍农业技术合作项目是中国同非洲国家在农业领域南南合作的典型案例。莫桑比克的农业技术示范中心试种的中国杂交水稻和旱地水稻，产量最高达到每公顷10.74吨，旱地水稻的平均产量超过每公顷6吨，是当地水稻品种平均产量的两倍。参与种植的当地农户收入明显增加，在减少贫困和改善民生方面发挥了重要作用。中国为几内亚比绍援建了农业技术合作项目。中国农业专家在当地走村串户、深入田间地头，向当地农民传授适用农业技术。项目实施后，当地的水稻产量从2014年的每公顷不到1.5吨，增长到2017年至2018年的每公顷4吨到5吨，几内亚比绍实现了从粮食进口国到粮食出口国的结构性转变，确保了自身粮食安全。①

① 农业农村部网站："推动中非农业合作再上新台阶"，2018年9月2日。

中国向非洲国家传授农业专业知识、技术和资源，并因地制宜，提供具体解决方案，推进实现非洲农业现代化的发展目标。中非农业合作将成为中非合作的优先发展领域，并被提到产业合作的高度。

“八大行动”还提出实施和平安全行动、设立和平安全基金和和平安全论坛。中国将积极地有建设性地参与非洲安全建设，继续向非洲联盟提供无偿军事援助，支持萨赫勒、亚丁湾、几内亚湾等地区国家维护地区安全和反恐努力。中国将在共建“一带一路”、社会治安、联合国维和、打击海盗、反恐等领域推动实施50个安全援助项目。

此次论坛峰会上，中国政府还宣布免除与中国有外交关系的非洲最不发达国家、重债穷国、内陆发展中国家、小岛屿发展中国家截至2018年年底到期未偿还政府间无息贷款债务。

此次中非论坛北京峰会的世界影响不可小觑。《北京宣言》指出世界处于大发展、大变革、大调整时期，和平发展是共同核心任务。非洲领导人公开批驳各种责难中非合作的不实之词。中非领导人在北京一致主张维护联合国宪章，推动经济全球化和多边主义，反对霸权主义、单边主义和贸易保护主义，反对极端的国家利己主义。54个国家和25亿人就国际重大问题和全球治理发出了时代强音，振聋发聩，在国际舞台发挥了满满的正能量。北京峰会成功举行，推动中非全面战略合作伙伴关系更上一层楼，成为国际对非合作和南南合作的一面旗帜，更为人类的和平和发展做出积极贡献。

四、“一带一路”为中非合作提供了新的机遇、新动力和新平台

“一带一路”对接非洲联盟《2063年议程》、联合国2030年可持续发展议程以及非洲各国发展战略，开拓新的合作空间，发掘新的合作潜力，已收获累累硕果。

非洲是“一带一路”历史和现实的自然延伸。中国提出的“一带一路”倡议受到广大非洲国家的普遍欢迎。非洲国家和人民首先是在感情上和理念上极为认同“共商共建共享”的理念。在历史上，西方殖民主义者对非洲人民进行了长达500年的殖民统治，还在持续300年的时间里从事惨无人道的奴隶贸易，从来没有把非洲人当人对待。在当今，霸权主义、孤立主义、国家利己主义、贸易保护主义咄咄逼人，非洲常常处于被欺凌、被冷落甚至被牺牲的地位。中国提出并践行“一带一路”共商、共建、共享、共赢的原则，同非洲人平等相待，让非洲人感到“非常暖心窝”，更是想非洲人所想，急非洲人所急，让非洲人感到温暖，让非洲人看到希望。

非洲国家纷纷加入“一带一路”建设。目前，已有37个非洲国家加入了“一带一路”的大家庭，仅仅在中非合作论坛北京峰会期间就有28个国家和非盟委员会同中方签署共建“一带一路”合作文件，掀起了参加“一带一路”建设的小高潮。

南非、埃及、肯尼亚、坦桑尼亚、莫桑比克、埃塞俄比亚、卢旺达等国最早加入“一带一路”。“一带一路”对接有关国家的发展计划和战略，已取得了丰厚的早期收获。南非的工业园区成功建设；埃塞俄比亚的亚吉铁路带动了产业带的发展；

蒙内铁路为肯尼亚经济发展贡献1.5个百分点、解决近五万个就业岗位等，成果和贡献不胜枚举。

在“一带一路”倡议引领下，中国和非洲基础设施合作还为非洲产业布局提供机遇和平台。中非共建“一带一路”，就是将中国的产能优势、技术与资本优势及发展经验优势对接非洲的劳动力优势、资源优势和市场优势，帮助非洲国家摆脱贫困，实现非盟2063年计划及联合国2030年可持续发展目标。中非双方加强产业对接，在制造业、金融、旅游、航空等领域的合作都取得新突破。中非合作无论是从贸易还是从投资上看，既帮助非洲改善了基础设施，创造了就业，改善了民生，同时也带动了中国企业、中国标准、中国产品“走出去”，是互利共赢的。

“一带一路”正在改变非洲命运，从被全球化到全球化的本土化，帮助非洲从政治上站起来到经济上站起来，达到彻底的去殖民化。中国人民在站起来、富起来和强起来的历程中总是携手非洲人民站起来、富起来和强起来，这就是中非命运共同体的实质内涵。中国的今天就是非洲的明天。

五、治国理政合作成为新时代中非合作的亮点

今天，中非关系呈现出全面发展的新气象，中非传统友谊进一步推动更深层次、更宽领域、更大范围的交流合作。

这些年来，许多非洲国家领导人对本国曾经走过的发展道路、治理模式和经济建设方式进行反思过程中，开始“向东看”，希望学习中国改革开放的经验，借鉴中国快速发展的方式方法，以实现本国的振兴。中国和非洲领导人在空前频繁的

互访交流中，共同探讨治国理政经验成了双方互动的重要内容。2017年12月，中国共产党与世界政党高层对话会在北京成功举行，来自非洲的50多个政党积极与会。双方通过深入交流，分享治党治国经验，深化相互认知，谋求合作共赢。许多非洲国家派高级别官员和专家到中国考察学习中国建设经济特区的过程和经验，有的要求中国派专家帮助他们制定具体的经济开发区规划和实施方案，制定法律法规，并培训干部。

“要想富，先修路”“筑巢引凤，招商引资”，建立“经济特区”“工业园区”“科技园区、“经济开发区”，还有“一站式服务”等许多中国改革开放的朴素和实用经验，在非洲大陆受到青睐，并在许多国家开始付诸试验。中国在实践中摸索到“无工不富、无商不活和无农不稳”的道理，注重全面和均衡发展。非洲国家也正在努力走工业化和农业现代化的道路，促进“非洲制造”和商品流通。

中国一贯尊重非洲人民自己的选择，从不输出自己的模式，但也不反对别国借鉴自己的经验，因为中国的经验中就有不少是从他国学来的。中国关心非洲国家的发展，中国有责任和义务让非洲国家分享中国发展的经验和成果。

中国已经在非洲办了约25个经贸合作区，入区的中国企业近500来家，累计投资金额超过60亿美元，涉及能源矿产、轻工建材、纺织制造、家用电器，目前产值约200亿美元，上缴东道国税收达10亿美元，雇佣外籍员工约5万名，大大促进了非洲的工业化和经济发展，创造了大量的就业岗位。[①] 为适应许多非洲国家“向东看”，希望借鉴中国发展经验的需求，分

① “中非‘十大合作计划’经贸举措全面落实”，《经济日报》，2018年8月29日。

享中国发展经验，共同探讨发展致富之道，开展治国理政合作，已经构成新时代中非合作的一大亮点。今天的非洲呈现出蓬勃发展的新景象，得天独厚的自然资源和人力资源的优势、谋求自主可持续发展、积极推进工业化、加快一体化进程和联合自强的强烈愿望都在转化为独特的比较优势，并化为具体实际行动，其发展成果逐渐显现。

中非间没有历史积怨，没有意识形态的羁绊，没有地缘政治的纠葛，没有领土领海的纠纷，没有文化的冲突，在合作道路上不存在绊脚石和难以逾越的鸿沟，“真实亲诚”和相互信任相伴一带一路。最大的发展中国家与发展中国家最集中的大陆紧密合作，25亿人携手前进，必将更多地造福中国人民和非洲人民。中非开启了新形势下合作的新起点，正在跨入“建设更加紧密的命运共同体”的新时代、新征程。

中拉关系逆势前行

刘玉琴

【内容提要】在诡谲多变的时局中，中拉关系逆势前行，并有了突破性进展。中方提出完整、明确的发展对拉关系的“中国方案”符合双方各自国情和发展阶段，契合了拉美谋合作、求发展的强烈愿望，得到了拉美国家的热烈响应。新形势下中国应妥善应对拉美政局演变，坚决维护中拉关系大局，警惕美国因素对中拉关系的干扰，重视委内瑞拉因素对中拉关系的影响。

【关键词】中拉关系　拉美政局　美国　委内瑞拉

【作者简介】中国国际问题研究基金会研究员，中国前驻厄瓜多尔、智利、古巴大使。

一、中拉关系新进展

2018年国际形势风云激荡，经济全球化、贸易自由化面临巨大挑战，强权政治、单边主义、贸易保护主义抬头，政治经济的不确定性和不稳定性加深了局势的扑朔迷离。拉美政局也发生重大演变，近20年来活跃在多国政坛的中左翼政权大多在选举中失利。然而，在诡谲多变的时局中，中拉关系逆势前行，并有了突破性进展，引起世人瞩目。主要表现在：

（一）与多米尼加、萨尔瓦多建交成为今年中拉关系最耀眼的亮点

与两国建交不仅再次向国际社会重申一个中国的原则，有力打击了岛内“台独”势力，还进一步扩大了我在中美洲的朋友圈，打破了在中美洲地区持续多年台强我弱的力量对比，彰显了新形势下中国对拉美的吸引力和影响力。尤其是多、萨及此前与华建交的巴拿马等三国顶住美国的公开重压，坚持与华关系正常化的正确立场，旗帜鲜明地反击美国的指责，在拉美和国际社会赢得了广泛同情和支持。

（二）高层密切交往，共同规划中拉关系未来

2018年年底习近平主席访问阿根廷、巴拿马等拉美国家并出席在布宜诺斯艾利斯召开的二十国集团峰会，由此今年中拉关系完美收官。这是习主席就任国家主席五年半内第四次踏上拉美大陆，也是他连任国家主席后仅半年多就成功去访，表明拉美在中国外交大局中的地位迅速提升。

2018年也是拉美加勒比国家领导人访华的高潮年。玻利维亚、委内瑞拉、古巴、多米尼加、萨尔瓦多、厄瓜多尔等六国国家元首及特立尼达和多巴哥总理相继对中国进行了国事访问或正式访问，巴拿马总统来沪参加了中国国际进口博览会。一年之内同一地区的八位总统或总理来华访问堪称多年来中国外交少有的现象。值得强调的是，古巴主席是在2018年4月当选后首次出访中国，多米尼加总统和萨尔瓦多总统则分别是在与中国建交仅半年和两个多月之时即来华访问，体现了拉美国家

迫切要求拓展对华关系的强烈意愿。中拉最高领导人亲自筹谋双方发展战略对接，为共建中拉命运共同体迈出了坚实的步伐。

（三）中拉论坛等合作机制运行顺利

2018年年初在智利成功举办中拉论坛第二届部长级会议，国务委员兼外交部长王毅率团与会。习主席在贺信中高度评价论坛三年来的发展，提出以共建“一带一路”引领中拉关系。会议通过了《圣地亚哥宣言》《〈优先领域〉共同行动计划（2019—2021）》和《关于“一带一路”的特别声明》，为下一阶段中拉合作制定了政治和安全、贸易投资、金融、基础设施和交通等重点合作领域的具体路径以及反腐、禁毒、反网络犯罪等新的合作领域，为中拉合作迈向更高水平开辟了新的前景。颇有意味的是，筹办中拉论坛本届部长会议之时正值拉美国家因委内瑞拉问题分歧严重致使欧拉峰会被迫无限期推迟。中国奉行的国与国之间相互尊重、不干涉内政的原则保证了部长级会议的成功举办，并促成了拉美国家摒弃分歧，坐在一起，共商利国利民大计。该地区33国中仅有两个国家因未与中国建交而缺席。拉美国家踊跃参会表明中拉论坛是双方互利共赢的良好机制，已成为中拉整体和多、双边合作的重要平台。

另外，中国和南方共同市场还举行了第六次对话。南共市是世界第五大经济体，四个成员国GDP之和占拉美加勒比地区总量约一半。南共市与中国贸易往来密切，中南贸易额占中拉贸易总额超过四成。早在1997年中南就建立了对话机制,但由于种种原因双方相隔14年再次启动了这一机制，表明了中南愿携手共同应对新挑战。双方一致认为，中南应在既有良好合作基础上，加深相互了解与互信，抓住机遇，推动双方合作走深走实。

（四）经济合作方兴未艾，贸易继续止跌回暖

2018年中拉贸易额继续回升，上半年已达1453亿美元，同比增长21.5%，中拉贸易结构更加优化，互补性日益凸显。越来越多的拉美和加勒比优质产品进入中国市场，水果、红酒、牛肉、鱼虾已上了中国百姓家的餐桌，智利取代泰国成为中国第一大鲜果进口来源地；中国品牌的汽车、手机、家用电器等也为拉美人民提供了更多的选择。

中拉经济合作优化升级，势头良好。中国继续保持在拉美投资的热情，累计直接投资存量达3868亿美元，占中国对外投资总量的21.4%，拉美已成为仅次于亚洲的中国海外投资第二大目的地。中国企业成功并购巴西第二大集装箱码头巴拉那瓜港，投资建设巴西圣路易斯港项目、巴拿马科隆玛格丽特岛集装箱港扩建工程、阿根廷基什内尔—塞佩尼克水电项目等等，有力推动了拉美国家基础设施的完善升级，拉动当地经济增长，增加就业，改善民生。特别是在特朗普上台后奉行美国优先政策，削减对外投资，将美国企业撤回国内的背景下，中国继续增加在拉美投资与美国形成强烈对比。

11月上旬在上海举办的中国国际进口博览会赢得拉美国家青睐，总共有21个拉美和加勒比国家设立展馆，301家企业参展，18个国家派出部级以上代表团与会，特别是新近与中国建交的巴拿马、多米尼加、萨尔瓦多三国总统亲自率团莅临进博会，为本国企业站台，推销本国优质产品，成为进博会绚丽的风景线。

（五）一带一路”倡议赢得拉美国家共识

随着习主席提出的“一带一路”倡议从理念到行动，在有

关国家和地区蓬勃开展，并取得显著成果，拉美日益关注这一为世界困境解锁的中国方案。“一带一路”秉持的共商、共建、共享原则，以及和平合作，开放包容，互学互鉴、互利共赢的核心理念和构建人类命运共同体的目标，引起拉美国家强烈共鸣，受到了拉美国家普遍欢迎。“一带一路”的互联互通思想与拉美许多国家的需求深度契合，因此拉美积极回应中方的“入圈”邀请，视其为促进自身发展的重要机遇，愿意成为“一带一路”建设不可或缺的重要参与方。

中拉论坛第二届部长级会议专门通过并发表了关于“一带一路”的特别声明，是中国首次与地区组织发表合作文件，表明了拉美国家对“一带一路”的集体认同。自2017年11月巴拿马成为第一个与中国签署“一带一路”合作文件的拉美国家后，截至2018年12月底，在仅仅一年多时间内，已有16个拉美和加勒比国家与中国签署了关于共建“一带一路”的谅解备忘录。这一倡议为推动中拉合作迈向新高度提供了有力抓手和重要平台。

（六）人文交流继续深化，助力中拉民心相通、民意相融

双方有关方面以高涨热情积极出席了第二届中拉政党论坛、第四届中国与拉美和加勒比国家基础设施合作论坛、第四届中国—拉丁美洲高级防务论坛、第十二届中国—拉美企业家高峰会和第二届中拉地方政府合作论坛等中拉论坛分论坛会议；第二届“中拉文明对话”、中拉媒体论坛等也相继举办。中拉之间不断加深的相互认识和了解夯实了双方合作的民意基础，拉美的“中国热”和中国的“拉美热”日益升温。迄今中国在拉美20国建有39所孔子学院和11个孔子课堂；中国国内已有120多所高等院校开办了西班牙语专业，近40所院校开设

了葡萄牙语专业，近60家学术机构和高校设立了拉美地区或拉美国别研究中心。中方还加大了对拉美国家公众舆论的工作力度，邀请拉美媒体团访华。特别是与巴拿马、多米尼加和萨尔瓦多等国建交伊始即邀请三国数个重量级新闻媒体团访华，向他们介绍中国政策，请他们实地考察中国现实，成效显著。这些媒体尽管意识形态异同，都对中国有了新的积极认识，并向本国公众客观如实大量地报道了中国改革开放取得的巨大成就及中国对拉美政策，还澄清了美国及中国台湾当局为阻挠三国与中国建交而捏造的不实之词。

在加速与拉美空中联通方面，中国也做了巨大努力。今年国航开通了北京—巴拿马城航线，海南航空也开通了北京—墨西哥城航线。至此，中国和拉美之间的空中直航航线已达五条，为中拉人员往来和旅游业发展提供了便利。

二、中拉关系在艰难时局中前行的主要原因

第一，以习近平为核心的党中央对中拉关系的顶层设计和战略规划大大提升了拉美在我国战略全局中的地位和作用，为中拉关系跨越式发展指明了方向。中方提出的成立中拉论坛、建立双方全面合作伙伴关系、构建中拉命运共同体，以及中拉关系“五位一体”新格局、“1+3+6”合作框架和参与“一带一路”等思想形成了完整、明确的发展对拉美关系的“中国方案”。这一“中国方案”符合双方各自国情和发展阶段，契合了拉美谋合作、求发展的强烈愿望，得到了拉美国家的热烈响应。中国奉行的相互尊重、平等相待、互利共赢等合作理念也赢得了拉美的信任，保证了双方合作的顺利进行。

第二，中拉都坚决反对当前国际上盛行的单边主义、保护主义逆流，坚决支持全球化进程，坚持自由贸易体制，维护多边主义规则，双方在推动全球治理体系改革、捍卫发展中国家正当权益等许多重大国际问题上有共同语言。

第三，中国已成为世界第二大经济体和拉动全球经济增长的引擎，中国“样板”对拉美有强烈吸引力。中国的迅速崛起，特别是40年改革开放的巨大成就令拉美折服。中国“站起来”—“富起来”—“强起来”的历程证明中国走出了一条成功的发展道路，拉美对中国有了更多的亲近感，中拉之间更加相通。中国有资金、有技术、有市场，更有与拉美合作的真心实意，中拉合作促成了双方发展战略对接，有利于“中国梦”和“拉美梦”变成现实，以造福于双方人民。

第四，特朗普上台后重拾“门罗主义”，为推行其“美国优先”政策在移民、自由贸易、投资等事关拉美国家重大利益的问题上打压拉美，对拉美只索取不付出，还公开干涉指责拉美国家的主权决定。美国的损人利己政策对美拉关系产生消极影响，迫使拉美寻求包括地区外更多的合作伙伴，以应对世界经济不振造成的困难以及国内日益增长的民众要求。生机勃勃的中国敞开国门，扩大改革开放，与拉美的企望不谋而合，为拉美提供了更多的机遇。某种意义上可以讲，特朗普为中拉关系的快速发展“出了力”。

三、新形势下中拉关系面临的几个突出问题及工作建议

（一）妥善应对拉美政局演变，坚决维护中拉关系大局

2018年拉美九国大选都已落下帷幕，“左退右进”势头仍

在继续，特别是号称“巴西特朗普”的博索纳罗在大选中胜出，为中巴关系和中拉关系带来了许多不确定因素。但是，无论拉美“左退右进”还是“左进右退”都是受国际环境、地区氛围及国内问题等各种因素影响的结果，都带有很大的历史阶段性。我们对拉美形势要有清醒的头脑，要有定力，从整体和长远角度考虑，着眼于中拉双方的根本利益，不计较一时一事。多年来中国经济的强劲发展和所坚持的和平发展道路赢得了拉美敬重，经济上的互补性也使中拉经济你中有我，我中有你。中国需要拉美，拉美也需要中国。拉美朝野无论左派右派都日益超越意识形态、社会制度的异同，强烈希望发展对华关系。因此拉美政局中的左右更迭不会影响中拉关系向前发展。但是我们要继续加强对拉工作，增加交往和沟通，避免横生枝节，干扰中拉关系大局。

巴西是拉美第一大国，在地区有举足轻重的影响。我们要重点做巴西新政府工作。建议派重量级中国政府特使出席巴西新总统就职仪式，向博索纳罗总统释放中国发展对巴西关系的善意和诚意，并邀请博早日访华，增进相互了解。两国最高领导人尽早晤面，建立密切的直接沟通渠道，对发展中巴关系至关重要。

墨西哥是拉美第二大国，北美自由贸易协定成员，与美国政治经贸关系密切。墨左翼经过多年抗争终于上位，赢得大选，打破了传统政党近百年来连续执政的历史。墨政局的重大变动对拉美政局的影响值得密切跟踪。建议加强对墨形势和政策取向的研究，早日与墨新政府建立畅通的联系，强化中墨在各领域合作。

2019年将在巴西召开金砖国家峰会，在智利召开亚太经合组织（APEC）会议。建议中国最高领导人参会并再次访问拉美，抓住时机，深化中拉合作。

（二）警惕美国因素对中拉关系的干扰

近来美国高官不断渲染中国在拉美投资是在搞“掠夺性经济活动”，要拉美国家接受中国投资时“要睁大眼睛”，公开污蔑中国在拉美扮演了“新帝国主义”的角色。在中国与巴拿马、多米尼加和萨尔瓦多建交时，美国公然跳出来指责中国“对西半球的政治干预”，召回驻三国大使，威胁停止援助，并称要重新评估美国与三国关系，还为此取消了与中美洲国家的“共荣联盟”会议。美国如此暴跳如雷，露骨挑拨拉美与中国关系，主要是认为近年来中拉关系突飞猛进的发展触动了美国的奶酪，中国在拉美影响力迅速提升挑战了美国在拉美的霸权地位。

对美国的霸道行径，提出以下几点建议：一是不怕。发展中拉关系符合双方国家和人民根本利益，必须理直气壮地做大做好。二是为了减少阻力，应加强与美国沟通。建议推动恢复中美战略对话框架下关于拉美事务对口磋商，把问题摊在桌面上谈，掌握对话的主动权。三是拉美虽与美国离心离德，联合自强，在国际和地区问题上不断发出自己的声音，但从历史和地缘政治角度，以及价值观、社会制度等方面考虑，拉美仍属于美国的势力范围，任何力量尚无法取代美国对拉美的影响。美国迄今仍是拉美第一大贸易伙伴，吸收了拉美出口产品的40%；仍是拉美第一大投资来源国，在拉美外资总量中占比达20%；来自美国的侨汇占拉美侨汇总收入的90%；在美国的拉丁裔人口约5750万，占美国总人口的17.4%（2017年数据），他们与祖籍国有着千丝万缕的联系。因此，我国在发展对拉美合作时，应继续恪守相互尊重、互利共赢、不干涉内政和不针对第三方的原则，该支持时坚决予以支持，该理解时也要给予理解，与拉美多磋商，多接触，并尊重拉美对国际和地区问题做出的主权决定。四是经贸关系是中拉关系的基础，进一步对拉美放开市场，扩大拉美优质产品进口，在当前形势下对我国有实际意义。既可满足我国国民经济建设的需求，有助于我实施进口多元化战略，也可缓解中美贸易摩擦的压力。

（三）重视委内瑞拉因素对中拉关系的影响

2018年由于委内瑞拉大选和移民潮等问题，一些拉美国家多年来与委矛盾集中爆发。由拉美14国组成的“利马集团”公开宣称不承认委内瑞拉大选结果，并集体召回驻委大使向委联合施压；古巴、玻利维亚、萨尔瓦多等多个国家则力挺马杜罗政府，委内瑞拉问题致使拉美和加勒比国家内部出现严重分裂。美国谴责委大选“非法”，威胁对委实行石油禁运，特朗普公然宣称，不排除对委实施武装干涉的选项。美国还攻击中国通过“不透明的石油换贷款”协议支持马杜罗政府。部分拉美国家对中国与委合作关系也颇有微词。

委内瑞拉问题很复杂，但其核心是美国干涉。埃及著名国际政治经济学家萨米尔·阿明曾说过，中国“就算变成资本主义国家，西方也不会放过中国”。套用阿明的话说委内瑞拉：马杜罗即使听了美国的话，美国也不会放过委内瑞拉。因为美国的目的不仅是马杜罗下台，还必须在委恢复西方所希望的社会政治体制。应当看到，利马集团所代表的拉美国家对委的态度与美国有区别，拉美仍奉行不干涉内政原则，但委国内问题外溢、移民潮给周边国家的安全和政局造成了大麻烦则是当前它们对委不满的主因。另外拉美“左退右进”的政局演变对委不利，巴西、墨西哥、阿根廷、智利、秘鲁、哥伦比亚等拉美主要国家对委都不友善。

然而，拉美力量对比无论怎样变化，委内瑞拉都是拉美重要国家，其实力和巨大发展潜力皆不容小觑。委在拉美乃至发展中国家仍有相当影响，马杜罗在国内仍有广泛支持。自查韦斯政府以来，委坚持对华友好政策，在事关中国根本利益问题上一贯予我坚定支持；委是我在拉美的重要合作伙伴，是我石油进口多元化战略不可或缺的重要对象，中委现在和未来在许多领域都有广阔的合作空间。

因此，中国应采取积极的对委政策，这不仅关系到中委关系的大局，也符合拉美整体和长远利益。对此，笔者提出以下几点建议：1.旗帜鲜明地支持委维护国家主权和人民自决的正义斗争。2.劝说委妥善处理国内问题，团结大多数，争取早日稳定政局，减少和消除外来干涉的口实。3.保持中委经济互利合作正常进行，为两国未来更大规模合作打下基础。在石油合作上，要遵循习主席的正确义利观，根据实际情况照顾委的利益和感受。4.利用与拉美各国的双边外交部磋商机制和中拉论坛及其他双、多边机制，就委问题向拉美国家做劝和工作，促进地区团结和地区一体化。5.适机做美国工作，劝说美一旦激化美委矛盾，将给美国和拉美安全造成严重的后果。6.做国内媒体工作，如实客观向公众介绍委内瑞拉和中拉关系情况。

第九章
“一带一路”时代精神 能源合作意义深远

“一带一路”倡议的时代意义

基金会欧亚中心

【内容提要】习近平主席提出“一带一路”倡议五年来，“一带一路”倡议从理念转化为行动，从愿景转变为现实，建设成果丰硕，为实现世界各国共同繁荣注入强劲动力。截至2018年7月，全球100多个国家和国际组织同中国签署了共建“一带一路”合作文件，签署范围自亚欧大陆拓展至非洲、拉美和加勒比地区、南太平洋地区。“一带一路”已经进入国际话语体系，成为世界级的关键词。“一带一路”作为中国新时代对外开放的重大顶层设计，也为我国经济注入了新动力。“一带一路”倡议是一个彰显时代精神、适应时代要求的影响深远的创举：为构建人类命运共同体搭建实践平台；推动建立更加公正合理的国际秩序；推进经济全球化健康发展；蕴含着国际关系民主化的内涵。

【关键词】“一带一路”倡议　建设成果丰硕　彰显时代精神　适应时代要求

【作者简介】中国国际问题研究基金会俄罗斯中亚东欧研究中心。

2013年9月7日，习近平主席在哈萨克斯坦纳扎尔巴耶夫大学演讲中首次提出“共同建设‘丝绸之路经济带’”的倡议。

同年10月3日，习近平主席在印度尼西亚国会的演讲中又发出“共同建设21世纪海上丝绸之路”的倡议。在“一带一路”倡议问世五周年之际，中国国际问题研究基金会俄罗斯中亚东欧研究中心于2018年9月4日举行了“纪念‘一带一路’倡议问世五周年”研讨会。来自外交部驻欧亚地区的数位前大使，以及中联部、中国社会科学院欧亚研究所、国务院发展研究中心欧亚社会发展研究所、中国现代国际关系研究院俄罗斯研究所、中国国际问题研究院欧亚研究所、新华社世界问题研究中心、中国产业海外发展协会等研究机构的20余位专家学者出席研讨会。会议就“一带一路”倡议的实践成果和时代意义提出以下看法：

一、“一带一路”倡议问世五年来取得的主要成果

五年前，在哈萨克斯坦，习近平主席提出共建“丝绸之路经济带”的倡议。五年后，中哈连云港物流合作基地和“霍尔果斯—东大门”经济特区无水港建成，中哈亚欧跨境货运班列启动，世界最大内陆国哈萨克斯坦有了直通太平洋的“出海口”，日益成为亚欧大陆关键交通枢纽。

五年前，在印度尼西亚，习近平主席发出共建“21世纪海上丝绸之路”的倡议。五年后，雅万高铁全面开工建设，即将成为印尼乃至东南亚的第一条高速铁路，世界最大群岛国家印度尼西亚天堑变通途、滩涂成良港，“一带一路”倡议与“全球海洋支点”构想加速对接。

五年来，“一带一路”倡议得到国际社会广泛认同和响应。“一带一路”倡议及其核心理念被纳入联合国、二十国集团、

亚太经合组织、上合组织等重要国际机制成果文件，“一带一路”已经进入国际话语体系，成为世界级的关键词。

五年间，“一带一路”倡议从理念转化为行动，从愿景转变为现实，建设成果丰硕，为实现世界各国共同繁荣注入强劲动力。截至2018年7月，全球100多个国家和国际组织同中国签署了共建“一带一路”合作文件，签署范围自亚欧大陆拓展至非洲、拉美和加勒比地区、南太平洋地区。2018年6月，亚洲基础设施投资银行进行最新一次扩容，相关程序完成后，亚投行成员总数将增至87个，遍布全球各大洲。“蓝色经济通道”“冰上丝绸之路”“空中丝绸之路”“数字丝绸之路”等一条条共筑梦想的纽带多元联动，为推进“一带一路”建设开辟更加光明的前景。

如今，“一带一路”建设已进入全面推进的新阶段，承载着沿线国家和地区对美好未来的更多畅想。“一带一路”顶层设计已经初步完成，四梁八柱已经建立，以双边合作筑底、多边机制呼应、国际合作高峰论坛引领的“三位一体”国际合作架构初步搭建。截至2018年7月，2017年5月北京首届“一带一路”国际合作高峰论坛279项成果中265项已完成或转为常态工作，14项正在督办推进，落实率达到95%。

“一带一路”作为中国新时代对外开放的重大顶层设计，也为我国经济注入了新动力。五年来，共建“一带一路”大幅提升了我国贸易投资自由化便利化水平，推动我国开放空间从沿海、沿江向内陆、沿边延伸，形成陆海内外联动、东西双向互济的开放新格局；我们同“一带一路”相关国家的货物贸易额累计超过5万亿美元，对外直接投资超过600亿美元，为当地创造20多万个就业岗位，我国对外投资成为拉动全球对外直接投资增长的重要引擎。2018年前7个月，中国企业对“一带一路”沿线国家投资合作积极推进，共对沿线54个国家有新增投资，合计85.5亿美元，同比增长11.8%；在“一带一路”沿线国家新签对外承包工程合同额571.1亿美元，占同期总额的45.6%；国内各地借助“一带一路”机遇拓展了新的发展空间。

“一带一路”倡议问世五年来取得的骄人成果雄辩地证明了它的强大生命力。

二、“一带一路”倡议的时代意义

习近平总书记在十九大报告中就当前世界形势特点指出：“世界正处于大发展大变革大调整时期，和平与发展仍然是时代主题。”“一带一路”倡议就是一个彰显时代精神、适应时代要求的影响深远的创举。

（一）为构建人类命运共同体搭建实践平台

2017年12月，习近平主席在中国共产党与世界政党高层对话会上指出：“我提出‘一带一路’倡议，就是要实践人类命运共同体理念。”如今,共建“一带一路”已经成为构建人类命运共同体的重要实践平台。经过五年的持续推进，“一带一路”已成为广受欢迎的国际公共产品。“一带一路”倡议已写入联合国大会决议，联合国安理会决议也载入“构建人类命运共同体”理念、呼吁通过“一带一路”建设等加强区域经济合作。这些都体现出“一带一路”建设同推动全球治理体系变革、推动构建人类命运共同体之间紧密的内在联系。

2018年8月27日，习近平主席在推进“一带一路”建设工作五周年座谈会上讲话时指出，共建“一带一路”正在成为我国参与全球开放合作、改善全球经济治理体系、促进全球共同发展繁荣、推动构建人类命运共同体的中国方案。

（二）推动建立更加公正合理的国际秩序

近三十年前，随着苏联解体、冷战结束，第二次世界大战后形成的两极世界格局已经瓦解，而新的稳定的世界格局至今尚未形成，现在正处于未来新世界格局形成之前的过渡阶段。当前处于量变过程的过渡性世界格局的基本特点是一超多强的力量对比现状与向多极化方向加快发展的大趋势并存。随着美国一超地位相对衰弱，以中国为代表的新兴力量的加速兴起，美国对外政策表现出来的霸权焦虑症越来越严重，成为当今世界最大的麻烦制造者，严重冲击着世界和平与稳定，阻碍着历史的前进步伐。

在世界处于大发展大变革大调整时期，中国提出的“一带一路”倡议具有特殊的时代意义。这一倡议坚持合作共赢、建设开放经济，坚持创新引领、把握发展机遇，坚持包容普惠、造福各国人民，坚持多边主义、完善全球治理，对应对霸权主义、贸易保护主义和单边主义的挑战，抵制美国建立单极世界企图，推进世界格局多极化，谋求建立更加公正合理的国际新秩序具有重要意义，为推动建立更加公正合理的国际秩序提供了新的思路。在关键的世界历史节点，“一带一路”倡议体现的中国智慧，提供的中国方案将为世界各国应对各种挑战、维护世界和平、谋求共同发展，推动构建人类命运共同体发挥独特历史作用。

（三）推进经济全球化健康发展

“一带一路”倡议是推动经济全球化健康发展的重大举措，

旨在弘扬经济全球化给世界经济带来活力、促进世界经济持续增长的一面，同时遏制和化解经济安全面临的风险和挑战。“一带一路”倡议意在承认经济发展模式多样化的基础上，建立一个统一开放、利益均衡和非歧视性的世界市场，形成和完善国际通用的经济活动准则和惯例。

（四）蕴含着国际关系民主化的内涵

“一带一路”倡议的精神、原则以及“政策沟通、设施联通、贸易畅通、资金融通、民心相通”的具体目标，体现了国家不分大小、强弱、贫富，主权一律平等的时代精神，切合世界各国，尤其是广大发展中国家的利益需求，所以备受欢迎。正如习近平主席指出的，以共建“一带一路”为实践平台推动构建人类命运共同体，这是从我国改革开放和长远发展出发提出来的，也符合中华民族历来秉持的天下大同理念，符合中国人怀柔远人、和谐万邦的天下观，占据了国际道义制高点。共建“一带一路”不仅是经济合作，而且是完善全球发展模式和全球治理、推进经济全球化健康发展的重要途径。

上合组织能源合作大有作为

王海运　高焓迅

【内容提要】上合组织能源合作取得积极进展，成为各领域合作中最具吸引力的合作领域。上合组织能源合作战略价值重大，有利因素众多，同时也存在某些制约因素。只要大力弘扬“上海精神”和“上合组织命运共同体”理念，适时调整决策原则、提升上合组织能源合作效率，协力推动能源领域的“一带一路”建设合作及“一带一盟”对接合作，积极倡导传统能源合作与新能源合作并举，并且争取在构建公平合理的国际能源秩序上更有作为，上合组织能源合作必将拥有更加广阔的发展前景。

【关键词】上合组织　能源合作　战略价值　“一带一路”

【作者简介】王海运，中国国际问题研究基金会能源外交中心主任；高焓迅，中国社会科学院研究生院俄欧亚系博士生。

上海合作组织（以下简称“上合组织”）既有能源资源丰富的环里海国家，又有能源需求旺盛的中国、印度等新兴经济体，能源合作拥有得天独厚的互补优势。经过近二十年的发展，上合组织能源合作拥有了一定的法律基础和制度保障，并且成为各领域合作中最具吸引力和发展前景的合作领域。与此同时，上合组织能源合作存在“双边强、多边弱”的短板，合作潜力有待进一步发掘。加强上合组织能源合作符合上合组织的根本宗旨，对各成员国经济社会发展具有重大战略价值，需要采取新的举措予以大力推动。

一、上合组织能源合作的新进展

上合组织建立之初，能源合作即成为经济合作的重要领域。首轮扩员完成后，能源合作更是成为务实合作的优先方向。

上合组织能源合作机制建设取得积极进展。在合作理念上，上合组织秉承“互信、互利、平等、协商、尊重多样文明，谋求共同发展”的“上海精神”，为能源合作的不断深化奠定了新型国家关系基础。在组织功能上，上合组织形成了从国家元首、政府总理会晤到能源部长会议等多层次磋商制度，为能源合作的不断深化打下了必要的机制基础。在合作规划上，上合组织相继签订了《上合组织成员国多边经贸合作纲要》《上合组织至2025年发展战略》等重要文件，为能源合作的不断深化提供了必要的法律保障。《上合组织成员国元首理事会青岛宣言》指出，“成员国重申恪守《上合组织宪章》宗旨和任务，遵循《上合组织至2025年发展战略》，发展能源等领域合作，确立构建人类命运共同体的共同理念”。[①] 第十七次上合组织政府首脑（总理）理事会进一步把扩大交通和能源合作确定为成

---

① 《上海合作组织成员国元首理事会青岛宣言》，上海合作组织，2018年6月10日，http://chn.sectsco.org/documents/。

员国共同努力的优先发展方向。[①]

上合组织能源合作发展势头强劲。在上合组织双边和小多边能源合作中，中国与土库曼斯坦、乌兹别克斯坦、哈萨克斯坦天然气开发与管道输送合作最令人瞩目，中土天然气管道年输送量已经高达387.38亿立方米。[②] 中俄能源合作不仅规模大，而且涉及油气、煤炭、核电等多个领域，特别是被誉为“世纪工程”的天然气管道合作及北极天然气开发、外运合作，规模更为宏大。中哈能源贸易已占到两国贸易总额的30%。[③] 俄印能源合作也在不断扩大。据印度专家介绍，2017年，俄油收购了印度第二大民营炼油企业埃萨石油公司，并在印拥有了涵盖4500个加油站的零售网络。[④]

同时应当看到，上合组织能源合作的巨大潜力尚未得到充分发挥。在2006年阿斯塔纳元首峰会上，俄罗斯总统普京提出了建立“上合组织能源俱乐部”的倡议。在2011年西安欧亚经济论坛上，中、俄、塔、吉四国能源部代表联合发出了尽快建立上合组织能源俱乐部的倡议。在2013年比什凯克峰会上，习近平主席再次呼吁“成立能源俱乐部，建立稳定供求关系，确

---

① 《上海合作组织成员国政府首脑（总理）理事会第十七次会议联合公报》，上海合作组织，2018年10月12日，http://chn.sectsco.org/documents/。

② 哈萨克国际通讯社：“中亚天然气管道2017年向中国输气逾387亿立方米”，2018年1月7日，https://www.inform.kz/cn/2017-387_a3115716。

③ 中华人民共和国商务部：“钟山部长在哈萨克斯坦接受中国媒体采访”，2017年6月12日，http://zhongshan.mofcom.gov.cn/article/ldjianghua/201706/20170602589745.shtml。

④ “俄印持续扩大能源合作”，《中国能源报》，2018年10月15日，第6版。

保能源安全”的政策建议。[①] 但是，上合组织大多边能源合作至今仍未能落到实处。

二、上合组织能源合作的战略价值

上合组织能源合作不仅关系到成员国的能源利益、经济利益，而且关系到成员国的安全利益、战略利益。

第一，上合组织能源合作对于提升成员国间的睦邻友好水平具有重要意义。《上合组织成立宣言》明确指出，“上合组织的宗旨是：加强各成员国之间的相互信任与睦邻友好；鼓励各成员国在包括能源领域在内的有效合作。”[②]《上合组织宪章》进一步指出，“组织的基本宗旨和任务是加强成员国间的相互信任和睦邻友好，为此，上合组织鼓励开展能源在内的共同感兴趣领域的有效区域合作。”[③] 两个重要文件均把睦邻友好与能源合作紧密联系在一起，可见能源合作对于促进成员国间的睦邻友好关系地位何等重要。

第二，上合组织能源合作有利于发挥成员国间的互补优势，促进成员国的共同发展。俄罗斯和中亚多数国家都是能源资源国和过境国，迫切期望实现能源资源出口的多元化，提高能源勘探开发等生产的技术水平，优化能源管线和网络等能源运输基础设施，寻找稳妥可靠的能源融资机制和能源出口市

① “习近平：弘扬‘上海精神’促进共同发展”，《人民日报》（海外版），2013 年 9 月 14 日，第 1 版。

② 《上海合作组织成立宣言》，上海合作组织，2001 年 6 月 15 日。

③ 《上海合作组织宪章》，上海合作组织，2002 年 6 月 7 日。

场。中国和印度则是经济发展势头迅猛、能源需求旺盛的能源消费大国，迫切期望环里海能源资源东输南送，实现能源进口的多元化。深化上合组织能源合作是实现上述互补优势的重要途径，不仅有利于发挥成员国间的资源与市场、技术与产能、投资能力与投资需求间的互补优势，实现共同能源安全，而且有望为地处欧亚大陆腹地的环里海国家开辟东出太平洋、南下印度洋的能源出海通道。

第三，上合组织能源合作有利于推动“一带一路”建设合作和“一带一盟”对接合作。“一带一路”六大经济走廊中有五条需要经过扩员后的上合组织地区，而能源合作是各经济走廊建设的重点领域。能源合作还是“一带一盟”对接合作的重点着力方向，这在中国与欧亚经济联盟签署的合作文件中已有明确表述。[①] 上合组织已被赋予“一带一路”建设合作、“一带一盟”对接合作“主要平台”的重要使命，上合组织能源合作之于两者的重大价值不言而喻。

第四，上合组织能源合作有利于我国能源企业进一步“走出去”。我国自20世纪90年代中期实行企业“走出去”战略，能源企业即是“排头兵”。上合组织能源合作的进一步深化，对于我国能源企业发挥技术、设备、资金优势，扩大“走出去”规模，推进陆上能源运输战略通道建设，更好地保障国家能源安全，具有深远意义。积极参与上合组织能源合作，还有望为我国产业结构升级转型创造契机，并且可望带动我国与上合组

---

① Соглашение о торгово-экономическом сотрудничестве между Евразийским экономическим союзом и его государствами-членами, с одной стороны, и Китайской Народной Республикой, с другой стороны, ЕАЭС, 2018-05-17, https://docs.eaeunion.org/docs/ru-ru/01417818/iatc_21052018.

织成员国的其他经济合作进一步深化。

第五，上合组织能源合作有利于加速新老成员国的融合。2017年6月，上合组织正式接纳印度和巴基斯坦为成员国。印巴两国都是能源消费大国，对环里海油气有着旺盛需求，印巴两国加入上合组织的重要动因之一即是加强与俄罗斯、中亚国家的能源合作。印巴的能源利益与创始成员国的能源利益相互捆绑，有利于促进两国更快更好地实现与既有成员国的经济融合。

第六，上合组织能源合作有利于加速新型国际能源秩序的构建。上合组织能源合作以“上海精神”为指引，践行新型国家关系理念，倡导“合作共赢”，其深化过程对于新型国际能源秩序的构建有望起到示范作用。特别是有资源国、消费国、过境国共同参与的，有别于国际能源机构和欧佩克的新型能源合作机制的逐步形成，有望为更加公正合理的新型国际能源秩序的构建作出重要贡献。由于上合组织全部由发展中国家组成，中俄印还是新兴大国，深化上合组织能源合作，还有利于增强非西方国家在国际能源关系中的话语权、影响力。上合组织能源板块的凸起，对于平衡西方大国主导的国际能源格局、抵御因霸权势力的霸凌行为而可能引发的国际能源危机，更是具有现实意义。

三、深化上合组织能源合作的有利因素

深化上合组织能源合作，除了具有能源开发与能源市场、基础设施建设能力与迫切需求之间的巨大互补优势外，还有着其他一系列有利因素。

一是上合组织能源合作基础扎实、合作氛围浓厚。上合组织双边、小多边合作已经广泛展开，并且成为成员国间经济合作的“重头戏”。上合组织能源合作的制度安排、机制保障日益完善，保证了能源合作方案的实施。上合组织能源合作正在朝着上中下游全产业链、全方位、多层次的深度合作迈进，新老成员国对此均寄予强烈期待。

二是“一带一路”建设合作为上合组织能源合作注入了新的活力。上合组织所在地区是“一带一路”建设合作的重点方向、示范地区。“一带一路”突出强调设施联通、资金融通，而能源合作对于规模性基础设施建设和投资的需求最为强烈。作为“一带一路”建设合作的“主要平台”，上合组织可望在推进能源合作方面发挥示范作用。服务于“一带一路”的丝路基金、亚洲基础设施投资银行，则可望为上合组织能源合作项目提供必要的投融资支持。

三是中国的积极推动为上合组织能源合作注入了强大动力。中国是世界第二大经济体，能源需求增长旺盛，对扩大国际能源合作有着迫切需求。在海上油气运输安全挑战日趋严峻的新形势下，中国更加需要扩大陆上周边油气进口的多元化。中国还期望通过深化上合组织能源合作展示负责任大国形象、推动新型国际能源秩序的构建。中国是上合组织各领域合作的主要推动者，更是能源合作的倡导者、践行者，上合组织能源合作必然成为中国国际能源合作的重中之重。中国的市场、技术、资金则有望为上合组织能源合作提供重要支撑。2017年5月，国家能源局发出了建设“一带一路能源俱乐部”倡议，有望推动上合组织大多边能源合作取得新的进展。

四是新老成员国均具有进一步深化上合组织能源合作的强烈愿望。俄罗斯是世界主要能源资源国，能源开发和外输是其主要经济支柱。俄罗斯国家能源战略致力于实现能源出口的多元化，扩大与上合组织成员国的能源合作是其重要战略取向。俄罗斯与中国及上合组织中亚成员国均有着密切的能源关系，是上合组织大多边能源合作积极倡导者。扩大对上合组织成员国的能源合作，也是俄罗斯打造“大欧亚伙伴关系”的重要组成部分。上合组织的中亚成员国，或油气资源丰富，或铀资源、水电资源可观，对于通过参与上合组织能源合作扩大能源资源开发、开辟新的运输通道和消费市场寄予厚望。新成员国印度和巴基斯坦，对于通过参与上合组织能源合作获取环里海油气资源更是有着强烈的愿望。巴基斯坦水电资源丰富，但是缺少开发技术和资金，需要通过参与上合组织能源合作打破自身能源发展的瓶颈。这就是说，进一步深化上合组织能源合作，特别是大小多边能源合作，符合各成员国能源战略的要求。

五是国际能源关系的复杂性倒逼上合组织深化能源合作。近年来国际油气生产格局和消费格局发生重大变化，围绕国际能源秩序的博弈趋于紧张。当今的国际能源秩序基本上是以美国为首的西方大国创建和主导的，对于广大发展中国家特别是新兴国家不公正不合理。特别是美国，随着“能源独立”的基本实现，在国际能源关系中的霸凌主义更加肆无忌惮。上合组织是秉持新型国际关系理念的新型国际合作组织，致力于在构建更加公平合理的新型国际能源秩序问题上拥有更大作为。而要拥有这种作为，必须深化自身能源合作，并在合作中展示新型能源合作理念、发挥示范作用。

四、上合组织能源合作的制约因素

在看到上合组织能源合作诸多推动因素的同时，必须看到其制约因素。宏观层面上，世界进入“百年大变局”，霸权势力对新兴大国的打压日趋极端化、非理性，不可能不影响到集中有多个新兴大国的上合组织的能源合作。欧洲大国与日本对中亚国家“东拉西扯”，其对上合组织深化能源合作的牵制值得关注。另外，俄罗斯视中亚地区为其传统势力范围，其所主导的欧亚经济联盟存在能源合作自成体系的倾向；印度虽然希望扩大同环里海国家的能源合作，但是存在与中国竞争的心态；中亚国家间的领土、民族、宗教、水资源等历史遗留矛盾短时间内很难完全化解。上述情况均可能对上合组织能源合作形成掣肘。

中观层面上，能源资源国与能源消费国之间存在的固有利益矛盾，在上合组织能源合作中也会有所表现。尽管资源国与消费都希望加强能源合作，都需要维护能源产业全链条的安全，但是资源国本能地追求“合理高价”，而消费国本能地追求“合理低价”。上合组织能源合作规划强调“合作共赢”，但是并非所有成员国、所有能源企业均能够真诚地践行这一重要理念。

微观层面上，“协商一致”原则对大多边能源合作形成了一定制约。建立“上合组织能源俱乐部”议案被搁置，就是因为在2007年能源部长会议上乌兹别克斯坦一国认为“当前不适合建立上合组织能源俱乐部”①。另外，上合组织虽然为加强能源合作制定了多个规划，但是由于缺少制度保障，规划落实大多不够理想。这些问题至今仍在，如不下大力解决，对上合组织深化能源合作仍会形成制约。

另外，上合组织所在地区的安全挑战依然突出。阿富汗战争影响仍在，中东海湾地区局势仍在动荡，被打散的“伊斯兰国”恐怖分子规模性回流中亚，上合组织域内“三股势力”也在蠢蠢欲动，上合组织成员国能源基础设施遭受“独狼式”“群狼式”恐袭的风险因此而增大，其对上合组织能源合作的安全挑战不容小视。

五、深化上合组织能源合作的着力方向

大力弘扬“上海精神”和“上合组织命运共同体”理念。“上海精神”是上合组织的立身之本，也是各领域合作的强大推动力。正如习近平主席在青岛峰会上所言，上合组织始终保持旺盛的生命力、强劲的合作动力，根本原因在于他创造性地提出并始终践行了“上海精神”。②“上海精神”承载着上合组织的新型发展观、新型安全观、新型合作观、新型文明观和新型全

① Энергетическое содрудничество в рамках ШОС (Справочный материал), Министерство иностранных дел РФ, http://www.mid.ru/sanhajskaa-organizacia-sotrudnicestva-sos-/-/asset_publisher/0vP3hQoCPRg5/content/id/939531.

② “上海合作组织青岛峰会举行 习近平主持会议并发表重要讲话”，新华社，2018年6月10日，http://www.xinhuanet.com/world/2018-06/10/c_1122964457.htm。

球治理观，只有真诚践行“上海精神”，上合组织能源合作才能够健康发展。“上海精神”与“人类命运共同体”一脉相承，某种意义上讲是“人类命运共同体”的先期实践。上合组织应在“上海精神”指引下率先打造“上合组织命运共同体”，“上合组织能源共同体”应是其重要组成部分。上合组织成员国、观察员国和对话伙伴国全部都是发展中国家，对霸权主义有着本能的抵制，对构建公平合理、互利共赢、美丽清洁的世界政治经济秩序和国际能源秩序有共同的期待，上合组织完全有条件在能源合作领域率先落实“人类命运共同体”理念。

适时调整决策原则，提升上合组织能源合作效率。机制制度建设是上合组织能源合作不断深化的重要保障，而在此领域上合组织面临着艰巨的任务。有必要在总体坚持“协商一致”原则的前提下，在经济合作领域特别是大多边能源合作领域改行“多数一致”原则。“协商一致”的灵魂是“平等协商、互利共赢”，上合组织既要照顾个别成员国的主张，更要尊重多数成员国的愿望。从上合组织的发展历程来看，只有适时采用上合组织宪章第十六条规定的“简单多数”原则，才能够照顾到成员国的不同利益诉求，才能够在资源国、过境国、消费国三者之间建立起利益平衡，上合组织框架内的多边能源合作才能够蓬勃发展。

协力推动能源领域的“一带一路”建设合作及“一带一盟”对接合作。“一带一路”建设合作早期收获丰硕，在上合组织能源合作领域尤其明显。要进一步深化上合组织能源合作，必须大力弘扬、践行“一带一路”所倡导的“合作共赢”“共商共建共享”“共同发展、共同繁荣”等核心理念。上合组织已被赋予“一带一路”建设合作“主要平台”的历史使命，应在推动“一带一路”能源合作机制、法规标准建设中发挥重要作用。上合组织能源合作离不开欧亚经济联盟成员国的积极参与，推动“一带一盟”对接合作已经成为有关各方共识。作为“一带一盟”对接合作“主要平台”的上合组织，应在中俄两国元首共同倡导的“欧亚全面伙伴关系”框架内加强“政策沟通、设施联通、贸易畅通、资金融通、民心相通”，提升成员国对共同能源利益的战略认知。

积极倡导传统能源合作与新能源合作并举。上合组织能源合作既要关注能源安全又要关注环境安全，既要推动传统能源合作开发又要推动能源领域清洁发展、绿色发展。为此，一方面要确保石油、煤炭开发中的环境保护，努力提升传统能源的利用效率；另一方面又要大力发展可再生能源、低碳能源。这不仅旨在履行作为“负责任国际组织”所应承担的减少温室气体排放的国际责任，而且旨在保住成员国的绿水青山、造福子孙后代。上合组织能源合作一定要避免走“先污染后治理”的老路，争取率先实现能源的清洁化、低碳化、绿色化。在上合组织成员国中，中国在风能、太阳能技术和设备制造领域世界领先，俄罗斯在核能发展领域走在各成员国的前面，中亚多国风能、太阳能资源得天独厚，塔吉克斯坦、巴基斯坦水电资源丰富，上合组织完全有条件在新能源革命中走在世界的前列。

争取在构建公平合理的国际能源秩序中更有作为。在当今国际能源关系中，西方大国的跨国公司占据着世界主要优质油气区块，西方大国的金融资本对国际石油市场的投机炒作导致国际油价忽而畸高忽而畸低，美国的美元霸权更是不时对国际能源秩序造成冲击。国际能源秩序的不公正不合理，严重损害了包括上合组织成员国在内的广大发展中国家的能源利益。鉴此，上合组织不仅要推动自身能源合作不断深化、为新型国际能源秩序的构建提供示范，而且要团结广大发展中国家、争取不认同特朗普政府霸凌主义的发达国家，共同推动国际能源秩序转型。特别要共同推动能源领域的“弃美元”进程、抵制霸权国家利用美元霸权动辄对他国实施金融制裁，共同反对其在世界油气主产区强化军事部署、生乱生战，共同遏制其掀起的“去全球化”和贸易保护主义逆流，共同推动符合时代潮流的“新型全球化”、争取早日实现全球能源治理的“多边共治”。